国家卫生健康委员会"十三五"规划教材配套教材
全国高等学校配套教材
供本科应用心理学及相关专业用

咨询心理学 学习指导与习题集

第2版

主　编　高新义　刘传新

副主编　张　辉　孙正海

编　委　(以姓氏笔画为序)

王绍礼(北京大学回龙观临床医学院)　　张曼华(首都医科大学)

刘传新(济宁医学院)　　　　　　　　　武雅学(北京大学回龙观临床医学院)

孙正海(齐齐哈尔医学院)　　　　　　　庞晓华(长治医学院)

孙春云(北京大学回龙观临床医学院)　　姜长青(首都医科大学附属北京安定医院)

李　梅(北京建筑大学)　　　　　　　　祝亚丽(蚌埠医学院)

杨凤池(首都医科大学)　　　　　　　　夏艳梅(大庆市第三医院)

张　辉(首都医科大学)　　　　　　　　高新义(潍坊医学院)

人民卫生出版社

图书在版编目（CIP）数据

咨询心理学学习指导与习题集 / 高新义，刘传新主编 .—2 版 .
—北京：人民卫生出版社，2019
全国高等学校应用心理学专业第三轮规划教材配套教材
ISBN 978-7-117-27961-1

Ⅰ.①咨…　Ⅱ.①高…　②刘…　Ⅲ.①咨询心理学 - 医学院校 -
教学参考资料　Ⅳ.①C932

中国版本图书馆 CIP 数据核字（2019）第 005946 号

人卫智网	www.ipmph.com	医学教育、学术、考试、健康，购书智慧智能综合服务平台
人卫官网	www.pmph.com	人卫官方资讯发布平台

咨询心理学学习指导与习题集
第 2 版

主　　编：高新义　刘传新
出版发行：人民卫生出版社（中继线 010-59780011）
地　　址：北京市朝阳区潘家园南里 19 号
邮　　编：100021
E - mail：pmph @ pmph.com
购书热线：010-59787592　010-59787584　010-65264830
印　　刷：三河市尚艺印装有限公司
经　　销：新华书店
开　　本：787×1092　1/16　印张：14
字　　数：349 千字
版　　次：2013 年 11 月第 1 版　　2019 年 3 月第 2 版
　　　　　2019 年 3 月第 2 版第 1 次印刷（总第 2 次印刷）
标准书号：ISBN 978-7-117-27961-1
定　　价：38.00 元

前 言

　　《咨询心理学学习指导与习题集》(第2版)是在贯彻教育部和国家卫生健康委员会关于应用心理学本科教学的指导原则下,特别为第3版《咨询心理学》配套的辅导教材。自2013年第1版教材出版后,得到了应用心理学专业学生的认可和好评,也收到了宝贵的反馈意见。此次修订,我们在应用实践、技术要点等方面采纳了教学一线教师提出的合理化建议,听取了学生对配套教材应用过程中的意见,对第1版配套教材进行了修改完善,并且根据教学和咨询的新需求增加了实践性内容。

　　教材编者由长期从事咨询心理学教学、致力于心理咨询理论研究和临床实践、具有丰富教学经验的专家和教授组成。《咨询心理学学习指导与习题集》(第2版)结合第3版《咨询心理学》的科学性、实践性和探索性三个方面的特点,不仅努力反映当前心理咨询理论与技术的新发展和新成果,而且尽量结合实际操作和临床案例呈现教学内容。

　　《咨询心理学学习指导与习题集》(第2版)精练地介绍了学习《咨询心理学》各章的基本要求,对学习要求、重点内容、技术要点进行梳理,详细解释了练习题,强化了技术要点解析,在个别章节提供相应的典型案例片段,并对案例中心理咨询工作者使用的心理学理论和技术进行点评,对广大咨询心理学工作者掌握和练习使用心理学理论和技术将会有良好助益。

　　本教材可作为高等院校应用心理学专业学生及心理咨询工作者学习的辅助教材,也可供心理学、教育学专业学生和社会工作者参考使用。尽管全体编委在修订中力求满足学习者的实践需求,也付出了很大的努力,但是与我们的编写初衷还有一定的距离,希望专家学者和应用者对此提出更好的建议。在此,我表示衷心的感谢。

高新义

2018年10月

目　录

第一章 绪 论

学习要求

掌握：
1. 心理咨询和心理治疗的异同。
2. 心理咨询的基本原则。
3. 心理咨询对专业人员的要求。

熟悉：
1. 心理咨询的对象和任务。
2. 心理咨询的种类和形式。

了解：
1. 心理咨询的概念。
2. 心理咨询的发展历程。

重点内容

第一节 心理咨询的概念

一、心理咨询的定义

心理咨询是指经过严格培训的心理咨询师运用心理学的理论与技术，通过专业的咨访关系，帮助合适的来访者依靠个人自我探索来解决其心理问题，增进心身健康，提高适应能力，促进个人成长与发展以及潜能的发挥。

二、心理咨询的对象和任务

（一）心理咨询的对象

1. 从社会因素和人口统计学变量看心理咨询的对象 探查来访者的某些社会因素和人口统计学变量对心理咨询的影响，比如社会地位、经济情况、种族、性别、年龄、婚姻状况等。研究结果表明，这些因素对于判断来访者的求助动机大小有较明显的预测力。但此类因素对来访者从心理咨询中获益的预测力很低，真正影响的可能是具体心理学意义的个人特点。

2. 从心理健康的灰色理论看心理咨询的对象　国内学者张小乔提出一种灰色区的概念，即人的心理正常与否无明显的界限，它是一个连续变化的过程。具体来说，如果将人的心理正常比作白色，精神疾病患者比作黑色，那么在白黑之间存在一个很大的中间区域——灰色区，大多数人都散落在这一灰色区域内。这些问题不同程度地干扰了自己和他人的正常学习、工作和生活。灰色区可进一步划分为浅灰色与深灰色两个区域。处于浅灰色区域的人有心理问题，但是其人格结构相对完整，主要表现为其主观感觉自己的心理、行为不适而无人格障碍。而处于深灰色区的人其心理问题相对比较严重，人格结构有某些缺陷，主要表现在其人格特征与正常人存在较大差异，且对自己心理问题的自我觉察能力较差，如各种人格障碍。

3. 从心理咨询的类型看心理咨询的对象

（1）心理障碍咨询：是指对存在程度不同的非精神病性心理障碍、心理生理障碍者的咨询，以及某些早期精神病人的诊断、治疗或康复期精神病人的心理指导。

（2）心理适应和发展咨询：是指这类心理咨询的对象基本健康，但生活中有各种烦恼，心理上有矛盾。咨询的目的是帮助来访者更好地认识自己和社会，减轻心理压力，提高适应能力，充分开发潜能、提高生活质量、促进人的全面发展。

（二）心理咨询的任务

1. 建立和体验新的人际关系。

2. 认识内部冲突。

3. 纠正不合理观念。

4. 采取有效行动。

三、心理咨询与心理治疗的关系

（一）心理治疗的定义

心理治疗是在良好的治疗关系基础上，经由受过严格专业训练的治疗师，根据患者的心理病理，运用心理治疗的有关理论和技术，通过持续的人际互动，消除或缓解患者的心理障碍，促进其人格向健康、和谐的方向发展。

（二）心理咨询与心理治疗的异同点

1. 心理咨询与心理治疗的相似点

（1）心理咨询和心理治疗的整个过程都注重建立和维持施助者与来访者之间良好的人际关系，都认为这是帮助来访者改变和成长的必要条件。

（2）都希望通过施助者和受助者之间的互动，达到使受助者改变和成长的目的。

（3）二者进行工作的对象常常是相似的。

（4）两者所遵循的指导理论和采用的方法技术常常是同源的。

2. 心理咨询与心理治疗的不同之处

（1）工作的对象不同。

（2）处理的问题不同。

（3）所需的时间不同。

（4）涉及意识的深度不同。

（5）目标不同。

（6）工作场所不同。

（7）称谓不同。

第二节　心理咨询的发展历程

一、现代心理咨询的发展概况

1. 现代心理咨询的起源

（1）职业指导运动。

（2）心理测量技术。

（3）心理卫生运动。

2. 现代心理咨询的发展历程

第一次世界大战期间，美国政府为了提高军队战斗力、发现特殊人才，开发了一系列心理测量工具，其中包括著名的军队 A 型和 B 型智力测验。随后测量兴趣、态度和能力的技术逐步发展起来。从 1930 年开始，以人格为焦点的心理咨询逐步发展，包括职业选择、社会适应、情感调适、身心健康、家庭生活、医疗卫生和经济生活等诸多方面，很多学校和医院设立了心理咨询机构。罗杰斯著作《心理咨询与心理疗法》（1942）的出版及"非指示的方法"的提出，为心理咨询的发展作出了巨大的贡献。他的工作第一次将心理治疗与心理咨询联系在一起。1952 年，美国心理学会（American Psychological Association）设立第 17 分会"心理咨询·指导分会"，并于 1953 年改名为"咨询心理学分会"。这样，咨询心理学作为应用心理学的一个部门而获得了独立。而且，从事这一专门职业的工作人员被称为"咨询心理学者"。同年，美国心理学会咨询心理学分会规定了正式的心理咨询专家培养标准。次年，由 20 余名心理学家发起创办了《咨询心理学杂志》，该刊物成为心理咨询的专业杂志。1955 年，美国心理学会开始正式颁发心理咨询学者执照。

3. 现代心理咨询的发展趋势

（1）心理咨询模式逐步从单一的心理模式向生物 - 心理 - 社会综合模式发展。

（2）在心理咨询过程中，更加强调来访者的自我成长，突出认知因素的作用。

（3）心理咨询的新理论、新技术不断产生，各种方法的整合将成为总体趋势。

（4）在心理咨询内容上，不断向广度和深度发展。

二、我国心理咨询的发展历程

1. 心理咨询工作起步阶段（1978—1986 年）。

2. 心理咨询工作初步发展阶段（1987—2000 年）。

3. 心理咨询工作专业化发展阶段（2001 年至今）。

三、对目前我国心理咨询的思考及展望

1. 心理咨询从业人员培训的系统化和规范化。

2. 加强国内外咨询心理学学术交流。

3. 完善心理咨询工作的督导机制。

4. 促进社会各界对心理咨询工作的理解。

5. 继续探索本土化心理咨询理论与技术。

第三节 心理咨询的基本原则

心理咨询作为一种特殊的助人活动,要遵循心理咨询工作的规律开展工作。综合学者们的看法和实际情况,我们认为心理咨询的基本原则主要有以下几条:

一、保密原则

保密原则是心理咨询中最为重要的原则,它要求心理咨询师要尊重和尽可能的保护来访者的隐私。这既是建立和维持心理咨询信任关系的前提,也是咨询活动顺利开展的基础。有两种情况可以突破不公开当事人身份的原则:一是有明显自杀意图者,应与有关人士联系,尽可能加以挽救;二是存在伤害性人格障碍或精神病患者,为避免别人受到伤害,也应做好一些预防工作。

二、助人自助性原则

心理咨询帮助来访者的根本目标是促进来访者成长,自强自立,使之能够自己面对和处理个人生活中的各种问题。咨询师应该相信来访者不仅仅有获得心理健康的愿望,而且本身都具有恢复健康的能力。因此,咨询师在咨询过程中应更多地启发、调动来访者自身的积极性、创造性,激发来访者主动投入心理自助的过程。

三、价值观中立原则

1. 咨询师应对自己的价值观有高度的警觉,对咨询中的价值问题有高度的敏感。
2. 承认多元化价值取向存在的权利,但这种承认不是漫无边际的。
3. 当涉及价值问题的时候,鼓励咨询师公开、清晰地和来访者讨论,同时注意不要有意无意地将自己的价值观强加于来访者。
4. 咨询师在做价值判断时,必须遵循有相对普遍意义的价值。

四、综合性原则

1. 三因素的综合。
2. 方法的综合。

五、灵活性原则

1. 不同的问题应选择不同的方法。
2. 不同的阶段可实施不同的方法。
3. 不同的对象采用不同的方法。

第四节 心理咨询对专业人员的要求

一、专业知识、技能方面的要求

（一）国外心理咨询工作对从业者专业知识、技能方面的要求

在美国，各个州都对职业心理咨询者有严格的从业要求，他们若要成为一名国家级资格认定的心理咨询者（NCC），必须通过成立于 1983 年的"国家咨询者资格认定委员会"（以下简称 NBCC）制定的标准化考试，获取相应的开业执照。美国的心理咨询工作者，至少要获得心理咨询硕士学位，并在相应的专业领域完成规定的实习内容和实习时间。

（二）我国心理咨询工作对从业者专业知识、技能方面的要求

我国心理咨询事业由于起步较晚，国家劳动和社会保障部于 2001 年 8 月颁布了《心理咨询师国家职业标准》，将心理咨询从业人员的任职资格及程序做了正式的规定，对每一等级的活动范围、工作内容、技能要求、知识水平、晋级培训、资格鉴定等都做了明确规定。

二、职业道德方面的要求

（一）美国对心理咨询职业道德的要求

美国《心理师道德原则》于 1953 年由美国心理学会第一次公布，其规定如下：

1. 心理师应向大众提供最高标准的服务，承担因自己的行动带来的任何后果。

2. 为了大众和整个行业的利益，心理师应具有高水平的业务能力，对自己能力的界限及治疗技术的局限性有充分的认识，只使用接受过专业训练或检验过的治疗技术向公众提供服务。在明确标准的条件下，要格外谨慎以保护患者的利益，随时掌握与所从事专业领域有关的科学及专业研究的新动态。

3. 心理师自身行为应受社会公认标准的规范与约束，唯有如此才能保证其服务质量，履行其职责，增强公众对心理学及心理师的信任。

4. 心理服务的公开声明、通知、广告及心理师的宣传活动均应能帮助公众作出全面的判断和选择，应准确、客观地反映有关心理师及机构、组织的专业资格和功能，向公众提供心理专业信息或意见，或者向公众宣传心理产品、出版物及服务时应尊重科学事实。

5. 心理师有责任保守当事人的隐私，除非征得本人同意或特殊需要，不得泄露出去，必要时可告知当事人保守秘密的法律限度。

6. 心理师应维护与之合作者的尊严，保护其利益。如当事人和雇用他们的机构之间发生冲突，应向当事人说明自己的责权范围，随时告知各方作出的承诺。他们应向顾客详细说明评估、治疗、教育或训练程序的目的和性质，公开向参与研究的患者、学生或其他人员说明，他们完全有自由选择参与研究与否的权力。

7. 尊重心理学界或其他行业同行的需要、特殊权限及责任义务，尊重这些同事所属机构或组织的权力及责任义务。

8. 研究、发表及使用心理评估技术时，应努力为当事人谋福利。当事人有权知道评估的结果、解释及作出结论和提出建议的依据，对此应予以尊重。心理师应努力保证测验及其他评估技术安全可靠，不违反有关法律的规定。

9. 决定以人为被试进行科学研究时,应考虑能否为心理科学和人类利益作出最大的贡献。进行研究工作时,应尊重参与人员的尊严和利益,遵守联邦及州的有关规定。

（二）精神卫生法对心理咨询师职业道德的要求

2012 年颁布的《中华人民共和国精神卫生法》第二十三条对心理咨询师的职业道德作了如下要求：

1. 心理咨询人员应当提高业务素质,遵守执业规范,为社会公众提供专业化的心理咨询服务。

2. 心理咨询人员不得从事心理治疗或者精神障碍的诊断、治疗。

3. 心理咨询人员发现接受咨询的人员可能患有精神障碍的,应当建议其到符合本法规定的医疗机构就诊。

4. 心理咨询人员应当尊重接受咨询人员的隐私,并为其保守秘密。

三、心理品质方面的要求

1. 较高的心理健康水平。
2. 敏锐的观察力。
3. 敏锐的感受性。
4. 较强的语言表达能力。
5. 清晰的自我意识。

第五节 心理咨询的种类与形式

一、以咨询途径为标准划分

1. 门诊咨询。
2. 电话咨询。
3. 网络咨询。
4. 信件咨询。
5. 专栏咨询。
6. 现场咨询。

二、以来访者人数为标准划分

1. 个体咨询。
2. 团体咨询。

习 题

一、名词解释

1. 心理咨询

2. 助人自助

3. 价值观中立

二、单选题

1. 受过专门训练的咨询师,向在心理适应方面出现问题并企求解决问题的求助者提供援助过程,提出心理咨询这一广义定义的心理学家是

    A. 韦特默   B. 威廉森

    C. 陈仲庚   D. 罗杰斯

2. 下列有关于咨询中保持中立性态度的意义的陈述中,正确的是

    A. 有助于建立亲密的咨询关系

    B. 可以保证咨询师不把个人情绪带入咨询中

    C. 有助于咨询师保持自身尊严

    D. 避免求助者过分依赖咨询师

3. 心理咨询的主要对象是

    A. 精神正常,遇到了现实问题的人群

    B. 精神正常,但心理健康水平较低,产生心理障碍导致无法正常学习、工作、生活并请求帮助的人群

    C. 临床未愈的精神病患者

    D. 精神不正常,但主动地请求帮助的人群

4. 咨询师应该持有的正确原则**不包括**

    A. 灵活性原则   B. 综合性原则

    C. 实用主义原则   D. 中立性原则

5. 在各类心理咨询中,按咨询途径为标准,可以分为

    A. 个体咨询与团体咨询   B. 短程、中程和长期的心理咨询

    C. 健康咨询与发展咨询   D. 门诊面询、电话咨询和互联网咨询

6. 关于我国心理咨询工作的未来发展可能的趋势,下列说法中**错误**的是

    A. 心理咨询会越来越贴近中国社会现实和文化背景

    B. 社会需求逐渐广泛

    C. 完善的和职业化的心理咨询将不断提高自身的价值

    D. 职业化将使得专业人员因为咨询行业缺乏神圣意义而不满

7. 作为咨询心理学产生的前提学术条件,在 1905 年发表了世界上第一个儿童智力量表的心理学家是

    A. 比内 - 西蒙   B. 卡特尔

    C. 高尔顿   D. 韦特默

8. 国家劳动和社会保障部于 2001 年 8 月颁布的《心理咨询师国家职业标准》中对于晋级培训期限的规定,心理咨询员接受培训的标准学时**不少于**

    A. 160   B. 320

    C. 520   D. 720

9. 心理咨询的任务**不包括**

    A. 帮助来访者建立和体验新的人际关系   B. 帮助来访者认识自身的内部冲突

C. 告诉来访者该怎么做　　　　　　　　D. 纠正来访者不合理观念

10. 下列关于心理咨询与心理治疗的描述,**错误**的是

A. 两者工作目标完全相同

B. 心理咨询和心理治疗的整个过程都注重建立和维持施助者与受助者之间良好的人际关系,都认为这是帮助受助者改变和成长的必要条件

C. 两者所需的时间不同

D. 两者所遵循的指导理论和采用的方法技术常常是同源的

三、简答题

1. 咨询心理学的特征有哪些?

2. 简述心理咨询的具体任务。

3. 简述心理咨询与心理治疗的异同点。

4. 简述心理咨询的基本原则。

参 考 答 案

一、名词解释

1. 心理咨询:是指经过严格培训的心理咨询师运用心理学的理论与技术,通过专业的咨访关系,帮助合适的来访者依靠个人自我探索来解决其心理问题,增进心身健康,提高适应能力,促进个人成长与发展以及潜能的发挥。

2. 助人自助:心理咨询帮助来访者的根本目标是促进来访者成长,自强自立,使之能够自己面对和处理个人生活中的各种问题。咨询师应该相信来访者不仅仅有获得心理健康的愿望,而且本身都具有恢复健康的能力。因此,咨询师在咨询过程中应更多地启发、调动来访者自身的积极性、创造性,激发来访者主动投入心理自助的过程。

3. 价值观中立:是指在心理咨询过程中,心理咨询师要尊重来访者的价值观,不要轻易地以自己的价值准则,对来访者的行为进行武断、任意的价值判断,并且迫使来访者接受自己的观点和态度。

二、单选题

1. B　2. B　3. B　4. C　5. D　6. D　7. A　8. D　9. C　10. A

三、简答题

1. 咨询心理学的特征有哪些?

答:咨询心理学有以下几个特征:主要针对正常人;为人的生活各方面提供有效帮助;强调个人的力量与价值;强调认知因素,尤其是理性在选择和决定中的作用;研究个人在制定总目标、计划以及扮演社会角色方面的个性差异;充分考虑情景和环境的因素;强调人对于环境资源的利用以及必要的改变。

2. 简述心理咨询的具体任务。

答：心理咨询的具体任务包括以下几个方面：

（1）建立和体验新的人际关系；

（2）认识内部冲突；

（3）纠正不合理观念；

（4）付诸有效行动。

3. 简述心理咨询与心理治疗的异同点。

答：（1）心理咨询与心理治疗的相似点

1）心理咨询和心理治疗的整个过程都注重建立和维持施助者与受助者之间良好的人际关系，都认为这是帮助受助者改变和成长的必要条件。

2）在工作目的上，二者是相似的，都希望通过施助者和受助者之间的互动，达到使受助者改变和成长的目的。

3）二者进行工作的对象常常是相似的。例如：心理咨询师与心理治疗师都可能会面对因人际关系问题、情绪障碍、婚姻问题而来寻求帮助的来访者。

4）两者所遵循的指导理论和采用的方法技术常常是同源的。例如：心理动力学取向的心理咨询师与心理治疗师对来访者开展工作时，从理论到技术应该是一样的，并不存在本质区别。

（2）心理咨询与心理治疗的不同点

1）工作的对象不同。

2）处理的问题不同。

3）所需的时间不同。

4）涉及意识的深度不同。

5）目标不同。

6）工作场所不同。

7）专业训练及所属专业组织不同。

8）起源不同。

9）称谓不同。

4. 简述心理咨询的基本原则。

答：心理咨询的基本原则：

（1）保密原则。

（2）助人自助性原则。

（3）价值观中立原则。

（4）综合性原则。

（5）灵活性原则。

（杨凤池）

第二章　咨询心理学的理论基础

学习要求

掌握：

1. 精神分析潜意识理论和人格理论的内容。
2. 操作条件反射理论的意义和类型。
3. 马斯洛自我实现人性论及罗杰斯自我论的要点。
4. 认知的主要特点及认知对个体行为和情绪的影响。
5. 客体关系理论的相关概念及内容。

熟悉：

1. 焦虑及自我防御机制理论。
2. 经典条件反射的特点。
3. 埃里斯的认知 ABC 理论；贝克的认知理论。
4. 运用认知理论分析心理障碍的形成。
5. 家庭心理咨询理论。

了解：

1. 性心理发展阶段理论的内容。
2. 华生的恐惧实验及其理论观点。
3. 操作条件反射实验原理。
4. 焦点解决短期心理咨询的基本技术。
5. 叙事心理咨询的基本步骤。

重 点 内 容

第一节　经典心理咨询理论

一、经典精神分析理论

精神分析(psychoanalysis)产生于 19 世纪末 20 世纪初，是在奥地利发展起来的一个重要的心理学派别。其创始人为西格蒙德·弗洛伊德(Sigmund Freud, 1856—1939)。

（一）潜意识理论

弗洛伊德提出的潜意识理论是精神分析理论的基石。他把人的心理分为潜意识、前意识和意识三个部分。

1. **潜意识（unconscious）**　有两层含义：一是指人们对自己的一些行为的真正原因和动机不能意识到；二是指人们在清醒的意识下面还有一个潜在进行着的心理活动。潜意识的内容中包含了那些为人类社会、伦理道德、宗教所不容许的、原始的、目无法纪的动物性本能冲动，以及幼年期的经验、被压抑的欲望和动机等。

2. **前意识（preconscious）**　是介于意识与潜意识间的心理活动，它是曾经属于意识的观念思想，因与目前的实际关系不大或无关，被逐出意识的园地，但可以较快地、较容易地闯入到意识领域。

3. **意识（conscious）**　指人能知觉到的东西，是人当前注意到的心理活动、感知外界的各种刺激，是与语言（即符号系统）有关的部分心理活动。

（二）人格结构理论

弗洛伊德将人格结构分为本我、自我和超我。当三者关系协调，人格则表现出健康状况，当三者关系冲突，就会产生心理疾病。

1. **本我（id）**　是与生俱来的动物式的活动，相当于潜意识内容，它服务于快乐原则，它不看条件、不问时机、不计后果地寻求本能欲望的即时满足和紧张的立即释放。本我中的需求产生时，个体要求立即满足，从而支配人的行为。生之本能是促进个体求生活动的内在力量，这种内在力量被称为"力必多"（libido）。本我内除了由基本需要形成的生之本能之外，也包括着攻击与破坏两种原始性的冲动，这种冲动称"死之本能"。

2. **自我（ego）**　是现实化的本能，它是个体出生后在现实环境中由本我中分化发展而产生的，代表着理性和审慎，由本我而来的各种需求，如不能在现实中立即获得满足，就必须迁就现实的限制，并学习如何在现实中获得需求满足，服从于现实的原则，配合现实和超我的要求，延迟转移或缓慢释放本我的能量，对本我的欲望给予适当的满足。

3. **超我（superego）**　是道德化了的自我，它是长期社会生活过程中，将社会规范、道德观念等内化的结果，类似于人们通常讲的良心、理性等，为人格的最高形式和最文明的部分，多属于意识。超我中有两个重要的组成部分：一个是自我理想，是要求自己的行为符合自己理想的标准，当个体的所作所为符合自己的理想标准时，就会感到骄傲；另一个是良心，是规定自己不犯错误的标准，如果自己的所作所为违反了自己的良心，就会感到愧疚。超我服从于至善原则，它一方面负责对违反道德标准的行为施行惩罚，另一方在确定道德行为标准。

（三）焦虑及自我防御机制理论

在人格发展过程中，本我、自我、超我之间产生冲突时，个体就可能产生焦虑。弗洛伊德描述了三种类型的焦虑：现实性焦虑、神经性焦虑和道德性焦虑。

十种常见的自我心理防御机制：

1. **压抑（repression）**　是一种最基本的防御机制，也是其他防御机制的基础。压抑将那些危险的或令人痛苦的想法和感受排除在知觉范围之外。它常常是焦虑的来源。

2. **否认（denial）**　否认现实也许是所有自我防御机制中最简单的一个，它让人们有意识或无意识地拒绝使人感到焦虑痛苦的事件。

3. **反向形成（reaction formation）**　人们通过采取与令人不安的欲望相反的有意识的

态度和行为,从而避免自己去面对无法接受的冲动,使自己无需去应对本应出现的焦虑。

4. **投射**(projection) 即是把自己产生的无法接受的情感或意念归因于他人。

5. **置换**(displacement) 当个体感到焦虑时,他可能不把自己的冲动、情感发泄到危险的物或人身上,而把它转移到更安全的物或人身上。

6. **升华**(sublimation) 是一种较为积极的防御机制。它把内驱力改造成社会可接受的行为。

7. **合理化**(rationalization) 某个已经发生而不被个体所接受的糟糕的、失败的行为或观念,人们就找出看似合理正当的理由来解释它,从而缓解自己的焦虑和失望感。

8. **退行**(regression) 是指倒退到一个早期的人格发展阶段。面对强大的压力、焦虑时,个体可能会采取过去是适宜,但是现在已经不成熟的行为。

9. **认同**(identification) 通过呈现出他人的特征,人们可以减少自己的焦虑及其他消极情感。

10. **理智化**(intellectualization) 不直接应对情感的问题,而采用抽象思维间接地处理。

(四)性心理发展阶段理论

弗洛伊德认为个体性心理的发展主要是"力比多"的投注和转移,需要经历口唇期(oral stage,0~1岁)、肛门期(anal stage,1~3岁)、性器期(phallic stage,3~6岁)、潜伏期(latency,6岁至12~13岁)、两性期(genital stage,青春期以后)五个阶段。

精神分析理论用于心理咨询与治疗的目标是:①将无意识的内容带进意识;②增强自我的力量,使个体的行为更立足于现实,而不是受本能的驱使或非理性内疚的影响。

二、行为主义心理学

(一)经典性条件反射

在20世纪初,俄国生理学家伊万·巴甫洛夫(Ivan Petrovich,1849—1936)在研究狗的消化作用时发现了条件反射。经典条件反射就是某一中性环境刺激反复与无条件刺激相结合的强化过程,最终成为条件刺激,引起了原本只有无条件刺激才能引起的行为反应。

巴甫洛夫认为存在两种类型的反射即条件反射(conditioned reflex)和无条件反射(unconditioned reflex),其中无条件反射指有机体生来固有的对保存生命有重要意义的反射,而条件反射是通过在有机体大脑皮质上建立起暂时神经联系来实现的,是有机体在无条件反射基础上后天习得的反射。

理论意义在于强调环境刺激对行为反应的影响。任何环境刺激,都可通过经典条件作用机制影响行为。据此,许多正常的行为现象或异常的行为问题,可以通过经典条件作用而获得。行为治疗中的系统脱敏疗法,则是通过建立条件反射性的松弛反应,以帮助患者克服"习得性"的紧张行为反应症状。

其特点包括:

1. **强化**(reinforcement) 条件刺激与无条件刺激在时间上的结合称为强化,强化的次数越多,条件反射就越巩固。

2. **消退**(extinction) 当条件刺激不被无条件刺激所强化时,就会出现条件反射的消退。

3. **泛化（generalization）** 指的是在条件反射形成初期，除条件刺激本身外，那些与该刺激相似的刺激也或多或少具有条件刺激的效应，引起条件反射。

4. **分化（discrimination）** 与泛化互补，是指对事物的差别反应。

（二）华生的恐惧实验及其理论观点

行为理论的代表人物华生（John Broadus Watson，1878—1958）指出，情绪反应是我们对环境中某种特定刺激的条件反射，也就是说，人的情绪反应是习得的。华生在实验研究中得出人类的所有行为都是源于学习和条件反射的，同时证实人们的行为来自无意识这一论断是错误的。并把其研究推论到其他情绪中，如愤怒、愉快、伤心、惊讶或厌恶等。华生认为，假如艾尔波特在他感到恐惧时吸吮拇指，并且拇指一放到嘴里就感到不害怕了，这种吸拇指的行为是一种阻碍恐惧产生的条件反射。

（三）操作性条件反射

操作性条件反射（operant conditioned reflex）理论体系形成于 20 世纪 30 年代以后，在心理治疗中，贡献较为突出、体系较为完整的是斯金纳（Burrhus Frederick Skinner，1904—1990）的操作性条件反射（又称工具性条件反射）。

20 世纪 30 年代后期，斯金纳为研究操作性条件反射精心设计制作了一种特殊的仪器，即斯金纳箱（Skinner box）。

强化和惩罚是斯金纳的操作性条件反射的两个基本过程。

（1）强化（reinforcement）是指在强化物的作用下，行为的加强。强化有正性强化和负性强化，它们都会增加这种行为在将来出现的可能性。正性强化（positive reinforcement）指一个行为的发生，随着这个行为出现了刺激的增加或刺激强度的增加，导致了行为的增强；负性强化（negative reinforcement）指一个行为的发生，随着这个行为出现了刺激的消除或者刺激强度的降低，导致了行为的增强。

（2）惩罚（punishment）是指在一个行为发生之后立刻跟随一个令人厌恶的刺激或撤除一个正强化物，从而抑制这个行为的再次发生。惩罚同强化一样有正性惩罚和负性惩罚，它们都会减少某种行为将来出现的可能性。正性惩罚指一个行为发生后跟随一个令人厌恶的刺激物，并出现了一个令人不愉快的结果，导致将来这个行为不太可能再次发生；负性惩罚指一个行为发生后撤走一个正强化物，减少将来这个行为再次发生的可能性。

斯金纳认为行为矫正，正是通过积极的强化来改变行为的一种手段。特别指出负强化物在行为矫正中扮演的作用以及惩罚在行为矫正中的使用。总之，行为矫正的本质是通过积极的强化来改变人类的行为。

（四）社会学习理论

班杜拉的社会学习理论是在米勒和多拉德的社会学习论的基础上发展而来的。他在1969 年明确指出"所有来源于直接经验的学习现象都可通过观察他人的行为及其所体验到的结果，在替代的基础上发生"，进而提出了观察学习（observational learning）的概念。班杜拉及其助手设计出了著名而又有影响力的"波比娃娃"儿童模仿攻击行为实验，阐述了社会学习理论的相关观点。

三、人本主义心理学

（一）马斯洛的自我实现心理学

亚伯拉罕·马斯洛（Abraham Maslow，1908—1970）是人本主义心理学最有影响力的人物之一。他从人类动机入手对人的需要、本性等进行了探讨,提出了其理论观点。

1. 需要层次理论　马斯洛将需要分为五个层次。个体只有满足了低一级的需要,才会有动力促使高一级需要的产生和发展。生理需要是最低级、最基本,也是最强有力的需要。当某一个体生理需要(如饥饿、渴、性)得到满足后,他就要开始寻求安全需要(如避免自然、意外的危险、职业的稳定)的满足。当安全需要被满足后,个体开始寻求归属与爱的需要(如爱人及被爱,被团体认同和接受)的满足。当归属与爱的需要被满足后,他又开始寻求尊重需要(如自尊、自重和为他人所敬重)的满足。当尊重需要被满足后,他就要涉及自我实现的需要。自我实现是人类最高层次的需要。因为每个人都充分发挥他的全部潜能是不可能的,马斯洛也把那些层次性需要已得到充分满足的人看作自我实现的人。

2. 自我实现理论

(1)自我实现的标准:一是人的实质和潜能现实化,二是没有或极少出现不健康、精神疾患和基本能力欠缺。

(2)自我实现的两种类型:其一,健康型自我实现,即更务实、更能干的自我实现者;其二,超越型自我实现,即更经常意识到内在价值、生活在存在水平或目的水平而具有丰富超越体验的人。

(3)马斯洛还对希望能成为自我实现的人提出了7条建议:①把自己的感情出口放宽,要有宽广的心胸;②在任何情境中都尝试从积极乐观的角度看问题,从长远的利益做决定;③对生活环境中的一切要多欣赏、少抱怨,有不如意的地方,设法改善;④设定积极而又可行性的生活目标,然后全力以赴去实现自己的目标,但是也绝对不能期望未来的结果一定不会失败;⑤对是非的争辩,只要自己认清真理正义之所在,就算违反多数人的意愿,也应该挺身而出,站在正义的一方,坚持到底;⑥不要使自己的生活僵化,要为自己在思想上和行动上留一些弹性空间,偶尔放松一下身心,将有助于自己潜力的发挥;⑦与人坦率相处,让别人看见你的长处与缺点,也让别人分享你的快乐与痛苦。

(二)罗杰斯的人格自我心理学

卡尔·罗杰斯(Carl Rogers, 1902—1987)生于芝加哥,成长于家教严格、刻板保守的家庭,获得了临床和教育心理学硕士学位。1972年成为美国历史上第一个被心理学会授予杰出专业贡献奖和杰出科学贡献奖的心理学家。其基本理论有人性论、自我论以及以人为中心的心理治疗论。

四、认知心理学

(一)贝克的认知理论

1. 贝克的基本观点　贝克(Beck)提出的情绪障碍认知理论认为,人的情绪障碍"不一定都是由神秘的、不可抗拒的力量所产生,相反,它可以从平凡的事件中产生"。因此每个人的情感和行为在很大程度上是根据自身认知外部世界、处世的方式或方法决定的,也就是说一个人的思想决定了他的内心体验和反应。

认知歪曲5种形式:①任意的推断(arbitrary inference),即在证据缺乏或不充分时便草率地做出结论。②选择性抽象(selective abstraction),即仅根据个别细节而不考虑其他情况便对整个事件做出结论。③过度引申(over generalization),指在一件事的基础上做出关于能力、操作或价值的普遍性结论。④夸大或缩小(magnification or minimization),对客观事件的意义作出歪曲的评价。⑤"全或无"的思维(all-or-nothing thinking),即要么全对,要么全错,把生活往往看成非黑即白的单色世界,没有中间色。

2. 贝克认知治疗基本技术 包括五种技术:识别自动思维、识别认知性错误、真实性检验、分散注意及监察苦闷或焦虑水平。

(二)艾利斯合理情绪疗法

合理情绪疗法(rational-emotive therapy, RET),是美国临床心理学家艾尔伯特·艾利斯(Albert Ellis)在 20 世纪 50 年代提出的心理治疗方法。在 RET 理论发展后期,在其原来的基础上整合了行为主义疗法中的各种技术;现在又称为合理情绪行为疗法(rational-emotive behavior therapy, REBT)。

1. **艾利斯的基本观点** 造成人们痛苦的非逻辑思维概括大致有十点:①一个人要有价值就必须很有能力,并且在可能的条件下很有成就;②某某人绝对是坏的,所以他必须受到严厉的责备和惩罚;③逃避生活中的困难和推掉自己的责任可能要比正视它们更容易;④任何事情的发生都应当和自己期待的一样,任何问题都应得到合理解决;⑤人的不幸绝对是外界造成的,人无法控制自己的悲伤、忧愁和不安;⑥一个人的过去对现在的行为起决定作用,一件事过去曾影响过自己,所以现在也必然影响自己的行为;⑦自己是无能的,必须找一个比自己强的靠山才能生活,自己是不能掌握情感的,必须有别人安慰自己;⑧其他人的不安和动荡也必然引起自己的不安;⑨和自己接触的人必然都喜欢自己和称赞自己;⑩生活中有大量的事对自己不利,必须终日花大量时间考虑对策。艾利斯认为人的情感障碍和不良行为正是这些非逻辑性思维存在的结果。

2. **ABCDE 理论** 艾利斯将治疗中有关因素归纳为 A-B-C-D-E,A 即诱发事件(activating event);B 指个体在遇到诱发事件后,对该事件的看法、解释和评价,即信念(belief);C 指由诱发事件引起的情绪和行为反应或结果(consequence);D 即辩论(dispute);E 即效应(effect)。

人对诱发事件(A)的反应(C)可以是正常的也可以是异常的,但 C 并不是 A 的直接结果,A 不是直接地决定 C,在反应过程中,受中介因素 B 的影响,B 的不同影响了 C 的不同,要想改变 B 就必须找到 D,也就是用正确的世界观或人生观以科学的知识和科学的认知方法去阻止非逻辑的思维及非理性的东西。治疗者对不合理信念(B)的辩论(D)一般采用有针对性的、直接的、以及由系统的提问方式,逐渐使来访者认识信念(B)是引起情绪或行为反应的直接原因,从而使来访者向非理性观念挑战,不断发展理性的人生观,对不合理的信念产生动摇,进而取得疗效(E)。

第二节 现代心理咨询理论

一、现代精神分析理论

在现代精神分析中比较有影响的是客体关系理论(object-relations theory)和自体心理学理论,主要代表人物有梅兰妮·克莱因(Melanie Klein)、玛格丽特·玛勒(Margaret S.Mahler)、奥托·科恩伯格(Otto Kernberg)和海因茨·科胡特(Heinz Kohut)等。

所谓客体关系(object relations)指的是人与人之间的关系。客体关系中的客体(object)指的是有特别意义的人或事物,是个人感情的内驱力或目标。弗洛伊德强调父亲的权利和控制,而客体关系理论则偏重母亲,强调与母亲的亲密关系和母亲的养育。客体关系学家注重外部客体（父母及重要的他人）对建立内部心理结构的影响，认为人格的组织和建立是外部客体内化的结果。内化是一个心理过程，个体通过这个过程，将其环境中的规则性互动和特征转化为内部的规则和特征。客体关系理论的研究集中于俄狄浦斯期前的心理发展（3 岁以前），而弗洛伊德关注的是俄狄浦斯期（4~6 岁）冲突的影响。客体关系理论将心理疾病或发展的停止视为一般病理症状，发展的停止带来不完整的人格结构。

（一）克莱茵客体关系理论

梅兰妮·克莱茵是儿童精神分析的先驱，她扩展并改良了弗洛伊德的客体和本能的观点。克莱茵认为，任何内驱力和本能都是与客体相联系的。初生的婴儿只能根据他所体验到的客体的"好"或"坏"来代表这个客体，此时，他所体验到的只是客体的部分特征，所以称之为部分客体（part object）。

1. **主要概念** 客体（object）：包括内在客体和外在客体。外在客体是指真正的人、养育者，内在客体指的是心理表象，即与客体有关的影像、想法、幻想、感觉或记忆，因此也称为客体表象。

投射（projection）：投射是一个人把自体的一部分归因到另一个人身上。这是一个外化的过程，婴儿借此解除内部焦虑。

内摄（introjection）：内摄指客体被纳入到一个人的内在，成为内在客体。内摄建立了一个内部世界，部分地反映外部世界。

分裂（splitting）：分裂是主动的"将自体与重要客体的矛盾经验分开"。即婴儿将客体分裂为好的方面和坏的方面的心理机制。婴儿应用分裂机制，将满足的乳房与被爱的自体相联系，将受挫的乳房与仇恨的自体相联系。

投射性认同（projective identification）：投射性认同是指个体把自己不能接受的行为或人格中消极的方面投射或放到别人身上，然后认同于那个人，并在无意识中要去控制他。

2. **心理发展及修正** 克莱茵指出婴儿的客体关系发展包括两个基本的状态：偏执 - 精神分裂状态和抑郁状态。它不同于弗洛伊德的性心理发展阶段，而是认为在生命早期已建立的状态，是将持续终生的结构。克莱因认为婴儿从一出生就有初级的自我（primitive ego），并能动员初期的防御机制以克服焦虑。这些防御包括分裂（split）、投射性认同（projective identification），否认（denial）等。

（二）科胡特自体心理学理论

创始人是海因兹·科胡特（Heinz Kohut）。自体心理学把自体放在理论的中心地位，强调自恋的重要性。科胡特认为，自恋本质上是正常和健康的，它是发展的推动性组织者，对自己的爱先于对他人的爱。

1. **主要概念** 自恋（narcissism）：力比多投注在自我或自体上称为自恋，即人把全部的能量和注意都集中在自己身上。

自体（self）：自体指一个人精神世界的核心，只能通过对外显现象的内省和同理观察才能发现。

自体客体（self object）：自体客体不是一个分离而实际存在的人，也不是一个实在的生命客体，而是抽象概念的精神内在的表象或被经验为自体需求的拓展。自体客体无能力或缺失是婴儿化冲突与后来病理形成的原因。

镜像（mirroring）：在自体心理学中，父母对子女的正性反应反射了自体的价值感，并逐渐内化为自体尊重。父母对于儿童活动的欣喜对于儿童的发展是基本的要素。这样镜像反应的结果，儿童能发展并维持自尊和自我肯定的抱负。镜像需求被称为夸大表演欲的需求，因为它们支持婴儿关于"我是完美的，且因此你爱我"的意念。镜像的自体客体是一种回应并确认儿童在活力、伟大与完美上的天然意识。

转变内化作用（transmiting internalization）：透过自体客体这个内在表象，客体在漫长的时间里，将与自体客体关系的经验内化并转化为自体结构的一部分，这个内化与转化过程称为转变内化作用。

2. 自恋的发展及修正 科胡特相信婴儿会试图创造两个新的自恋系统，恢复被破坏的全能感，一种是全能自体，一种是理性化的自体客体（如理想母亲的表象），这两种自恋系统是并存的。

全能自体是源自对完美自体幻想的夸大自体，其特征是表现癖、扩张和一种全能的感觉，其体验是"我是完美的"。在自恋的正常发展中，通过镜像，即父母对子女的正向反应，自体的夸大性会有所修正并整合入人格之中，成为适合自我的雄心与目标。

理性化的自体客体是源自寻求一个完美者并与之结合的幻想的理想化的双亲影像。这是由婴儿的原始幸福感、全能及完美感投射于父母产生的，认为父母是全能的并能满足自己的任何需求，其体验是"你是完美的，而我是你的一部分"。在自恋的正常发展中，由于儿童会经历来自父母的恰到好处的挫折和照顾，理想化的双亲影像被内化而形成理想。

二、家庭心理咨询理论

随着心理学的发展，心理学家逐渐把关注的焦点从个体转向家庭成员间的关系和互动上。20世纪50年代中期家庭治疗在美国逐渐发展起来。

（一）家庭心理咨询概述

家庭心理咨询（family counseling）是以家庭动力系统而非个体人格为出发点，集中关注家庭成员间的互动，把家庭看作一个单位或系统，家庭心理咨询是为了理解和改变家庭的内部结构。最早以家庭作为心理干预对象的是心理学与精神病学家阿德勒（Alfred Adler）。精神分析家阿克曼（Nathan Ackerman）提倡心理学工作者应该把心理干预的重点从"个体"立场推展到"家庭"整体，因而开创了家庭心理咨询的先河。1962年 *Family Process* 的发行标志着家庭心理干预开始成为一个独立的专业咨询与治疗领域，并且发展出了许多介入整个家庭的新策略。20世纪70年代，新的干预技术不断被发展出来。20世纪80年代，婚姻与家庭心理干预结合成为单一的领域。20世纪90年代，家庭心理干预的主流已经远离坚持"学派"的分别，进而走向整合。

（二）家庭心理咨询的主要理论体系

具有代表性的家庭心理咨询理论主要有历史派、结构派、经验派和策略派等。

（三）家庭心理咨询的主要技术与方法

在家庭心理咨询中，常用的技术方法有如下几种：

1. 提问策略 和个别咨询不同，家庭咨询师不和家庭成员探讨它的个人问题，主要是通过提问的方法，促使家庭互动。提问策略是家庭治疗中的重要技术。

（1）关系性提问：家庭成员总是会诉说症状本身，或一个人的问题，咨询师要设法将症状问题变成一个关系问题。关系提问的要点是抓住家庭成员诉说内容或行为中隐藏的和其他成员的关系,不从症状本身,而是从相互作用的角度提问。

(2)循环提问:也被称为"循环催眠"。就是同一个问题,轮流反复地请每一位参与治疗的家庭成员回答。

(3)差异提问:指的是向各位家庭成员询问,家庭问题出现前后在时间、场合、人员等情境方面的差异。差异提问就是要帮助来访家庭意识到问题发生所需要的条件情境,提醒他们看到问题积极的一面,也就是通常所说的"寻找例外"。

(4)假设提问:治疗师根据对家庭关系及背景的了解从不同角度对家庭的问题提出假设。通过这种提问,治疗师能够为来访家庭展开另一扇门,提供看待问题、思考问题的多重角度。

2. **家庭图谱**(family mapping) 这是一种用来直观表现家庭内部成员之间关系的技术。可以将来访家庭希望解决的问题与家庭成员之间的关系通过图形线条的方式进行展示。通常是由治疗师和家庭一起完成。家庭图谱可以包括以下这些信息:家庭成员之间的联系、亲近程度、重大转折(如出生、死亡、结婚、离婚等)、家庭的重要特质(如家庭的文化传统、宗教信仰、社会经济地位、种族、受教育情况等)。

3. **雕塑**(sculpt) 通过具体造型的生动形象可重新建立家庭成员之间的关系。这一技术可用来诊断或确定治疗目标,而用不同成员充当雕塑者的做法又可显示他们在理解和意志上的差异,雕塑作为一种行为技术,可使儿童和说话少的家庭成员也有机会参加治疗。

4. **模拟家庭**(simulation of family) 通过模拟家庭的角色扮演,让家庭成员在某种家庭情景中去感受他们自己,有时会产生意想不到的领悟。如让家庭成员模仿彼此的行为表现,女儿扮演她所看到的父亲,父亲扮演他眼中的女儿等。

5. **积极赋义**(positive connotation) 对当前的问题重新界定,从积极的方面重新进行描述。引导家庭成员从一个新的角度去看待问题,放弃挑剔、指责态度,增强他们的信心。在这个过程中,强调问题的产生是和特定情境联系的,情景是可以改变的,问题也是可以解决的。

三、交互分析咨询理论

最先由心理学家艾瑞克·柏恩提出,它是一种人格理论、一个概念性的沟通工具、一种针对个人成长和改变的系统性的心理治疗方法。治疗师通过描绘人的心理结构以解释不同自我状态如何影响人的行为,用脚本的概念解释童年经验如何影响现在的生活方式,并通过个别治疗、团体治疗、夫妻治疗或家庭治疗等方式来促进个人的成长和改变。

(一)基本概念和理论观点

1. **结构分析——自我状态结构与功能** 根据伯恩及其追随者的观点,我们每个人有三种自我状态:父母、成人和儿童。每个自我状态都是一个情感、思想和行为的有组织的心理系统,且每个都是独特且相互排斥的。在健全人格中,个体可以根据环境的不同展现不同的自我状态,而达到有效的沟通。

儿童自我状态(child ego-state):儿童自我大部分诞生于童年期,来自内在的反应和经验,当个体按照小时候的思想、感觉或行为模式来做反应时,他就处于儿童自我状态中。例如与男朋友吵架时,因生气而哭泣或不理人。

父母自我状态(parent ego-state):类似于儿童自我,父母自我大部分也诞生于童年期,来自外在的榜样,例如父母、老师等。当个体的行为、想法和感受拷贝自父母(或其他具有父母形象的人），或运用小时候认知到的父母的表达方式来做反应时，他就处于父母自我状态中。

成人自我状态（adult ego-state）：个体行为、想法和感受都是针对此时此刻发生的现实做反应，运用成人的资源来面对现在，这时个体就处于成人自我状态中。例如工程师设计草图、法官办案、医师诊病。成人自我状态不处理情感只处理事实，用以检测现实并关注事件的处理、评估和决策。

2. **沟通分析** 伯恩认为交流是沟通的基本单位，并有如下定义：一个刺激（S）加上一个反应（R）就是一次交流。人和人之间的沟通就是一连串的交流形成的。结合自我状态的概念，我们认为发生在两个人之间的任何事情都牵涉到他们自我状态的表现，因此沟通可以看作一个人的不同自我状态与另一个人的自我状态交换信息的过程。结合沟通的三个定律，可以将沟通分为三种类型：

（1）互补沟通（complementary transactions）：当刺激和反应在 PAC 图表中成平行线时，这个交流是互补的，可以永远继续下去。只要交流是平行的，方向无所谓。

沟通定律一：只要交流符合原先的期待，保持互补状态，沟通就能一直进行下去。

（2）交错沟通（crossed transactions）：当刺激和反应在 PAC 图表上发生交叉时，交流停顿。这时作出反应的自我状态并非对方所期待的自我状态，导致沟通交错而中断。此时，人们可能退缩、逃避对方或者转换沟通方式。

沟通定律二：当交流呈现交错状态时，沟通会被打断，这时一方或双方需要改变自我状态，才能继续沟通下去。

（3）隐藏沟通（ulterior transactions）：隐藏沟通中常常包括两个以上自我状态，成人自我之间交流的是一个公开的、社会层面的信息，而同时会在其他自我状态之间交流另一个隐藏的、心理层面的信息。这需要结合当时的行为表现来确定。

沟通定律三：隐藏沟通的结果取决于心理层面的内容，而非口头社会层面的信息。

3. **脚本分析** Berne 认为所谓的脚本（scripts）是指小时候在潜意识中萌发的人生蓝图，被父母加强，又被后来的生活事实证明，并可经选择而改变。脚本约在一个人 2 岁时开始形成，约 7 岁时大致完成。脚本主要来自成长时父母的影响，但孩子并非被动地全盘接受。他们靠自己的经验得出结论，找出一些理解这世界且让自己的存在有意义的关联。生活位置是脚本的核心成分。在不同的影响下，儿童可能会形成不同的生活位置。

4. **心理游戏与游戏分析** 玩心理游戏的人是在封闭系统中作思考，不接受外来的新信息，而使用自己过去的方式、感受和信息作出决定。

首先，我们来看一个案例：

简是一个咨询师，他正在和一个沮丧的来访者会谈。

来访者：发生了可怕的事，房东把我赶走了，我不知道该怎么做了。

简（皱眉）：真是太糟糕了，我能帮你做些什么？

来访者（无精打采地）：我不知道。

简：为什么不找报纸看看是否能租到房子呢？

来访者：这就是问题所在，我没钱付房租。

简：我可以安排你拿到一些救济金。

来访者：你真好，可是我不想接受别人的救济。

简：那我安排你暂时住到青年旅社，直到你找到新的居所为止。

来访者:谢谢,可是我心情这么糟,恐怕无法忍受和许多人一起住。

简努力想是否有其他办法,可是脑子一片空白。

来访者叹了口气,站起来说:"谢谢你试图帮助我",然后快快不乐地走了。

简自问:"到底是怎么回事?"她开始时觉得惊讶,随后觉得无力而沮丧,自己实在不是个好的社会工作者。

同时,走在街上的来访者也对简很生气,他说:"她不是说要帮我的吗?结果什么忙也帮不了。"

类似的情形,他们两个过去都发生过很多次,简常想帮助来访者,为他们提建议,但是来访者不接受让她很不舒服;来访者不断拒绝别人帮助,并对试图帮助他的人感到生气。

最后,把这个心理游戏案例放入公式来分析。

(1)当来访者告诉简自己被房东赶走时,就隐藏了一个饵,意思是"虽然你尝试要帮助我,但是我不会接受的",这时简就成了猎物。因为无论是她的工作性质,或者她头脑中的父母讯息都告诉她说,"当别人遭遇不幸的时候,你必须帮助他"。

(2)反应阶段包括一连串的互动。从社交层面看,简不断提建议,来访者一一否定;心理层面上,则是饵和猎物之间好几次交换着隐藏信息。

(3)转换阶段发生在简无计可施时候,来访者说"谢谢你试图帮助我"。

(4)来访者离去,简觉得惊讶,这就到了混乱阶段。

(5)结局是二人都获得了习惯的扭曲感觉:简觉得自己能力不足,来访者觉得愤怒。

相信这种感受对于简和来访者来说是很熟悉的,伯恩将之定义为扭曲的感觉。它是通过正、负向安抚的增强、漠视,并以父母为榜样而学习来的,是一种人为、重复且定型的感觉。每个扭曲感觉的背后都有另一个真实的感觉,但是孩子在成长过程中为了更好地求得生存,而不得不将之压抑,取代以更强烈的方式表达被允许的感觉来补偿自己。为什么人们获得扭曲的感觉却总是要周而复始地玩这样的心理游戏呢?

因此,治疗师单靠提醒一个人正在玩游戏对于个人成长是毫无帮助的,必须一步步地慢慢告诉他什么是心理游戏,如何通过觉察、了解自己目前真正的感觉和需求,用成人的方式来面对当下作反应,这才会对来访者产生实质性的帮助。

(二)主要技术与方法

1. **强化松散的自我边缘技术** 向求助者解释自我状态的理论,理解"父母""成人""儿童"三种自我状态的含义,熟悉这三者彼此间交互的功能。求助者能够用上述的知识来处理自己的行为时,则自然可以强化自我边缘。

2. **去污染技术** 让求助者了解到自己受污染的状况,并指出谁在污染谁,如何污染,以达到去污染的效果。作为咨询师要及时指出求助者的成人受谁的污染,并通过认知的剖析,修正当事人的现有状态,以重建当事人和谐流畅的自我状态。

3. **再倾泻技术** 倾泻是指个人的一个自我能很稳健且直接地转换到另一个自我。再倾泻(recatharsis)是指求助者所排斥的另一个或另两个自我状态激发出来,使当事人的行为反应能因环境的状况与需要,随时倾泻或呈现更适宜的自我状态。

4. **回溯技术** 这是发现求助者受父母影响的一种有效方法。它要求求助者要申明而不是否认自己的消极情感,找出自己的哪一部分对自己的自然儿童状态产生了伤害,找出最近发生的什么事情触发了自己的消极情感,理解父母对自己的说法看法以及它们怎么影响自己的儿童自我状态,看看自己现在能做的以申明自己不同的事情。

5. 澄清技术 指咨询师将求助者所说的话或想说的相关信息串联起来,或把求助者内隐而未显且未能明白表达的想法与感受说出来。澄清的目的是使求助者对于未来将发生的事情及原因能有深刻的洞察与了解,以便在咨询后求助者可以很自主、自然地回到现实生活中,以适当的方式去处理日常事务并与人沟通。

第三节 后现代心理咨询理论

一、焦点解决短期心理咨询

焦点解决短期心理咨询(solution focused brief counseling, SFBC)是指以寻找解决问题的方法为核心的,是一种正向目标解决导向的咨询模式,强调的是建构咨询的历程而不是单纯地解决问题和探索问题的原因,认为来访者个人是建构解决历程的最大资源。

(一)焦点解决短期心理咨询的基本观点

根据樊雪春总结的焦点解决短期心理咨询的基本精神,以及沃尔特和佩勒的基本假设,简要总结如下:

1. 事出并非一定有原因 有些问题是存在明显的原因的,我们还是要明白这样一个现象即有些问题是有正向功能的。但是,并不是什么事情的发生都有一定的原因或明确的因果关系,这就要求我们不能把时间浪费在探讨复杂而可能无意义的原因上。

焦点解决短期心理咨询就是专注问题解决的过程,而不是探索原因的过程,也就有可能在不探究问题原因的情形中成功地解决了问题。

2. 从正向的意义出发,并由"例外"带来问题的解决 任何一个时刻,改变都在发生。这就是说任何人都不可能无时无刻地处在问题情境中,总有问题不发生的时候,即所谓的"例外"。"例外"常常可以作为问题解决的指引,进而达到问题的解决。

3. 由小改变到大的雪球效应 这是一种基于系统观的考虑,即只要持续小改变,就会累积成大的改变,就好比"雪球效应",从山上下来的小雪球会越滚越大,势不可挡。从小的改变着手,事情比较容易成功。成功的经验可以使来访者产生信心和力量去处理更困难的问题,进而带动整个系统的改变。

4. 来访者是自己的问题专家,并且拥有解决自身问题所需的能力 意义与经验是交互建构的,改变对于不同的个体,意义是不同的。人们生活的意义是通过与环境的交互作用而形成的。

5. 合作与沟通是解决问题的关键,即二人同心、其利断金 来访者是自己问题的专家,而咨询师是解决问题过程的专家,二人的合作,就会使得问题迎刃而解。

(二)焦点解决短期心理咨询的基本过程

焦点解决短期心理咨询和一般的咨询一样,每次大约 60 分钟。基本过程分为三个阶段:建构解决的对话阶段、休息阶段、正向回馈阶段,并且每一个阶段的工作方式和目标都不相同。

1. 第一阶段 以咨询师与来访者的对话为主,并在建构解决途径的对话架构下工作,该架构主要包括目标架构(含正向开场与设定目标)、例外结构、假设解决结构三个方面内容。

2. 第二阶段 该阶段是休息与正向反馈阶段。休息时间大约是十分钟,此时咨询师会离开会谈的场所,目的是回顾与整理第一阶段中来访者对其问题的解决所提及的有效解决途径,提取出有意义的一些信息。

3. **第三阶段** 该阶段咨询师再次回到会谈地点,把正向的有意义的信息和经过详细的讨论而形成有效的意见正向反馈。如给来访者一些赞美、安排家庭作业等反馈给来访者,使来访者离开咨询室后自己能够思考他的解决问题的方法。

（三）焦点解决短期心理咨询的基本技术

1. **一般化技术** 告诉来访者很多人都是这样,但都可以走过来,所遇到的问题是发展过程中常见的、暂时性困境,而不是病态的、变态的、无法控制的灾难,借此使来访者降低恐惧感,这样他们就会更接纳自己的困难。

2. **振奋性引导** 是以一种兴奋、喜悦的声调、动作、表情或语言来表示,借此传达出咨询师支持与鼓励的信息。

3. **赞美** 当来访者提到一种例外、一点小小的改变,咨询师可理解说:"这太棒了!"这样正向的赞美,可以协助降低来访者对改变的忧虑,也使来访者更多的开发个人资源,促使他找到更多的例外及更多的可能性。

4. **评量技术** 利用数值的评量,如0~10,协助来访者将他的观察、印象和预测以比较具体的方式加以描述。

二、叙事心理咨询

叙事心理咨询(narrative counseling)是由澳大利亚心理学家麦克·怀特(Mike White)夫妇以及新西兰的大卫·爱普斯顿(David Epston)于20世纪80年代提出并在后来得到快速发展且受到广泛关注的后现代心理咨询方法。叙事咨询是咨询师通过倾听来访者讲述自己的生命故事,帮助来访者澄清他是如何使用故事组织经验、赋予意义的,并通过发现其生活故事中遗漏的部分,引导来访者重建具有正向意义的生命故事,唤起来访者内在力量的方法。

（一）叙事心理咨询的基本观点

1. 现实是由语言构成的。

2. 人不等于问题,问题才是问题。

3. 每个人都是自己问题的专家。

4. 生命的力量比问题本身更重要。

（二）咨询方法与步骤

1. **基本步骤** 基本步骤是咨询师与来访者交流互动的基本过程,是咨询师遵循的基本程序。

（1）问题外化(externalizing problems):将压制来访者的问题客观化或拟人化,使问题变成和人或关系分开的实体的过程就是问题外化。

（2）寻找特例事件:人的生活经验中那些未引起来访者注意,却包含着来访者为追求美好生活、反抗主流故事压制的偶发事件,就是特例事件或闪亮事件。它们是不被主流故事覆盖的特殊经验。

（3）重写故事(restoring):咨询师要求来访者加入闪亮事件就该重新创作故事,写出"新故事"丰富他的"人生哲学";而新故事中不应包括以问题为中心的故事中的事件。只要来访者拒绝接受问题的影响,就能使问题的影响力降低。

2. 支持步骤

（1）欣赏性解释：咨询师在认真倾听过程中，需要不断引导来访者发现被他遗忘的"特例事件"。一旦来访者有关于逃脱"问题"控制的"意外"闪现时，即应表示认可和欣赏，并对这一"意外"进行释义。

（2）支持性通信：咨询师通过书信的方式，表达对于来访者近期对抗"问题"所取得的成果的支持与鼓励。支持性通信体现了咨询师对来访者的关注，让来访者认识到他未被别人抛弃，更能激发来访者抗击"问题"干扰的力量。

（3）仪式性宣言：通过为来访者安排一个仪式，如成人仪式，在仪式上赞扬其与"问题"所作的卓越斗争，请来访者在仪式上宣读自己关于誓与"问题"划清界限的"独立宣言"。在家人与咨询师面前，"宣言"或"宣战书"式的发言令来访者的勇气与决心大增。

（4）奖励性证书：这种证书是通过咨询师签署并颁发的关于来访者克服"问题"的经历，并证明其具有了帮助受"同样问题"困惑的其他人走出来的能力的书面文件。

（5）结论性判言：是对来访者圆满完成治疗、达到预期效果、摆脱外化问题威慑而恢复自由的一种判定，是对来访者取得胜利的肯定。

（6）自传性故事：即来访者的自我故事。故事涵盖了"问题"如何困扰他（主流故事），他如何在咨询师帮助下发现"特例事件"，如何逃出"绝对理念"的监牢，改写"主流故事"，重塑人生并获得自由的经历。

（三）叙事心理咨询的应用

叙事心理咨询可广泛应用于治疗青少年心理障碍以及家庭问题等领域，并能协助解决轻度精神症状。

习　题

一、名词解释

1. 潜意识

2. 前意识

3. 本我

4. 自我

5. 超我

6. 正性强化

7. 负性强化

8. 消退

9. 泛化

10. 惩罚

11. 无条件刺激

12. 投射性认同

13. 客体

14. 投射

二、单选题

1. 精神分析心理结构理论把无法被个体感知的心理活动称为
   - A. 催眠状态
   - B. 潜意识
   - C. 前意识
   - D. 超意识

2. 精神分析把目前未被注意到或不在意识之中,通过自己集中注意或经过他人的提醒能被带到意识中的心理活动称为
   - A. 超意识
   - B. 回忆催眠
   - C. 前意识
   - D. 唤醒

3. 按照社会法律、规范、伦理、习俗来辨明是非,分清善恶,遵循至善原则的人格部分是
   - A. 自我
   - B. 本我
   - C. 理想我
   - D. 超我

4. 具有要求即刻被满足,遵循快乐原则的人格部分是
   - A. 本我
   - B. 自我
   - C. 忘我
   - D. 超我

5. 精神分析理论认为,各种精神障碍和病态行为的根源是
   - A. 本我与超我关系的不协调
   - B. 超我过高的要求是重要的原因
   - C. 由于某些遗传因素所造成
   - D. 自我无法调节本我与超我的矛盾

6. 华生创立的学派主要研究人的
   - A. 欲望
   - B. 本性
   - C. 情绪
   - D. 行为

7. 经典条件反射把环境刺激对个体行为的促进作用称为
   - A. 强化
   - B. 消退
   - C. 有效
   - D. 泛化

8. 饮酒后感到"烦闷解除",逐渐形成了饮酒的嗜好,这属于
   - A. 惩罚
   - B. 消退
   - C. 正性强化
   - D. 负性强化

9. 操作条件反射中,行为发生后导致消极的刺激增加,从而使该行为减弱的现象属于
   - A. 消除
   - B. 消退
   - C. 负性强化
   - D. 惩罚

10. 行为发生后积极的刺激增加,导致了该行为增强的操作条件反射称为
    - A. 泛化
    - B. 正强化
    - C. 积极刺激
    - D. 有效刺激

11. 艾利斯的ABC理论中的B因素是指
    - A. 行为因素
    - B. 信念因素
    - C. 生物因素
    - D. 中间因素

12. 马斯洛的需要层次理论中社交需要属于
    - A. 归属和爱的需要
    - B. 尊重的需要
    - C. 自我实现的需要
    - D. 安全的需要

13. 罗杰斯认为儿童自我不协调的原因是
    A. 条件性积极关注所致
    B. 理想的我与现实的我距离接近
    C. 无条件性积极关注所致
    D. 潜能发展的阻碍

14. 贝克提出了情绪障碍认知理论认为，生活事件导致情绪和行为反应最重要的是
    A. 生活事件的性质　　　　　　　　B. 生活事件的量
    C. 个体的认知因素　　　　　　　　D. 个体对刺激的反应

15. 认为人有自我实现的内在趋向，精神病态是在不良社会环境影响下使人偏离自我实现方向所致的心理学家是
    A. 华生　　　　　　　　　　　　　B. 贝克
    C. 马斯洛　　　　　　　　　　　　D. 罗杰斯

16. 下列**不属于**非理性思维的是
    A. 人不能掌握自己的情感
    B. 世界上的事物要么是对的，要么是错的
    C. 其他人的不安不应引起自己的不安
    D. 面对困难不如逃避困难

17. 被称为心理学的第三种势力的是
    A. 行为主义理论　　　　　　　　　B. 精神分析理论
    C. 认知理论　　　　　　　　　　　D. 人本主义理论

18. 被心理学界戏称为"残障心理学"的是
    A. 行为主义理论　　　　　　　　　B. 精神分析理论
    C. 认知理论　　　　　　　　　　　D. 人本主义理论

三、多选题

1. 弗洛伊德将人的心理活动分出三个层次，主要包括
    A. 前意识　　　　　　　　　　　　B. 本我
    C. 潜意识　　　　　　　　　　　　D. 意识

2. 在潜意识理论基础上，弗洛伊德又提出了"三部人格结构"的理论，将人格分成
    A. 本我　　　　　　　　　　　　　B. 超我
    C. 自我　　　　　　　　　　　　　D. 无我

3. 属于精神分析疗法的有
    A. 自由联想　　　　　　　　　　　B. 梦的解释
    C. 催眠　　　　　　　　　　　　　D. 错误分析

4. 有关弗洛伊德的潜意识理论正确的是
    A. 人的心理活动分为意识、潜意识和无意识
    B. 意识是三者中最小的部分
    C. 大部分心理活动是在意识中进行的
    D. 被压抑下去的欲望存在于潜意识之中

5. 人本主义心理学的代表人物主要有

A. 华生   B. 贝克

C. 马斯洛   D. 罗杰斯

6. 人本主义心理学的主要特点

   A. 人的本性都是善良的   B. 人有自我实现的需要

   C. 应重视人自身的价值   D. 要充分发挥人的潜能

7. 经典条件反射的特点包括

   A. 强化   B. 泛化

   C. 消退   D. 惩罚

8. 操作条件反射包括

   A. 正性强化   B. 泛化

   C. 消退   D. 惩罚

9. 梅兰妮·克莱茵的客体关系理论中发展状态分为

   A. 偏执—分裂状态   B. 投射

   C. 分离个体化   D. 抑郁状态

10. 在家庭心理咨询中,提问策略包括

    A. 关系性提问   B. 循环提问

    C. 差异提问   D. 假设提问

四、简答题

1. 简述精神分析的心理结构的主要内容。

2. 简述精神分析的人格理论。

3. 简述经典条件反射的特点。

4. 简述操作性条件反射的类型。

5. 简述马斯洛的"自我实现"的标准和类型。

6. 简述贝克认为常见的认知歪曲形式。

参 考 答 案

一、名词解释

1. 潜意识:有两层含义,一是指人们对自己的一些行为的真正原因和动机不能意识到;二是指人们在清醒的意识下面还有一个潜在进行着的心理活动。

2. 前意识:是介于意识与潜意识间的心理活动,它是曾经属于意识的观念思想,因与目前的实际关系不大或无关,被逐出意识的园地,但可以较快地、较容易地闯入到意识领域。

3. 本我:是与生俱来的动物式的活动,相当于潜意识内容,它服务于快乐原则,它不看条件、不问时机、不计后果地寻求本能欲望的即时满足和紧张的立即释放,本我中的需求产生时,个体要求立即满足,从而支配人的行为。

4. 自我：是现实化的本能，它是个体出生后在现实环境中由本我中分化发展而产生的，代表着理性和审慎，由本我而来的各种需求，如不能在现实中立即获得满足，就必须迁就现实的限制，并学习如何在现实中获得需求满足。

5. 超我：是道德化了的自我，它是长期社会生活过程中，将社会规范、道德观念等内化的结果，类似于人们通常讲的良心、理性等，为人格的最高形式和最文明的部分，多属于意识。

6. 正性强化：是个体行为的结果导致了积极刺激增加，从而使该行为增强。

7. 负性强化：是个体行为的结果导致了消极刺激减少，从而使该行为增强。

8. 消退：是指行为的结果导致了积极刺激减少，从而使行为反应减弱。

9. 泛化：指的是在条件反射形成初期，除条件刺激本身外，那些与该刺激相似的刺激也或多或少具有条件刺激的效应，引起条件反射。

10. 惩罚：是指行为结果的导致了消极刺激增加，从而使行为反应减弱。

11. 无条件刺激：由先天遗传因素所决定的，能自然地引发反射的刺激。

12. 投射性认同：是指个体把自己不能接受的行为或人格中消极的方面投射或放到别人身上，然后认同于那个人，并在无意识中要去控制他。

13. 客体：指的是一个被爱着或恨着的人物、地方、东西、或者幻想，是一个与自体相对应的概念；包括内在客体和外在客体。

14. 投射：投射是一个人把自体的一部分归因到另一个人身上。

二、单选题

1. B　　2. C　　3. D　　4. A　　5. D　　6. D　　7. A　　8. D　　9. D　　10. B
11. B　　12. A　　13. A　　14. C　　15. D　　16. C　　17. D　　18. B

三、多选题

1. ACD　　　2. ABC　　　3. ABCD　　　4. BD　　　5. CD　　　6. ABCD
7. ABC　　　8. ACD　　　9. AD　　　10. ABCD

四、简答题

1. 简述精神分析的心理结构的主要内容。

答：弗洛伊德把人的心理活动分为意识、潜意识和前意识三个层次：

（1）意识：是心理活动中与现实联系的那部分，能被自我意识所知觉，是人们当前能够注意到的那一部分心理活动。

（2）无意识，又称为潜意识，是个体无法直接感知到的一部分心理活动，这个部分的内容通常主要是不被外部现实、道德理智所接受的各种本能冲动，需求和欲望，或明显导致精神痛苦的过去的事件。

（3）前意识：介于前两者之间，主要包括目前未被注意到或不在意识之中，但通过自己集中注意或经过他人的提醒又能被带到意识区域的心理活动和过程。

2. 简述精神分析的人格理论。

答：精神分析学说认为，人格是由本我、自我和超我三部分构成。

（1）本我：存在于无意识深处，是人格中最原始的部分，代表人们生物性的本能冲动，主要是性本能和攻击本能,其中性本能或称为"力比多"(欲力或性力)对人格发展尤为重要。

（2）自我:大部分存在于意识中,小部分是无意识的。自我是人格结构中最为重要的部分,自我的发育及功能决定着个体心理健康的水平。自我的动力来自本我,是本我的各种本能、冲动和欲望得以实现承担者,同时又是在超我的要求下,顺应外在的现实环境,采取社会所允许的方式指导行为,保护个体的安全。它遵循着"现实原则",调节和控制"本我"活动。

（3）超我:超我类似于良心、良知、理性。是在长期社会生活过程中,社会规范、道德观念等内化而成。其特点是能辨明是非,分清善恶,因而能对个人的动机行为进行监督管制,使人格达到完善的程度。它遵循的"至善原则"。

3. 简述经典条件反射的特点。

答:经典条件反射就是某一中性环境刺激反复与非条件刺激(UCS)相结合的强化过程,最终成为条件刺激(CS),引起了原本只有非条件刺激(UCS)才能引起的行为反应(CR)。

（1）强化,指环境刺激对个体的行为反应产生促进过程。如果两者结合的次数越多,条件反射形成就越巩固。

（2）泛化,是反复强化的结果,不仅条件刺激本身能够引起条件反射,而且某些与条件刺激相近似的刺激也可引起条件反射的效果,其主要机制是大脑皮质内兴奋过程的扩散。

（3）消退,是指非条件刺激长期不与条件刺激结合,已经建立起来的条件反射消失的现象。

4. 简述操作性条件反射的类型。

答:根据操作性条件反射中个体行为之后的刺激性质以及行为变化规律的不同,可将操作性条件反射分为以下几种情况:

（1）正性强化,是个体行为的结果导致了积极刺激增加,从而使该行为增强。

（2）负性强化,是个体行为的结果导致了消极刺激减少,从而使该行为增强。

（3）消退,是指行为的结果导致了积极刺激减少,从而使行为反应减弱。

（4）惩罚,是指行为结果的导致了消极刺激增加,从而使行为反应减弱。

5. 简述马斯洛的"自我实现"的标准和类型。

答:马斯洛主张人性本善,指出人的潜能具有建设性地成长和实现的倾向。

（1）自我实现的标准:一是人的实质和潜能现实化,二是没有或极少出现不健康、精神疾患和基本能力欠缺。

（2）自我实现有两种类型:其一,健康型自我实现,即更务实、更能干的自我实现者;其二,超越型自我实现,即更经常意识到内在价值、生活在存在水平或目的水平而具有丰富超越体验的人。

6. 简述贝克认为常见的认知歪曲形式。

答:贝克提出的情绪障碍认知理论认为,人的情绪障碍"不一定都是由神秘的、不可抗拒的力量所产生,相反,它可以从平凡的事件中产生"。因此每个人的情感和行为在很大程度上是根据自身认知外部世界、处世的方式或方法决定的,也就是说一个人的思想决定了他的内心体验和反应。贝克把认知过程中常见的认知歪曲总结为五种形式:

（1）任意的推断,即在证据缺乏或不充分时便草率地做出结论。

（2）选择性抽象，即仅根据个别细节而不考虑其他情况便对整个事件做出结论。

（3）过度引申，指在一件事的基础上做出关于能力、操作或价值的普遍性结论。

（4）夸大或缩小，对客观事件的意义作出歪曲的评价。

（5）"全或无"的思维，即要么全对，要么全错，把生活往往看成非黑即白的单色世界，没有中间色。贝克认为人的情绪障碍及不良行为正是这些不良认知存在的结果。

（张曼华）

第三章　　心理咨询中的咨访关系

学 习 要 求

掌握：

1. 咨访关系的本质。
2. 如何建立良好的咨访关系。
3. 咨询师的基本态度。

熟悉：

1. 咨访关系的特征。
2. 咨访关系的影响因素。

了解：

1. 咨访关系的作用机制。
2. 良好咨访关系的意义。

重 点 内 容

第一节　咨访关系概述

咨访关系是指咨询师和来访者在咨询过程中围绕改变来访者所表现的心理行为问题或症状而产生的一种特殊的人际关系，这种关系的建立是帮助来访者以更适宜的方式思考和行事的基础。

一、咨访关系的本质

所谓良好的咨访关系应该是咨询师与来访者之间相互信任、相互理解、相互接纳的关系。一方面，心理咨询师对来访者秉持共情、尊重、积极关注和真诚的基本态度，有能力用理论解释来访者困难的原因，也拥有许多技术来揭示和克服来访者的这些困难，但事实上咨询师是作为一个人来传达这些的理论和技术的。也就是说，心理咨询的基本工具是咨询师本人。另一方面，来访者要接纳、信任咨询师，承认并尊重咨询师的权威，积极配合咨询师，执行咨询师提出的咨询方案和措施。只有在咨询师与来访者之间形成这样一种理想的咨访关系，才可能通过咨询师和来访者的共同努力达到咨询目标。不同理论取向的心理咨询师对于咨访关系持有不同的理解。

1. **行为主义学说的咨访关系是控制与执行的关系**　从华生、斯金纳到沃尔普的理论让人感到咨访关系中的咨询师在咨询过程中起指导作用，而来访者是一个被动服从的、对咨询师的各种操纵机械执行的人。

2. **人本主义学派罗杰斯认为咨访关系应是一种协助关系**　罗杰斯认为，咨访关系应是一种协助关系，强调来访者自我成长的动机、能力和选择的自由。咨询师应当是非指导性的，在咨询中力图使来访者和自己变得更有能力去体验、欣赏，更能表露、更能发挥个人内在潜能，从而达到人格的成长、发展和成熟的咨询目的。

3. **弗洛伊德用移情的概念来界定咨访关系**　精神分析学派认为移情现象是咨访关系的核心和基础。经典的精神分析是以在咨询中保持自己的中立性、被动性、隐身性来造成和维持移情的。精神分析的咨访关系强调咨询师隐匿的角色，以使来访者能将他们的情感投射到咨询师身上。

时至今日，咨访关系具有整合化的趋势。咨询师无论采用什么学派的咨询方法，都很重视优良咨访关系的建立。

二、咨访关系的特征

1. 咨访关系是一种特殊的工作关系。
2. 咨访关系是一种平等互信的亲密的人际关系。
3. 咨访关系是一种具有保密性的关系。
4. 咨访关系以来访者保持一定强度且持续的求助动机为前提。

三、咨访关系的作用机制

有关咨访关系作用机制的看法可以归纳为三种观点，分别为来访者中心观点、社会影响观点和心理动力学观点。

来访者中心理论认为咨访关系的作用在于提供一种安全温暖的氛围，并借以降低来访者的防卫。咨访关系和所谓助长条件（同感、真诚、积极关注）是有效治疗的必要和充分条件。

社会影响理论认为咨访关系的作用在于增强咨询师在来访者心中的可信性，进而来访者的态度被咨询师所给出的说服性信息所改变。咨访关系本身不具有治疗效力，它是其他改变因素的载体。好的咨访关系是有利条件，但不是必要条件，更不是充分条件。

心理动力学理论把移情关系看成一个媒介，一个投射的银幕。借助这个媒介，咨询师得以发现来访者早期的依附情况及内部工作模型，进而通过对移情关系的分析帮助来访者了解他如何错误地知觉解释现实、如何用过去的方式活在现在等等，从而促成来访者的领悟。因此，咨访关系是必要条件而非充分条件，它为分析治疗提供依据并指示方向，咨询师的洞察力和分析技能是至关重要的。

当前咨访关系具有系统整合的趋势，近年来有关咨询效果来源的研究发现，心理咨询效果大部分来自共同因素而非特异性因素，而咨访关系正是这些跨流派的共同因素之一。

第二节　咨访关系的建立

一、良好咨访关系的意义

1. 良好咨访关系是当代心理咨询理论与实践的重要主题。
2. 良好咨访关系是心理咨询有效性的前提条件和基础。
3. 良好咨访关系能够减少来访者的防御。
4. 良好咨访关系是来访者发生改变的催化剂。

二、咨访关系的影响因素

1. **来访者因素**　来访者的认知动机性因素影响了咨访关系的建立以及咨访关系水平的高低。来访者人际关系的好坏与咨访关系的建立以及咨访关系水平的高低有关。

2. **咨询师因素——咨访关系决定性的因素**　在咨访关系中起主导作用的是咨询师。因此,在咨询的全过程中,咨询师要根据人际交往的原理,采用有助于形成良好咨访关系的态度和技巧,建立、发展并维护良好的咨访关系。

三、如何建立良好的咨访关系

良好咨访关系的确立有赖于咨询师和来访者两方面的因素。一方面是来访者的努力、他们的迫切愿望和对心理学的一般信任;另一方面是咨询师的努力,这有赖于他们的责任心、工作能力和知识的广度与深度,以及自身的性格特点。其中,咨询师的态度和品格、技术应当起着主导作用,咨询师的态度是建立良好咨访关系的关键。

1. **咨询师应具备良好的咨询态度**　来访者最初往往比较紧张,咨询师对来访者的态度,直接影响到来访者对咨询师是否信任。热情友好的态度给人以亲切感,可有效拉近双方的距离,能在很大程度上降低其焦虑水平。咨询的基本态度包括:真诚、尊重、积极关注和共情。

2. **注意初次会谈的技巧**　在初次会谈时,咨询师可以向来访者做简要的自我介绍,可以就咨询的性质、限度、角色、目标以及特殊关系等向对方做出解释,也有必要澄清保密性的问题,对所谈内容和隐私权的保密与尊重做出肯定性承诺。

3. **保持与来访者之间的界线**　开始建立咨访关系的有效方法之一就是考虑如何创造和保持来访者与咨询师之间的界线。在心理咨询情境下,可以根据不同维度的关系来确定界线,如时间、空间、信息、亲密性、社会角色等。界线可以是严格固定的,也可以是有渗透性的。对于界线的规定因心理咨询师的个人风格而异。

4. **自我觉察**　心理咨询师需要具备正确的和敏锐的自我觉察能力。包括对来访者的觉察、对咨询师自身的觉察和对咨访关系的觉察。

5. **理解咨询过程**　作为一名咨询师,关键之处在于使用一致的、有意义的和有助于与来访者进行沟通的概念和观点,需要具有能够自身掌控现实的安全感。

6. **实践经验**　实践经验有三种类型。第一种仅仅是与他人共享自己的个人经验和聆听他人的经验,第二种形式是与学习同伴一起练习咨询和助人技巧,第三种形式是扮演真正的咨询角色,面对带着问题前来寻求帮助的人。

7. 接受案例督导与个人体验　作为咨询师,需要在接受专业训练和开展助人实践的过程中,不断寻求机会,进行自我反省,接受专业督导,促进自我成长。

第三节　咨询师的基本态度

一、共情

共情又称为同理心、神入、同感、感情移入、共感,是指从来访者角度,而不是咨询师自己的参考框架去理解来访者的能力。情感取向的共情概念认定共情完全是情感过程,是对他人状态或困境的情感反应。认知取向的共情概念比较重视认知加工过程的作用。认知特质取向的共情概念认为具有共情特质的人能够想象出他人的感受,这使他们能够理解别人的想法、感受和行为。

伊根进一步把共情分为两种类型:初级的共情和高级的准确的共情。在初级的共情下,咨询是认识到来访者重新体验过去的经历,咨询师的反应是以自身为参考框架,在与来访者交换自身体验的水平上进行。而在高级准确的共情水平下,咨询是设身处地地表明自己的态度,并进一步引导来访者,使对方的思维不是停留在原来的水平。

共情有不同的层次水平,代表了不同的共情质量。卡库夫将共情的层次水平分为五类,分别是:①毫无共情反应,即完全忽视来访者的感受和行为;②片面而不准确的共情反应,即理解来访者的经验及行为而完全忽略其感受;③基本的共情反应,理解来访者的经验、行为及感受,但忽视其感受框度;④较高的共情反应,理解来访者的经验、行为及感受,并把握其隐藏于内心的感受和意义;⑤最准确的共情,即准确把握来访者言语传达的表层含义,并把握其隐藏的深层含义及其程度。

在咨访关系的建立过程中,咨询师可以从以下几方面实现与来访者充分的共情。首先,转变角度,换位思考;其次,善于观察,投入倾听;第三,充分理解,准确传达。

二、尊重

对来访者的尊重体现在尊重他是一个个体,尊重他的人格、他的潜能。更重要的是,在咨询过程中咨询师应始终对来访者秉持这种接纳的态度,而不是批评和惩罚的态度。尊重的前提是接纳,泰勒认为接纳包括两层含义:一是我们承认每个个体在任何一个方面都是不同的;二是认识到每个个体的人生过程都是一个复杂的奋斗、思考和感受的过程。接纳来访者,给来访者以温暖,是尊重的具体体现,也是尊重来访者的前提。温暖是咨询师对来访者的主观态度的体现,它不是能够用语言来表达的,不是一种技能;而是存在于咨询师的内心之中,有待于咨询师自己去开发,它为来访者创造出一个有利于内心成长的治疗气氛。

三、积极关注

是指心理咨询过程中对来访者的言语和行为的积极、光明、正性的方面予以关注,从而使来访者拥有正向价值观,拥有改变自己的内在动力。积极关注就是辩证、客观地看待来访者。伊根分析出构成无条件积极关注的四个部分:具有对来访者的承诺感、作出努力以理解来访者、延缓批评性评价、表现出能力与关怀。

四、真诚

真诚是指咨询师应坦诚地面对来访者,开诚布公、直截了当地与来访者交流自己的态度和意见,不掩饰和伪装自己。真诚就是要求咨询师放下种种角色面具,真诚的核心是表里如一。真诚有助于增进信任感、安全感和更开放的交流,真诚提供的榜样作用能产生咨询效果。真诚包括五个组成部分:①支持性的非言语行为,传递真诚的非言语行为包括微笑、目光接触和有效倾听;②角色行为;③一致性;④自发性;⑤开放性。

技 术 要 点

案例一:

个案背景:孩子身染偷窃等不良行为,妈妈为之苦恼不堪,前来咨询。妈妈在咨询室一坐下便开始滔滔不绝地数落孩子的种种问题。

咨询师打断了妈妈的倾诉,说道:你不要说孩子,这就是你的问题!

来访者:怎么是我的问题,孩子现在已经开始偷东西了。你知道我们看到他这样是多么心痛啊!随即留下两行热泪。

咨询师厉声呵斥道:你这是鳄鱼的眼泪!

妈妈愤而离场。

案例解析:虽然咨询师认为孩子的恶习与家庭教养方式有关,想提醒妈妈不要只看到孩子的问题,也要看到自己的问题。但也许是妈妈滔滔不绝数落孩子问题的行为引发了咨询师的反移情,不由自主地陷入了"孩子"的角色,对"妈妈"心生愤怒,于是完全丧失了咨询师的中立立场,不仅打断来访者的倾诉,而且对其横加指责。在缺乏共情基础上的任何干预,都必然会招致来访者的剧烈反抗,甚至导致咨访关系的破裂。

案例二:

个案背景:来访者小赵23岁,本该是个朝气蓬勃的阳光男孩,但却因做梦导致了无尽的苦恼。他感觉自己好像有一种灵异功能,可以通过梦预见未来,而且对自己的梦深信不疑。做噩梦后因为害怕会倒霉,便不敢外出上班,整天谨小慎微,连和领导、家人的相处都受到了影响。

来访者:我特别害怕自己的噩梦会应验。其实一开始我也不是特别相信梦,但是后来慢慢发现梦里的东西变成真实的事情发生了,所以就逐渐开始相信了。

咨询师:能不能给我讲一个你以前应验了的梦?(咨询师运用具体化技术探索来访者称之为"应验了的梦"的特点。)

来访者:记得上大学的时候,有一回梦见了棺材,醒后觉得挺不安的,便跟舍友提及此事,他说是好兆头。然后我又赶快上网去查,得知梦见棺材预示有意外之财。我当时并不怎么信,可当天晚上就在路边捡了一条白金项链。而且没过几天,又在酒店门口捡了一把汽车钥匙。自那以后,就总是捡东西。

咨询师:刚才那个梦是个很好的例子,能不能再举一个例子,不是发财的,跟别的有关系的梦,然后也应验了。(适时给予来访者肯定和鼓励,为建立良好咨访关系奠定基础。同时使来访者更加自如地表达关于梦的体验,避免阻抗产生。咨询师顺势通过提问的方式,进一步收集相关资料，试图寻找不同信息之间的隐含关联和背后意义。）

案例三：

个案背景：来访者王洋，一个外表清秀的女孩，曾是某公司的一名职员。就在大家欢度新年的时候，她却收到了一份意想不到的"新年礼物"——被上司炒了鱿鱼，丢掉了工作。经过思考，王洋认为失去工作的原因是与老板之间的距离出了问题，但又不知应该保持何种距离为宜。

咨询师：王洋，你能不能描述一下，当时被炒的经过是怎样的？

来访者：那天像平常一样去单位上班，我当时正在整理文件，老板叫我跟他去会议室一趟，到会议室后坐下来，她看起来就非常严肃，然后说，最近我的工作令她非常不满意，有些事情经常出错，而且态度也显得冷冰冰的，有一些新来的同事觉得和我很难接触。他觉得我现在已经不适合这项工作了。

咨询师：你当时心中是什么感觉？你认为老板说的这些理由成立吗？

来访者：当时比较震惊，因为我认为理由不成立。我做事情一向比较认真，负责任，老板很放心，我的个性比较随和，跟同事的关系也很融洽。（咨询师观察到虽然来访者说她非常震惊，但在叙述自己被炒的整个经历时，反而表现得非常"平静"。）

咨询师：你觉得这段经历影响你现在找新的工作，或者跟新老板相处吗？

来访者：可以当作前车之鉴，跟老板之间的关系还是明确单纯一点为好。

咨询师：我现在有一种感受，觉得你不太像一个刚被炒鱿鱼的人，像在说别人的事，不是说自己的事，很多细节你都回忆不起来。这个事情是你亲身经历的吗？（咨询师适时地谈出了自己此时此地的感受，即感觉难与来访者建立起良好的咨访关系。）

来访者：是我经历的，而且刚刚发生过。

咨询师：可你诉说的时候，我觉得好像是一个很远的事情，需要使劲想、使劲琢磨，好像都很难想起来。你在讲述过程中，我认为应该是充满了委屈、不满、抱怨，或者说起来心酸之处，眼圈红润，这些反应在你身上都没有。此时此刻你有什么感觉？（发现来访者的阻抗，并利用对互动模式以及移情、反移情的体察，探索问题的症结，此乃咨询真正进入工作阶段的契机。）

来访者：比较困惑，因为是我自己经历的事情，竟然别人会觉得我是在说其他人。是不是我在处理工作上的一些事情时，可能本能都忽略了一些东西？

咨询师：如果这事确实是发生在你身上，对于生活，对于工作，对于情感，你忽略了很多东西，才会出现经历过一件大事，但在脑子里什么痕迹都不清晰这样的情况。你自己怎么解释这个现象呢？

来访者：我觉得就是已经时过境迁，当时也难过、也委屈、也伤心，但现在做这些东西都于事无补，我希望我自己朝着好的方向发展，而不是沉湎在其中。

咨询师：如果一个人的心理状态合乎常态，那么当他回忆一件心酸往事的时候，悲伤的情感立刻就出来；回忆一件幸福愉快的往事的时候，那种幸福感就像现在经历一样。但是如果在回忆一件伤心或幸福的往事时，却觉得很平静，这在心理学上叫情感隔离，就是经历的事情本身和经历事情伴随的情感分离开了。你有这种感觉吗？（咨询师对来访者在潜意识中使用的防御机制做出了分析和解释。）

来访者：我觉得这个事情已经过去了，如果再为这件事情特别的痛苦和委屈，都是于事无补的。

咨询师：类似这样的经历，好朋友反目，在你以前的生活里经历过吗？（利用这一问题以探索来访者一贯的行为模式。）

来访者：有过。

咨询师：能讲讲那次是什么事情吗？

来访者：我印象非常深刻的那次可能跟这个关系不大。我的一个好朋友，她喜欢上一位年长比较多的男士，而且那位男士已经准备谈婚论嫁了，对她的感情也是那种若即若离的感觉，因为我非常了解这种情况，所以就希望能够通过一些比较激烈的言语打醒她，让她从这个单恋的痛苦的圈子里面走出来。可能她爱那个男人爱得非常深，所以她认为我不理解她、不支持她，她觉得非常伤心和失望。为此，我们有好一段时间都没联络。

咨询师：你说这件事的时候，内心是什么感觉？

来访者：现在也没有什么很明显的情绪，当时觉得挺委屈的，因为我完全是为她好。

咨询师：你发现这两件事的联系了吗？它们的相似之处，不在于事情本身，而在于你对这两件事情的表述方式上，一个是与好朋友绝交，一个是与朋友兼老板绝交，但你始终在用一个调子说话，一直很小声、平静、坦然，不为所动。所以这让我产生一个思考，在你很小的时候，你跟亲人之间是什么关系呢？能讲一讲吗？（咨询师敏锐地捕捉到来访者在叙述本该十分痛苦的事情时再次表现出异常平静的语态，据此现象找到了问题的突破口。开始采用精神动力学的治疗方法，询问来访者的早年生活经历，寻找现实与过去的联系。）

来访者：小时候一直是姥姥带我，因为那时候父母都在上学，而且他们的住处离我姥姥家比较远，不方便照顾我。都讲隔代亲，姥姥对我比较宠爱。但到了上幼儿园的年纪，就跟我父母的接触比较多，我爸爸妈妈心里对我很重视、很关心、很爱护，但是却疏于表达，或者说不善表达。有一件事情我印象比较深，那时候是每周末回家，人家孩子的父亲母亲都是敲锣打鼓的欢迎他们，但我回去的时候，家里静悄悄的，我不知道他们是不是非常想我？非常爱我？我就跟我爸爸妈妈有点撒娇、有点抱怨地说了，但他们却觉得很好笑。

咨询师：是不是你放学高高兴兴回到家里了，可是爸爸妈妈对你不怎么热情，只是说回来了，饭做好了，你吃吧之类的话。是这种感觉吗？

来访者：差不多，我父母的性格都比较偏内向，而他们又是做政工工作的，所以也比较严肃。

咨询师：还能不能记得你是在什么时候、什么场景下，从姥姥家回到父母家来生活的？

来访者：应该是上小学一年级。父母把那个家搬到了距离学校很近的地方，这样我才跟他们真正的住在一起。因为离姥姥家不远，所以中午饭还是在姥姥家吃的，下午放学的时候，姥姥去接我，我记得总喜欢在姥姥家多逗留一段时间。

咨询师：你有没有晚上不愿意回父母家的时候？说就住在姥姥家了，不上父母那边去了？

来访者：提过这样的要求，但是一般情况下是不被允许的。所以我有些不情愿。

咨询师：跟父母在一起住的时候，和跟姥姥在一起住的时候比较一下，有什么区别？

来访者：在我姥姥家住的时候，感觉比较自由、比较快活，也有很多的伙伴，觉得气氛比较好吧。

咨询师：跟父母在一起气氛没那么好，是吗？你感觉到什么？

来访者:一方面比较孤单,后来可能还会有一点压抑的感觉。

咨询师:我现在产生了一些联想,我觉得你可能不是跟老板距离太近了,我现在同意你认为没有混淆朋友关系和上下级关系。咱们的谈话,一直比较艰涩,比较沉闷,比较缓慢,声音也比较低,甚至连我说话的声音都比平常低了不少。我就想象,你可能平常跟老板说笑打闹、特别亲昵的情况都很少,以至于外人根本看不出来你们俩相处得特别亲密。但是只不过会有同事碰到你们俩人经常在私密的环境里,而你跟人交谈时声音低、调子慢这种不善于沟通的特点,被同事们解读为,仗着你跟老板有特殊的关系,用老板的势力压我们、看不起我们这样一种错觉。不知道我这样一种感觉,是不是吻合你自己的感觉?(咨询师根据对自己在咨访关系中反移情的觉察,推测来访者在与其他人打交道时也会给人一种无法接近的感觉,而这正是导致来访者与老板和同事关系不和谐的原因。)

来访者:我觉得这个好像比较吻合。(这一解释得到了来访者的认同,阻抗逐渐消除,良好的咨访关系得以建立,咨询获得了实质性的进展。)

习 题

一、名词解释

1. 咨访关系
2. 共情
3. 积极关注
4. 真诚
5. 尊重

二、单选题

1. 人本主义学派罗杰斯认为咨访关系是一种
   A. 移情关系　　　　　　　　　　B. 控制与执行的关系
   C. 伙伴关系　　　　　　　　　　D. 协助关系

2. 目前,有关咨访关系作用机制的看法可归纳为三种观点,**不包括**
   A. 来访者中心观点　　　　　　　B. 行为学习观点
   C. 心理动力学观点　　　　　　　D. 社会影响观点

3. 下列有关咨访关系建立的描述中,正确的是
   A. 咨询师和来访者之间的关系越亲密越好
   B. 能否建立起良好的咨访关系完全取决于咨询师的因素
   C. 咨询师的态度是建立良好咨访关系的关键
   D. 在咨访关系中,既能满足来访者的需要,也能满足咨询师的心理需要

4. 以下有关共情的说法,正确的是
   A. 共情是指从来访者角度理解来访者的能力
   B. 共情是对来访者遭遇的怜悯和关切
   C. 共情等同于单纯的理解

D. 共情是进行判断和支持来访者的能力

5. 咨询关系的建立受到的双重影响是

    A. 咨询师与来访者   B. 咨询动机与期望程度

    C. 自我觉察水平与行为方式   D. 合作态度与咨询方法

6. 关于表达真诚,下列说法中**不正确**的是

    A. 真诚不是自我发泄   B. 真诚就是说实话

    C. 真诚应当实事求是   D. 表达真诚应当适度

7. 正确理解和使用共情时,应注意避免

    A. 咨询师走出自己的参照框架

    B. 咨询师验证自己的共情程度

    C. 表达共情因人而异

    D. 表达共情不考虑对方的特点和文化背景

8. 以下有关咨访关系的说法,正确的是

    A. 对于来访者,咨询师既需要解决其心理问题,还要帮助其解决生活中的具体问题

    B. 咨询结束后,咨访双方可以再以朋友关系进行往来

    C. 心理咨询中最重要的工具是咨询师本人

    D. 咨询师与来访者之间的界线是严格固定的,没有个体差异

9. 关于咨访关系的本质,**不正确**描述是

    A. 咨访关系不是一种静止的、固定的模式

    B. 人本主义学派罗杰斯认为咨访关系是一种协助关系

    C. 精神分析学派认为移情现象是咨访关系的核心和基础

    D. 使用认知行为疗法的心理咨询师,可以不考虑咨访关系

10. 下列说法中正确的是

    A. 尊重意味着真诚

    B. 对于品行有问题的来访者持否定态度,可以表达来访者的真诚

    C. 真诚以尊重为目的

    D. 对来访者讲原则、论是非,是不尊重的表现

三、多选题

1. 对于咨访关系特征的正确描述是

    A. 特殊的工作关系

    B. 具有保密性的关系

    C. 平等互信的亲密的人际关系

    D. 以来访者保持一定强度且持续的求助动机为前提

2. 有关咨访关系作用机制的正确看法是

    A. 在来访者中心理论看来,咨访关系的作用在于提供一种安全温暖的氛围,并借以降低来访者的防卫

    B. 社会影响理论认为咨访关系的作用在于增强咨询师在来访者心中的可信性,进而来访者的态度被咨询师所给出的说服性信息所改变

    C. 依恋理论认为,咨访关系可能再现了来访者的依恋模式,也可能是来访者依恋需

要的满足

　　D. 咨访关系具有系统整合的趋势

3. 有关咨访之间的界线的正确说法是

　　A. 界线是心理咨询室中实际存在的路标或划线

　　B. 不同咨询存在统一的最为理想的界线设置

　　C. 咨访界线因心理咨询师的个人风格和来访者的不同需求而异

　　D. 可根据咨询时间、物理空间、情感亲密程度等维度的关系来确定界线

4. 良好咨访关系的重要意义的表述是

　　A. 咨访关系是当代心理咨询理论与实践的重要主题

　　B. 良好咨访关系是心理咨询有效性的前提条件和基础

　　C. 良好咨访关系能够减少来访者的防御

　　D. 良好咨访关系是来访者发生改变的催化剂

5. 咨询师在咨询过程中出现卷入，意味着

　　A. 咨询师达到了高水平的共情

　　B. 有利于促进良好的咨访关系

　　C. 咨询师偏离中立的立场

　　D. 咨访关系失去治疗功能

6. 案例介绍：来访者，男性，14岁，初中二年级学生。来访者是妈妈强迫来咨询的。经过与心理咨询师交流，开始敞开心扉，自诉最大的问题是与父亲的关系。父亲经常打他，几乎每天一次，后来每次打时来访者几乎都没反应了。来访者很憎恶父亲的做法，但又没办法。来访者很怕与人交往，总怕会挨打。一次受同学欺负，来访者因怕处分没敢和那个同学动手。后来经常受同学的欺负，老师也管不了，有时还偏向那些打他的学生。来访者恨自己太软弱。家庭和学校不良的环境对其学习产生了影响，上课听不懂，也不愿找同学帮助。不想上学，已一个多月没上学了。

　　母亲反映：儿子在外不爱说话，与人交往有困难，学习成绩下降明显。担心出了什么问题，因此带其来就诊。

　　心理咨询师观察了解到的情况：来访者性格内向，从小胆小，说话声音很小，眼睛不敢看人，缺乏自信，但语言及逻辑思维正常。

　　心理咨询师应该对该来访者予以积极关注的方面是

　　A. 经交流后能与心理咨询师合作　　　　B. 不和同学打架

　　C. 仍然能够做到孝敬父母　　　　　　　D. 性格内向胆小

四、简答题

1. 咨访关系的特征有哪些？

2. 如何建立良好的咨访关系？

3. 咨询师如何通过自我觉察维系良好的咨访关系？

4. 咨访关系的影响因素有哪些？

5. 咨询师如何在咨访关系的建立过程中与来访者达到充分的共情？

参 考 答 案

一、名词解释

1. 咨访关系：是指咨询师和来访者之间围绕改变来访者所表现的心理行为问题或者症状而形成的一种特殊关系。

2. 共情：又称为同理心、神入、同感、感情移入、共感，是指从来访者角度，而不是咨询师自己的参考框架去理解来访者的能力。

3. 积极关注：是指心理咨询过程中对来访者的言语和行为的积极、光明、正性的方面予以关注，从而使来访者拥有正向价值观，拥有改变自己的内在动力。积极关注就是辩证、客观地看待来访者。

4. 真诚：是指咨询师应坦诚地面对来访者，开诚布公、直截了当地与来访者交流自己的态度和意见，不掩饰和伪装自己。真诚就是要求咨询师放下种种角色面具，真诚的核心是表里如一。

5. 尊重：是对来访者的尊重，尊重来访者是一个个体，尊重他的人格、他的潜能。接纳来访者，给来访者以温暖，是尊重的具体体现，也是尊重来访者的前提。

二、单选题

1. D　　2. B　　3. C　　4. A　　5. A　　6. B　　7. D　　8. C　　9. D　　10. A

三、多选题

1. ABCD　　2. ABCD　　3. CD　　4. ABCD　　5. CD　　6. AB

四、简答题

1. 咨访关系的特征有哪些？

答：（1）咨访关系是一种特殊的工作关系；

（2）咨访关系是一种平等互信的亲密的人际关系；

（3）咨访关系是一种具有保密性的关系；

（4）咨访关系以来访者保持一定强度且持续的求助动机为前提。

2. 如何建立良好的咨访关系？

答：良好咨访关系的确立有赖于咨询师和来访者两方面的因素。一方面是来访者的努力、他们的迫切愿望和对心理学的一般信任；另一方面是咨询师的努力，这有赖于他们的责任心、工作能力和知识的广度与深度，以及自身的性格特点。

（1）咨询师应具备良好的咨询态度；

（2）注意初次会谈的技巧；

（3）保持与来访者之间的界线；

（4）自我觉察；

（5）理解咨询过程；

（6）实践经验；

（7）接受案例督导与个人体验。

3. 咨询师如何通过自我觉察维系良好的咨访关系？

答：心理咨询师需要具备正确的和敏锐的自我觉察能力。不论哪种咨询理论取向，产生咨询效果的主要手段是人或咨询师本身。在咨询情境中，咨询师的自我觉察包括以下几个方面：

其一，对来访者的觉察。自我觉察可以帮助心理咨询师更好地从来访者的立场或角度，对来访者的需要、认知和情感进行鉴别，更加客观地体验来访者的心理发展过程，真实地领悟到社会、文化、家庭对他们的行为所产生的影响，从而在改变来访者方面发挥更为有效的作用。咨询师不仅要能听到来访者说的话，理解其字面意义，更为重要的是通过观察来访者的衣着、面部表情、肢体语言等挖掘其背后意义，把来访者现在的应对方式和早年的创伤经历连接起来，揭示其心理动力。

其二，对咨询师自身的觉察。心理咨询师应敏锐地对自身出现的想法、冲动和感受有所觉察，并迅速地探究其与自身的内在心理结构和以往的生活经历之间的关系，辨别自己的心态、言行是出于自己的评价和感觉系统，还是出于对来访者的真正理解。

其三，对咨访关系的觉察。咨询师需要从与来访者的互动中觉察咨访关系内在的心理动力模式，这一模式是来访者过去生活的重现，还是咨询师过去生活的重现。如果一个咨询师缺少自我觉察能力，使得咨访关系变成了一种无意识的工作关系，此时的咨询往往就是利用来访者满足咨询师的需要，而不是满足来访者的需要。

4. 咨访关系的影响因素有哪些？

答：良好咨访关系的确立有赖于咨询师和来访者两方面的因素。一方面是来访者的努力、他们的迫切愿望和对心理学的一般信任；另一方面是咨询师的努力，这有赖于他们的责任心、工作能力和知识的广度与深度，以及自身的性格特点。

5. 咨询师如何在咨访关系的建立过程中与来访者达到充分的共情？

答：首先，转变角度，换位思考。咨询师要放下自己的参照标准，将自己变成来访者，设身处地的去了解他的思想、情感和行为，尝试从他的立场和处境去感受其喜怒哀乐，经历他所面对的压力，体会他所作决定的原因，尽可能排除自己的价值观念、人格特点、生活背景以及文化传统、社会习俗等影响客观地去接触对方的内心世界，以至到达最大的共感。

其次，善于观察，投入倾听。咨询师在同来访者进行交流时，既要注意他的言语内容（包括语意表述、语调的高低缓急等），又要注意非言语性线索所传递的情感信息（包括面部表情、眼神、手部动作和坐姿等），通过细致的观察和投入的倾听来增进咨询中的共感。

再次，充分理解，准确传达。对来访者的充分理解，体现在咨询师不但能正确反应出来访者说话的内容，还能反应其言语中所隐含的情感和内心的矛盾冲突。同时，咨询师对来访者的充分理解需要通过语言表达出来，这就要求咨询师具有丰富的词汇和准确的表达能力。如果咨询师本身词汇贫乏，语言表达能力不高，那么即便对来访者的问题有着深入的体认，也会因词不达意或不恰当表达而影响对方的共鸣，令对方感到不被正确理解，进而影响咨询的进程和深度。

（张 辉）

第四章 心理咨询的设置与阶段

学 习 要 求

掌握:

1. 预约设置的目的和意义。

2. 座位设置及心理意义。

3. 时间设置的要求和心理意义。

4. 收费设置的意义。

5. 在心理咨询的不同阶段应注意的问题。

熟悉:

1. 心理咨询场所设置中的空间效应。

2. 咨访双方突破时间设置的表现。

3. 在咨询初期阶段,来访者常采用的信任测试手段。

4. 在咨询结束阶段,如何处理分离。

了解:

1. 时间设置及突破时间设置的表现。

2. 场所设置中座位设置的心理意义。

3. 收费设置的心理学意义。

4. 有效咨询目标的特征。

5. 心理咨询不同阶段需要注意的问题。

重 点 内 容

心理咨询有严格的专业设置并对咨询关系乃至整个咨询过程产生深刻的影响。作为咨询师和来访者一起工作的部分,设置作为一种安全框架为安全和信任提供了最好的条件和保障。这些设置包括心理咨询的时间、场所、收费等具体安排。

心理咨询是一个连续动态的过程。在咨询过程中,咨询师和来访者咨询关系的建立和保持,皆处于变化之中。无论咨询师是否有意识,咨询过程都或多或少、或隐或现的存在阶段化的特征,咨询师也需要在咨询的不同阶段关注不同的问题。

第一节 心理咨询的设置

一、预约设置

（一）概念

预约设置是指来访者在咨询之前与心理咨询机构进行的有关咨询时间、地点、咨询师等方面的约定。比较常见的预约形式：

1. **电话预约** 面对这样的来访者，接待员应向来访者说明电话预约只是记录来访者的基本信息和主要问题，并询问可以咨询的时间、对咨询师的特殊要求等，具体的问题需要和咨询师面谈。有的来访者在电话预约时仍在要不要咨询的冲突中，动力不足。面对这样的来访者，接待员应该态度平和，做到尊重、共情、真诚，缓解访者的焦虑，并进一步询问主要问题并预约咨询时间。

2. **现场预约** 现场预约的来访者往往比较急迫，对咨询抱有极大的期待，而主动放弃内在资源，想全部依赖外力解决问题，想要直接开始咨询而不仅仅是预约。咨询师可以在现场进行预约接待，了解来访者的问题及需要，介绍心理咨询的性质，切实履行预约程序。

3. **朋友预约** 来访者通过咨询师的朋友预约是较常碰到且相对难处理的一种情况，这涉及咨询伦理的双重关系问题。咨询师不能受朋友的影响，要严格的区分工作关系和私人关系，做到生活状态下不咨询，咨询状态下无朋友。可能看起来有点不近人情，但却是为了对来访者负责。

4. **家长预约** 家长预约多见于少年儿童和青春期的孩子，且大多数是孩子不愿意来咨询，迫于家长的压力勉强同意。要注意处理家长在场与不在场的问题。因此最好在预约的时候就和家长协商好，要求孩子单独前来咨询或部分时间单独咨询。

（二）目的

1. 选择合适的来访者。

2. 为来访者选择合适的咨询师。

3. 签订咨方协议或知情通知书，为咨询提供准备。

（三）心理学意义

1. 分析来访者的类型。

2. 评估来访者的求助动机。

3. 调整来访者的期望水平。

4. 有助于咨询关系的建立。

二、场所设置

心理咨询的场所设置一般是指心理咨询室的环境设置。

（一）物品配置

简单的心理咨询室只需要两个沙发、一个茶几、几把备用椅子、一个钟表即可。但房间内的布局，如沙发、茶几如何放置，壁画的选择、钟表的悬挂等不应有分散来访者注意力的设置。咨询室内可配备乐器、沙盘、生物反馈仪等专业用具，也可准备一些儿童玩具。有条件的可设置专门的个体咨询室、团体咨询室和儿童咨询室。

（二）座位设置及心理意义

座位设置的注意事项：从咨访双方的座位上都能看到门，避免咨访双方的任何一人背靠门的情况出现。双方适度的空间距离平均在75cm~1m。两个座位的理想角度一般为90°，采取临边而坐的方式。钟表一般悬挂在咨访双方都能观察到的对面墙壁上。

心理意义：①最有效且引起焦虑最少；②避免对视对来访者造成的紧张不安、焦虑，获得了安全感，又促进了咨访双方的互动交流，容易产生情感共鸣并构成信任关系；③咨询师容易观察到来访者的整体面貌，便于及时收集信息并做出反应。④缓解来访者的由咨询师注视所造成的心理上的压迫感；⑤使双方都有时间观念，而且看见时间流动能更好的促进来访者开放自己。

（三）空间效应

在心理咨询中，空间效应涉及座椅设置和物品设置，还有咨询师和来访者的距离，包括个人的空间和"领地"问题。比如茶几的设置或在茶几上面摆放花瓶，就为来访者提供了一个相对安全的身体缓冲区。所以咨询师要对来访者的空间需求有非言语的敏感性。

对话摘录：

（咨询师伸出手，很热情地想与来访者握手）

来访者：不用握手了。

咨询师：请进。这儿有两把椅子，您选择坐哪一把？

来访者：需要选择吗？有什么不同？

咨询师：没有特别的规定，看你的情况而定。

来访者：您先坐吧。平时你坐哪个比较多？

咨询师：不一定。

来访者：你是不是坐这个比较多（指着其中朝向门口的一把椅子A）？

咨询师：通常都是客人来了选择一把椅子，我坐另一个。

咨询师：通常我坐这把（咨询师指着A椅子说）

来访者：我也可以选择这把（指着A椅子说）

咨询师：可以。请坐。

（来访者选择A椅坐下）

在这段对话中，咨询师伸出手想与来访者握手，却被来访者拒绝。此时的来访者仿佛在说："你想跟我握手，那得看我愿意不愿意。"来访者多次询问咨询师平时坐哪把椅子，选择咨询师通常坐的椅子坐下，是来访者想要夺取控制权的象征性肢体语言。可以通过以上对话，分析来访者的类型及其心理动力，从来访者的表达中可以获得他挑战对抗咨询师的信息，获得来访者空间位置选择所投射出的心理控制感。

三、时间设置

心理咨询的时间设置是指对咨询时长、期长、频率以及与时间相关问题的设定。

（一）时间设置的界定

1. **时长** 指每次咨询的时间长短。

一般情况下，普通成人的注意周期为50分钟，儿童的注意周期比较短，一般为30分钟左右。对于康复期的精神分裂症的来访者，则需要根据其精神状态确定每次咨询时间的长短。

2. **周期**　指整个心理咨询过程将持续的时间长度,通常用咨询次数表达。

精神分析取向的长程心理咨询一般是开放式的结尾,不提前设置结束的期限;短程的精神分析取向的心理咨询,一般在3个月至半年左右结束。也有的咨询师采用了疗程的概念,以6次咨询作为一个疗程,建议来访者先接受一个疗程的心理咨询。

短程心理咨询具有灵活、高效、经济、省时的优点,但对于那些需要较长时间咨询的问题,尤其是人格障碍问题、心理发展问题、儿童期心理创伤以及那些需要深层信任咨询关系的问题,则需要进行长程心理咨询。

3. **咨询频率**　咨询频率的设置以1周1次或1周2次比较普遍,有时应根据来访者的精神状态、发展水平、年龄、咨询方法的需要等加以调整。

(二)突破时间设置的现象

心理咨询时间设置的指导原则是准时开始和按时结束。准时可以表达对来访者的尊重,尊重来访者的感受和反应。按时结束则向来访者表明咨询的时间界限。迟到、正处于突破边缘等并不能构成突破时间限制的理由。

咨访双方突破时间设置的表现:①咨询师:遗忘或迟到;延长或缩短咨询时间;提前或推迟咨询开始时间;②来访者:提前30分钟或者更长时间到达;迟到;一再取消前来会谈的约定;对约定的咨询时间不满,要求延长会谈时间;寻找借口,要求增加或减少咨询次数;要求保持咨询时间以外的接触

(三)时间设置的心理意义

1. 时间设置使咨询师与来访者都保持一种现实感。

2. 时间设置是对来访者的尊重。

3. 时间设置易使来访者产生安全感。

4. 时间设置是一种分离体验。

对话摘录:

(在咨询的最后5分钟,咨询师对整个咨询过程进行概述,分析来访者当前心理问题的原因,提醒来访者领悟其中的动力变化。并准备与来访者协商下次咨询的内容。)

来访者:我还有一个特别困惑的问题,能否再给我一段时间?

咨询师:这次咨询要结束了,我们可以下次再讨论。

来访者:我可以照常付费的。时间感到太短了,这个问题我真的很困惑。

咨询师:根据咨询设置,时间真的到了。一次咨询不能解决所有的问题,我们可以思考这个问题在此刻提出来,你心里是怎样想的。

来访者:我不想现在就结束。我想再跟您谈一会儿。我在这儿感觉很舒服,但一走出这扇门,我又感觉不舒服。

咨询师:每次咨询结束都意味着一次结束和分离,出现这样的感觉是正常的,可以理解。

来访者:我还是担心,一旦我回到现实中,我会不会又焦虑了?

咨询师:你是说担心自己是否有能力应对现实中的苦恼,所以不愿意离开。是吗?

来访者:是的。

咨询师:我可以理解你的感觉。尝试着用我们咨询中学到的处理方式来应对,也许你会感到有所不同,跟以前不同。其实,每个来访者都是自己问题的专家,也有能力解决自己的问题。你看,经过咨询,你已经发生了很多的改变,而且你也已感觉到现在的生活与以

往已经有了很大的不同。尝试着去做，体验这种不同的感觉，体验觉察自己是怎样做到的，下次咨询我们可以首先讨论这种体验。好吗？

来访者：好。我试一下。谢谢您。

（来访者同意结束本次咨询）

在这段对话中，咨询师根据咨询设置准备结束咨询，来访者要求延长咨询时间。此时的来访者仿佛在说："我还不想结束。我想再跟你谈一会儿"这是来访者想要打破时间设置，表达焦虑的一种表现。咨询师可以通过以上对话，分析来访者的心理动力，从来访者的叙述中获得他存在阻抗、不想分离的信息，以此来控制咨询进程、控制咨询师，获得心理安全感的目的。咨询师要及时地分析其动力和内心冲突，引导来访者认知领悟。

四、收费设置

（一）收费设置的界定

收费首先是一种交换关系。在心理咨询过程中，咨询师和来访者讨论和处理付费包括费用的设置、费用的改变、费用的支付、费用的规则的意义非常重要。

费用的设置一般是由咨询师价值所决定的，咨询师一般都应事先定出固定的费用。如果费用设置过高，对于不同社会群体就有不平衡的分布，就会使一些低收入群体难以接近，也可能使来访者减少咨询次数或过度急于求成，也可能使咨询半途而废。因此，费用的收取可根据不同职业群体收入水平的不同进行适度调整，采取不同的收费标准。收费标准一般比较稳定，不会轻易改变。

（二）收费设置的心理意义

1. 收费设置是对咨访双方活动的制约方式和手段。

2. 收费设置体现了来访者自我成长的动力。

3. 收费设置是咨访双方自我价值的一种体现。

4. 收费设置有助于咨访双方在亲密感上保持恰当的距离。

总之，设置是心理分析情境中的重要概念。设置是观察来访者反应的基本研究框架，并对咨询关系产生影响。设置为来访者提供了一个内心世界的参考框架，有助于咨询师把握咨询室里发生的一切有深层心理意义的心理现象，进而揭示来访者潜意识层面的心理问题的根源、一贯的处事模式与情感反应。倘若不是在此种设置下，来访者就不会出现诸如移情、防御等反应。

第二节　心理咨询的过程

不同流派、不同取向的心理咨询师对咨询阶段划分持不同观点，但是所有的咨询过程大致都相同，都经历一些基本的阶段。根据咨询实践，一般把咨询划分为初期阶段、中期阶段和后期阶段。但各阶段心理咨询的任务是有所区别。初期阶段的任务是建立相互信任的良好的咨询关系；中期阶段的任务是帮助来访者解决问题；后期阶段的任务主要巩固、保持、强化来访者已取得的成果，使来访者收益最大化，并对咨询效果进行评估，终止咨询。

一、初期阶段——评估阶段

评估阶段的内容包括建立良好的咨询关系，通过初始访谈、观察、心理测验、他人的反映等收集来访者的相关信息,通过资料的分析解读,明确来访者的问题、产生问题的原因、问题的严重程度,提出临床假设,通过试探性咨询证实和证伪假设来确立咨询的方向,制定咨询策略和方案为以后的咨询进程奠定基础。

1. **资料的收集与整理**　资料收集可以获得各种各样的信息,人们经常选用桑德伯格制定的一个提纲,包括人口学资料、求助原因及期望、早年回忆等十七项资料。在会谈中,确定会谈的内容和范围的参照点有:来访者主动提出的求助内容;咨询师在初诊接待中观察到的疑点;心理测量结果分析发现的问题;上级心理咨询师为进一步诊断而下达的会谈目标。

同时,咨询师需要了解来访者的既往史,包括咨询史、就医史,进行过何种治疗,疗效如何。

2. **个案概念化初步评估**　将通过各种方式获得的临床资料相互印证和比较、整理分析,找到引起来访者心理问题的关键点,建立临床假设。值得注意的是,视角并非静态的结构,它会随着时间而改变。所以,咨询师经常会不断验证自己的假设,推动咨询的顺利进行。

临床假设的过程伴随着对症状的鉴别过程,咨询师则需依据来访者的具体情况提出假设。根据心理健康的标准,对来访者的心理健康水平进行评估,初步评估出一般心理问题、严重心理问题、神经症性心理问题,确定是否属于心理咨询的工作范围。诊断阶段虽然是收集资料、了解情况,做出判断的阶段,但同样有助人的价值。需要注意的是,心理诊断贯穿心理咨询的全过程。

二、中期阶段——咨询阶段

咨询阶段是心理职业活动的核心阶段,是最重要的核心阶段。这一阶段包括调整求助动机、商定咨询目标、商定咨询方案、实施方案等一系列步骤。这一阶段的任务是帮助来访者分析和解决问题,改变其不适应的认知、情绪和行为,促进求助者的发展和成长。

精神分析、理性情绪疗法都特别强调这一阶段,称之为修通阶段。这一阶段需要的时间较长,咨询师可根据其理论取向,选择恰当的咨询和干预技术进行工作。

1. **商定咨询目标**　经过评估阶段,咨询师与来访者共同商定咨询目标,双方共同商定。如果咨访双方不统一,应以来访者的目标为主。一个有效的咨询目标,应该具有以下特征:

(1)积极:这个特点容易被人们忽视,但是其意义很大,目标的有效性,在于目标是积极的,是符合人们发展需要的。

(2)具体:如果目标不具体,就难以操作和判断,难以执行。目标越具体,就越容易见到效果。有时候,来访者的目标可能比较模糊、抽象,咨询师就应该和来访者共同讨论,经过分析,使来访者的目标逐渐清晰起来。比如每天散步3000步,做放松训练10次,等等。

(3)可行的:咨询目标要商定在可行的范围内,而不要超出来访者可能的水平,或超出咨询师所提供的条件。否则,咨访双方很难实现。比如某强迫洗手的来访者,目前每天洗手50次左右。要将咨询目标定在每天5次,就不可行。因为一般人平常每天洗手的次数也可能超过5次。

(4)可评估:如果目标无法进行评估,则不能称为目标。能够及时评估,有助于看到来访者的进步,鼓舞双方的信心,还可以发现咨询中的不足,及时调整目标或咨询方法。

(5)属于心理学范畴:对于不牵涉心理问题的来访,一般不属于心理咨询的范围。心理咨询主要涉及心理发展和适应问题。对于有躯体疾病又有心理问题的来访者，心理咨询的目标并不是解决躯体疾病，而是针对躯体疾病引起的心理不适去解决。

2. **制订咨询方案**　咨询方案包括以下 7 个方面的内容：①咨询目标商定明确的咨询目标，符合咨询目标有效性的七个要素；②咨询的方法核技术的原理和过程；③咨询的效果评估；④双方的责任、权利和义务；⑤咨询的设置：次数及时间安排等；⑥收费设置；⑦其他问题及有关说明。

3. **个体咨询方案的实施**　通过前期的访谈与观察，咨询师对来访者有了全面的分析和评估，商定咨询目标，制定可行的工作方案。此时就可以根据来访者的问题，采用自身所擅长的咨询理论和技术开展工作，调动来访者的积极性，通过启发引导、支持鼓励，推动来访者自我探索和实践解决问题症状，消除阻抗，促进来访者的成长和发展，实现咨询目标。

三、后期阶段——结束阶段

这一阶段是咨询的总结、提高阶段。这里的后期阶段，包括一次咨询的后期阶段和整个咨询过程的后期阶段。对于一次咨询来说，要做好阶段小结，商讨下一步咨询的任务，布置家庭作业，处理咨询失误，不断修正咨询临床假设和判断。对于整个咨询来说，则要做好咨询的回顾总结，巩固咨询效果，引导来访者把咨询中获得的成长应用于日常生活实践。

第三节　心理咨询过程中不同阶段的问题

一、心理咨询初期阶段的问题

初期阶段的关键任务是与来访者建立关系并初步分析来访者的内心世界，在相互信任的基础上成功地与来访者建立良好的咨询关系和相互理解、信任的气氛，达成咨询协议，以确定一个良好的开端。咨询师要积极收集来访者及其问题症状的必要信息，敏锐地观察来访者在咨询情境的行为，对来访者的问题症状进行评估，提出治疗假设。

1. **建立信任**　可用三个基本步骤简介心理咨询：①澄清现实，以减少混乱（内在思想和情绪、外在的言行和环境）；②面对现实，而不逃避；③学习接纳现实（不能改变及不易改变的，如遗传和童年遭遇），并学习改变现实（从自己的思想言行开始）。同时也可强调彼此关系，要合作同行，以达到共同的咨询目的。

2. **协商期望**　确定咨询师的角色和来访者的期望，为正在进行的咨询关系提供结构框架。有必要澄清心理咨询需要一个过程，问题的改善，需要双方的共同努力。咨询师要注意来访者对咨询师的角色期望。在咨询过程中，来访者往往把咨询师当作生活重要影响人物的精神客体来看待，产生移情反应。在适当时候，咨询师和来访者要一起探讨这一重要关系，防止其成为咨访关系发展的阻碍。

3. **初期评估**　初始阶段最本质的目标就是迅速而充分的进行评估。评估包括获取来访者的背景信息，尤其是那些与当前问题有关的内容。如来访者的问题症状是什么类型？严重程度如何？是否是心理咨询的合适对象？

咨询师不仅要充分的考虑有关来访者的不同信息，而且要考虑与来访者咨访关系的互动。咨询师要在相对较短的时间内保持警觉，以便评估一些必要的信息，如来访者的行为反应和线索。如果评估时间过长，就会增加来访者的咨询成本，延迟治疗。

病史采集在会谈的初期阶段进行，信息主要有：关于来访者身份的信息；总体外观形象和行为；与现在问题有关的往事；以往的精神病史或心理咨询史；教育和工作背景；健康和医疗史；成长史；家庭、婚姻和性方面的历史；对来访者沟通模式的评估；精神状况；诊断结果总结。

在咨询的初期阶段，咨询师通过病史采集和敏锐的观察，收集尽可能详细的信息，作出评估，并在咨询过程不断修正自己的假设和评估，形成尝试性的咨询方案，并且与来访者建立良好的咨访关系，这样，咨询成功的机会就会增加。

二、心理咨询中期阶段的问题

心理咨询的中期阶段是一个变化的过程，也是心理咨询最重要的阶段，主要任务是帮助来访者解决问题。

（一）对资料的分析与理解

引起来访者心理问题的原因是生理、心理、社会诸因素交互作用的结果。一因多果、一果多因、互为因果，关系错综复杂，不仅有横向的交叉，而且有纵向的联系，共时态原因和历时态原因交互作用。

（二）启发来访者领悟

咨询师要根据自己的分析和来访者的问题症结，向来访者说明和解释，让来访者能有意识地去体会并领悟自己的心理困难或情结的性质，帮助来访者把没有意识到的病情和情结意识化。这样，问题和心理困难就由没有意识到的层次提升到可意识的状态，经由意识性的认识与了解，来访者自然而然的就能去面对和处理。

（三）激发正面思考，提高自信心

理解正面思考的意义。作为一个咨询师，最难能可贵的打开自己的眼睛和耳朵，去发现问题没发生的时刻，或找到没有问题时的情境与行为，也就是要找到例外。在心理咨询实践中，有经验的咨询师发现，来访者常常陷于对事件的负性情绪反应之中，而忽略了事件的积极意义。此时，咨询师要引导来访者关注事件发生的两面性，从积极的、正向的角度激发来访者正向思考，调整视角。

三、心理咨询后期的问题

在咨询后期，咨询师所面临的最大挑战是，利用这一阶段的咨询使来访者受益最大化。这一阶段的目的包括巩固和保持已经取得的效果，处理因结束咨询带来的分离焦虑与依赖的矛盾，并将有效的应对方式应用于日常生活，使之普遍化。

（一）效果评估

效果评估是结束咨询的依据。咨询效果的评定应着重考虑下述三个方面：

1. **来访者的满意度**　来访者对咨询师以及咨询的全部结果的满意程度。

2. **咨询结果的显著性**　来访者是够有足够的改进，整体功能是否从缺失恢复到正常水平。

3. **成本效益**　咨询的时效是否超过了其投入，如果有几种可以采用的咨询方法，哪一种具有更好的疗效。

（二）效果的巩固

心理咨询的根本途径是基于来访者自我成长，促进来访者的精神状态和不良行为方式的根本性改变，从而达到身心健康的终极目的。

在咨询后期的咨询实践中，来访者容易出现两种情况：

1. 来访者在咨询室这个特定场所内已经有了很大的改变，问题症状已经减轻或消除，一旦回到需独自应付的实际生活中，效果却很难持久维持。

2. 来访者会因咨询关系快要终止，问题症状重新出现。

解决措施：对第一种情况，咨询师要注意咨询效果的巩固。心理动力学取向的咨询师最通常的做法，是在咨询的保护环境下，引导来访者重新去面对旧的创伤，来访者在分析场景中尝试新的行为，然后扩展到外部世界。行为主义学派则认为，咨询效果难以维持，与来访者生活的现实环境中缺乏正强化和存在负性诱因有关。但是，随着归因理论特别是"归因—维特模型"的提出，咨询师们认识到，通过强化来访者的自我概念，训练他们的抗干扰能力，这个问题有望得到一定程度的解决。而对第二种情况，咨询师则需处理好与来访者的分离焦虑问题，合适的结束咨询。

（三）结束与分离

结束是心理咨询中一个自然而然的过程，是咨询过程的一个重要阶段。需要强调的是，何时结束、如何处理结束取决于咨询师对来访者的评估。

在咨询关系中，如果来访者对咨询师有极端的依赖性，拥有很少的外部支持系统，或者来访者对咨询师有强烈的移情，在这种情况下，一旦提出结束咨询，分离焦虑和被抛弃的感受就可能出现。此时，咨询师需要谨慎并对此保持高度敏感，关注最后的分离过程，最后几次咨询拉开时间间隔是减轻依赖、处理分离焦虑的一个比较好的方式。有时，咨询师会有意识或无意识地过于卷入（反移情），可能从来访者的依恋中获得满足感，不愿意放弃，造成结束咨询的困难。这不仅丧失了咨询师的客观性，损害了咨询师的倾听和共情能力，也强化了来访者的依赖性，这是不足取的。所以要参考第七章的相关内容，注意移情与反移情的处理。

作为咨询师，不仅要帮助来访者顺利的分离，而且还要在这一阶段尽可能的认识自己。在终结之前，咨询师可以与来访者一起回顾整个咨询过程，鼓励来访者觉察丧失的重要意义，鼓励来访者充分的表达丧失体验，探讨咨询取得的成果，承认咨询中未完成的任务，确定对未来的计划，如何应对未来生活中的危机与困境，尤其是与来访者曾经迫切寻求咨询相类似的问题。

习　　题

一、名词解释

1. TA 协议
2. 预约设置
3. 空间效应
4. 时间设置

5. 设置

6. 客体

7. 个案概念化

8. "您好-再见"效应

9. 自我接纳

10. 归因-维特模型

二、单选题

1. 以下**不属于**心理咨询设置的是
   A. 室内摆设　　　　　　　　　B. 收费
   C. 预约　　　　　　　　　　　D. 来访者信息

2. 预约设置的目的**不包括**
   A. 选择合适的来访者
   B. 为咨询师选择合适的来访者
   C. 签订咨访协议或知情同意书，为咨询提供准备
   D. 为来访者选择合适的咨询师

3. 咨访双方适宜的空间距离是
   A. 50cm　　　　　　　　　　B. 80cm
   C. 110cm　　　　　　　　　 D. 140cm

4. 坐位的理想角度是
   A. 30°　　　　　　　　　　　B. 60°
   C. 90°　　　　　　　　　　　D. 120°

5. 关于咨询时间的时长，一般设置为
   A. 30分钟　　　　　　　　　B. 40分钟
   C. 50分钟　　　　　　　　　D. 60分钟

6. 关于来访者突破时间设置，有以下几种可能，**不正确**的是
   A. 来访者对咨询师的阻抗较强
   B. 来访者守约的能力不强，行动过于任性
   C. 来访者对心理咨询不够重视
   D. 试探咨询师，引起咨询师的关心和注意，确认咨询师对自己的态度和接纳程度

7. 来访者过早前来，可能的原因**不包括**
   A. 求助感强烈
   B. 安全感不足、什么事都要留下足够的空余时间
   C. 存在过强的不安和焦虑，想早些从痛苦现实逃避到理想的咨询室中
   D. 占有咨询师更长的咨询时间，对咨询师正移情

8. 在心理咨询中，心理学各个流派对于酬金的理解中，**不正确**的是
   A. 沙文认为金钱是"我们最初的生存的感觉，是物质的和心理的两种因素缠绕在一起的，需要发展出一种策略来处理这种生存威胁"
   B. 弗洛伊德和其他精神分析学家认为"酬金"具有"牺牲"本性
   C. Krueger从自我心理学的角度，认为金钱可能象征自尊的追求，也可能是一种对

财富的畏惧

D. Marzillier认为,对于金钱我们有正反两种情感并存的评价

9. **不属于**心理咨询的三个基本步骤的是

A. 澄清现实,以减少混乱

B. 面对现实,而不逃避

C. 学习接纳现实,并学习改变现实

D. 解决能力提高,学会用心理学知识分析生活中的各种情况

10. 咨询效果评定的三个方面,着重考虑的内容**不包括**

A. 咨询师的主观判断

B. 来访者的满意度

C. 咨询结果的显著性

D. 成本效益

11. 在进行心理咨询预约时,适宜做心理咨询的来访者为

A. 精神疾病患者

B. 严重抑郁症患者

C. 智力缺陷者

D. 一般心理问题者

12. 焦点解决短期心理咨询中,咨询员对抱怨型来访者应对特点是

A. 尽可能地尊重和理解个案,永远站在个案这一边

B. 就个案的话题开始引导;对给予赞美与鼓励,肯定个案的到来

C. 引导个案由负面的情绪转而懂得发现生活中正向的、值得肯定的部分

D. 提供具体可行的家庭作业,让其逐步练习与发展,而达成咨询目标。

13. 心理咨询初期阶段最本质的目标是

A. 建立信任关系

B. 协商期望

C. 评估

D. 制订咨询方案

14. 心理咨询对家庭咨询的时间一般为

A. 45~50分钟

B. 90分钟

C. 90~120分钟

D. 可以自己设定

15. 对于精神分裂症的来访者,每次咨询的时间长短为

A. 20或30分钟

B. 45~50分钟

C. 90分钟

D. 根据其精神状态确定咨询时间

16. 咨询中的时间设置,可以保持良好咨询关系以及保证咨询顺利进行,可以使来访者建立

A. 依赖感

B. 安全感

C. 自尊

D. 移情

17. 分析体验式心理咨询将心理咨询过程分为

A. 初始访谈阶段、修通阶段、分离阶段

B. 开始、中间和结束三个阶段

C. 建立咨询关系、评估及确立目标、干预策略的选择和实施、评估与终止咨询四个阶段

D. 帮助来访者识别和澄清问题情形阶段、发展富有建设性变化的程序阶段以及实现目标阶段

18. 评估诊断阶段的主要工作是

A. 资料的收集与整理

B. 明确来访者的问题

C. 对来访者下诊断
D. 制订咨询的方案和目标

19. 心理咨询最重要的、最核心的阶段是
   A. 评估诊断
   B. 咨询阶段
   C. 巩固阶段
   D. 终止阶段

20. 结束咨询的依据是
   A. 来访者自己的感受
   B. 社会功能恢复情况
   C. 家人的评估
   D. 效果评估

三、多选题

1. 以下属于预约设置的心理学意义的是
   A. 评估来访者的求助动机
   B. 调整来访者的期望水平
   C. 有助于求助者降低抵触感
   D. 有助于咨询关系的建立

2. 以下各种心理咨询的时长中,正确的是
   A. 儿童咨询一边多为60分钟
   B. 团体咨询一般多为90~120分钟
   C. 电话咨询一般为30分钟
   D. 婚姻家庭咨询一般为90分钟

3. 属于咨询师关于突破时间设置的表现是
   A. 遗忘或迟到
   B. 咨询师有更重要的事必须做
   C. 提前或推迟咨询开始时间
   D. 延长或缩短咨询时间

4. 属于来访者关于突破时间设置的表现是
   A. 一再取消前来会谈的约定
   B. 寻找借口,要求增加或减少咨询次数
   C. 提前30分钟或者更长时间到达
   D. 要求保持咨询时间以外的接触

5. 属于时间设置的心理学意义的是
   A. 时间设置是一种分离体验
   B. 时间设置使咨询师与来访者都保持一种现实感
   C. 时间设置是对来访者的尊重
   D. 时间设置易使来访者产生安全感

6. 属于收费设置的心理学意义的是
   A. 收费设置是对咨访双方活动的制约方式和手段
   B. 收费设置体现了来访者自我成长的动力
   C. 收费设置是咨访双方自我价值的一种体现
   D. 收费设置有助于咨访双方在亲密感上保持恰当的距离

7. 心理咨询过程包括
   A. 监理咨询关系
   B. 评估及确定目标
   C. 干预策略的选择和实施
   D. 评估与终止咨询

8. 属于心理咨询初期阶段的问题是
   A. 建立信任
   B. 协商期望
   C. 决定策略
   D. 初期评估

9. 引起来访者心理问题的原因是

A. 生理问题　　　　　　　　　　B. 心理问题

C. 人际关系　　　　　　　　　　D. 生活挫折

10. 心理咨询中期阶段的问题包括

  A. 对资料的分析与理解

  B. 启发来访者领悟

  C. 激发正面思考，提高自信心

  D. 解决来访者对自己的怀疑，抵触心理

11. 尼考尔茨等（R. C. Nichols & K. W. Beck, 1960）提出"变化认知评定尺度"包括

  A. 来访者的症因、症状解消的程度

  B. 来访者对自身行动的理解方式的程度

  C. 来访者对人生的思考、情绪变化的程度

  D. 来访者对自身重要的问题认识变化的程度

12. Strupp 和 Hadley（1977）提出了"心理健康效果的三维模型"包括

A. 亲人　　　　　　　　　　　　B. 当事人

C. 社会　　　　　　　　　　　　D. 心理健康专业人员

13. McLellan 和 Durell（1996）提出测量心理咨询效果的方面是

A. 症状的减轻　　　　　　　　　B. 健康和个人及社会功能的改进

C. 治疗费用　　　　　　　　　　D. 公众健康和安全威胁的减少

14. 心理咨询后期的问题包括

A. 效果评估　　　　　　　　　　B. 效果的巩固

C. 确定咨询费用　　　　　　　　D. 结束与分离

15. 日本心理学家河合隼雄（1994）提出了"比较完善的终结"的指标包括

  A. 由自我实现的观点来看，来访者的人格必须出现所期待的变化

  B. 访者所存在的症状或烦恼等以外的问题也得以解决

  C. 充分辨明来访者内在的人格变化与外在的问题解决的相关性

  D. 来访者向咨询师表明已解决心理问题

16. 初期会谈时所要采集的信息有

A. 总体外观形象和行为　　　　　B. 与现在问题有关的往事

C. 成长史　　　　　　　　　　　D. 健康和医疗史

17. 时间设置的界定包括

A. 时长　　　　　　　　　　　　B. 周期

C. 休息时间　　　　　　　　　　D. 频率

18. 会谈过程中钟表应该摆置的地方，**错误**的是

A. 咨询师看得到的地方　　　　　B. 来访者看得到的地方

C. 双方都看得到的地方　　　　　D. 双方都看不到的地方

四、简答题

1. 较常见的预约形式有哪些？

2. 预约设置的目的是什么？

3. 心理咨询初期阶段的关键任务是什么？

4. 协商期望的意义是什么？
5. 心理咨询初期阶段最本质的目标是什么？
6. 进一步会谈之前，需要掌握的内容有什么？
7. 心理咨询初期阶段对于整个咨询过程的作用是什么？
8. 心理咨询中期阶段心理咨询师的责任是什么？
9. 来访者感到可以结束咨询的话，会出现哪些状况？
10. 在结束与分离中，咨询师应当怎么做？

参 考 答 案

一、名词解释

1. TA 协议：Eric Berne 提出建立初始的工作协议 -TA 协议，把协议定义为一种明确的"对行为过程领会好定义的双边承诺"，包括职业性协议、管理性协议、治疗性协议，其中职业性协议涉及了预约的时间、长度、频率和收费以及所能提供的服务条件等主要元素。

2. 预约设置：预约设置是指来访者在咨询之前与心理咨询机构进行的有关咨询时间、地点、咨询师等方面的约定。

3. 空间效应：在心理咨询中，空间效应除了座椅设置和物品设置外，还涉及咨询师和来访者的距离，包括个人的空间和"领地"问题。

4. 时间设置：心理咨询的时间设置是指对咨询时长、期长、频率以及与时间相关问题的设定。

5. 设置：设置是观察来访者反应的基本研究框架，并对咨询关系产生影响。

6. 客体：客体（object）这一概念是相对丁主体而言的，在精神分析理论中，客休指的是对我们心理发展影响最为重要的人，通常首先是父母或祖父、祖母辈的养育者，其次是兄弟姐妹。

7. 个案概念化：个案概念化，即使用所获得的分析材料，建立一个对个案完整的理解，以此对个案进行说明：病情与心理困难是如何发生，是如何被来访者处理，进而利用这样的理解与解释作为施行心理干预的依据。

8. "您好-再见"效应：即来访者最先来咨询时，常下意识的表示自己的问题很严重，希望获得帮助。随着咨询的进行，来访者得知咨询师的方法已用的差不多，或者对其发生怀疑、或不用得到他的帮助时，这时来访者就叙述自己的感觉好了，声称受益于咨询，感谢咨询师，再见道别。

9. 自我接纳：否定的自我概念逐渐被肯定的自我概念取代，理想的自我逐渐与现实本来的自我拉近距离。

10. 归因-维特模型：该模型认为，如果来访者对成功的行为改变作内归因（本人良好的领悟能力和付出的努力），将导致来访者对自己所具有的内在力量产生积极的自我推断，增强其控制自己不适应行为或症状的信心或信念，这种积极的自我推断和由此产生的控制自己症状的信心将超出局部的治疗环境而起作用。

二、单选题

1. D　　2. B　　3. B　　4. C　　5. C　　6. C　　7. A　　8. A　　9. D　　10. A

11. D　　12. C　　13. A　　14. B　　15. A　　16. B　　17. A　　18. C　　19. B　　20. A

三、多选题

1. ABD　　　　2. BCD　　　　3. ACD　　　　4. ABCD　　5. ABCD　　6. ABCD

7. ABCD　　8. ABD　　　　9. ABCD　　10. ABC　　11. ABCD　　12. BCD

13. ABCD　　14. ABD　　　15. ABC　　16. ABCD　　17. ABD　　18. ABD

四、简答题

1. 较常见的预约形式有哪些？

答：①电话预约；②现场预约；③朋友预约；④家长预约。

2. 预约设置的目的是什么？

答：①选择合适的来访者；②为来访者选择合适的咨询师；③签订咨访协议或知情同意书，为咨询提供准备。

3. 心理咨询初期阶段的关键任务是什么？

答：初期阶段的关键任务是与来访者建立关系并初步分析来访者的内心世界，在相互信任的基础上成功地与来访者建立良好的咨询关系和相互理解、信任的气氛，达成咨询协议，以确定一个良好的开端。咨询师要积极收集来访者及其问题症状的必要信息，敏锐地观察来访者在咨询情境的行为，对来访者的问题症状进行评估，提出治疗假设。

4. 协商期望的意义是什么？

答：（1）确定咨询师的角色和来访者的期望，为正在进行的咨询关系提供结构框架。来访者最初的愿望，不一定就是咨询的目标。咨询师则需要调整来访者的目标，以便使这些目标更实际，更容易实现。极个别时候，来访者的目标可能和咨询师的价值观发生冲突，咨询师则需要保持价值观中立原则。

（2）有的来访者不仅对咨询目标怀有期望，而且也对咨询师如何开展咨询抱有期盼。所以，咨询师就需要和来访者一起探讨。

（3）咨询师要注意来访者对咨询师的角色期望。

5. 心理咨询初期阶段最本质的目标是什么？

答：初始阶段最本质的目标就是迅速而充分地进行评估。评估是识别和确定来访者问题以便确定咨询方案的方法之一。会谈法是最普遍的行为评估手段。评估包括获取来访者的背景信息，尤其是那些与当前问题有关的内容。

6. 进一步会谈之前，需要掌握的内容有什么？

答：（1）解释评估的目的：向来访者说明评估的理由。

（2）确定问题的范围：帮助来访者确认所有相关的原发及继发问题，以得到一个问题的大致框架。

（3）问题的选择和排序：帮助来访者将问题排序，找出最关键的入手之处。

（4）明确目前存在的问题行为：帮助来访者明确问题行为的六个组成部分：情感、躯体、行为、认知、情境、关系。

（5）明确前因：帮助来访者明确前因及其对问题行为的影响。

（6）明确后果：帮助来访者确定主要的后果及其对问题行为的影响。

（7）找出二级获益：帮助来访者发现潜藏着的影响因素，正是这些因素维持了问题行为的存在。

（8）了解以前问题解决的方法：帮助来访者回忆以前是怎样解决和尝试解决问题的，以及这些努力对问题所带来的影响。

（9）了解来访者个人及环境的有利因素及其应对技巧：帮助来访者回忆过去及现在的影响方式或适应行为；这些技巧对解决目前问题可能会起到的作用。

（10）了解来访者对自己问题的知觉：帮助来访者描述自己对问题的理解。

（11）明确问题的强度：明确问题对来访者生活的影响，包括问题的严重程度、问题行为发生的频率和持续时间。

7. 心理咨询初期阶段对于整个咨询过程的作用是什么？

答：在咨询的初期阶段，咨询师通过病史采集和敏锐的观察，收集尽可能详细的信息，作出评估，并在咨询过程不断修正自己的假设和评估，形成尝试性的咨询方案，并且与来访者建立良好的咨访关系，这样，咨询成功的机会就会增加。

8. 心理咨询中期阶段心理咨询师的责任是什么？

答：对于咨询师来说，主要责任是帮助来访者成长，发展与来访者的关系，完成对来访者内部世界的探析，帮助来访者自己成为帮助自己的个体。

9. 来访者感到可以结束咨询的话，会出现哪些状况？

答：（1）自我接纳：否定的自我概念逐渐被肯定的自我概念取代，理想的自我逐渐与现实本来的自我拉近距离。

（2）接纳他人：来访者开始接纳现实本来的自我，随之也就能够接纳他人、理解他人。

（3）症状缓和：咨询初期所提出的问题或症状得以解除、缓和或减轻，由此而引起往好的方面变化。

（4）对将来的志向性增强：来访者的主要话题由初期的过去的痛苦经历、现在的困难处境，转向对将来的打算，但主要是看来访者具体的行动。

（5）能接纳来自他人的评价。

（6）对咨询师的客观态度：来访者与咨询师之间逐渐成为对等关系，咨询师也开始像一般的社交谈话那样与来访者交谈。

10. 在结束与分离中，咨询师应当怎么做？

答：（1）在咨询开始阶段，尤其在短程或限时的心理咨询设置中，咨询师应该对结束有明确的预期和顺利的处理。

（2）当咨询接近尾声，咨询师就要提到今后结束咨询的问题。为了让来访者有足够的心理准备。

（3）咨询师需要谨慎并对求助者的依赖情绪保持高度敏感，关注最后的分离过程，最后几次咨询拉开时间间隔是减轻依赖、处理分离焦虑的一个比较好的方式。

（4）咨询师要帮助来访者察觉到所有与终结有关的经历，并积极关注其意义，从而把结束和分离作为来访者调整和改变的契机。

（5）作为咨询师，不仅要帮助来访者顺利的分离，而且还要在这一阶段尽可能的认识自己。在终结之前，咨询师可以与来访者一起回顾整个咨询过程，鼓励来访者觉察丧失的重要意义,鼓励来访者充分的表达丧失体验,探讨咨询取得的成果,承认咨询中未完成的任务,确定对未来的计划,如何应对未来生活中的危机与困境,尤其是与来访者曾经迫切寻求咨询相类似的问题。

(高新义)

第五章　心理评估在咨询中的应用

学习要求

掌握：

1. 心理评估的一般过程。
2. 心理评估的基本方法。
3. 心理评估的内容。
4. 心理咨询效果的指标与方法。

熟悉：

1. 心理评估的相关概念。
2. 心理评估在心理咨询中的意义和作用。
3. 自杀危险及其评估方法。

了解：

1. 心理评估者的相关要求。
2. 影响咨询效果的因素。
3. 咨询效果评估的实验设计。

重 点 内 容

第一节　概　　述

一、心理评估的相关概念

心理评估是指评估者依据心理学的理论和方法，对个体的心理品质及其水平进行描述、分类、诊断与鉴别的过程。所谓心理品质，包括心理过程和个性心理特征等内容，如感知、记忆、思维、情绪状态、智力、气质、性格等。

在临床工作中有时会用心理诊断的概念。其实，心理评估与心理诊断既相同又相异。其共同之处在于，二者都主要采用心理学的方法与策略搜集来访者的信息，同时，二者都力图去准确把握来访者的内心世界，都要对有心理问题或心理障碍的人做出心理方面的判断和鉴别。二者的不同之处在于：心理评估的范围较心理诊断更广，而心理诊断主要侧重于心理异常与否的判断。

心理评估有时也被看作是心理测量的同义语，彼此互换使用，但严格来说二者是有区别的。心理测量的重点是借助标准化的测量工具将人的心理现象或行为进行量化，搜集到的资料为量化的资料。心理评估强调搜集资料、整合资料并解释资料的意义，做出结论。

二、心理评估的一般过程

（一）评估准备

1. 明确评估的内容　心理评估的第一步要弄清所需评估的是什么心理问题，问题的性质如何，属于情感问题、思维问题还是行为问题。同时要了解问题产生的可能原因是什么，哪一种治疗方法可能对治疗效果取得最佳疗效，以及来访者有着怎样的独特优势及能力，这些优势及能力在治疗中有什么帮助。

2. 确定评估的目标　在临床心理学领域，心理评估的目标主要包括诊断、筛查、预测和干预评估。

（二）评估资料的搜集方法

评估顺序通常是，通过会谈获得来访者一般信息，并与来访者建立起良好的工作关系，然后进行有针对性的各种心理测验或心理症状量表的评定，在会谈与测验过程中评估人员还应注意观察来访者的行为表现，并将观察结果与会谈、心理测验结果共同分析，以得到准确的评估结果。

（三）资料的分析与总结

完整的心理评估报告通常包括以下基本内容，并按以下顺序排列：

1. 一般资料　包括来访者和评估过程的最基本资料，通常以表格形式呈现。

2. 申请评估的理由　包括：申请人及其机构的名称（who）、申请评估的原因（why）、想要解决的具体问题（what）及可能采用的评估方法（how）。

3. 来访者的背景资料　一般有以下内容：人口学资料、心理问题或障碍的情况、个人成长史、家庭情况。

4. 行为观察　包括来访者外貌、对任务操作和对评估者的态度、合作程度等。

5. 测验结果　一般而言，智力测验主要结果均要列出，如韦氏智力测验通常应列出言语智商、操作智商和总智商，以及各分测验量表分及相应的百分位。

6. 评估结果的解释　内容涵盖评估发现、主要测验分数的可信区间、结果的信度、效度和诊断印象。此外，报告还应分析影响评估结果的各种可能因素。

7. 建议　是评估报告中最具有实用价值的部分，它针对来访者存在的问题提出解决措施，包括现实可行的、有针对性的干预目标和处理策略。

8. 小结　回顾和总结报告前面部分所给信息，一般只用1~2个自然段，前面每部分只提一个关键的观念。

三、心理评估在心理咨询中的意义和作用

1. 有助于界定了解来访者的基本情况和主要问题。

2. 有助于排除生理与药物的因素。

3. 有助于辨别精神病性障碍或问题。

4. 有助于判断是否需要将来访者转介到其他咨询机构。

5. 有助于制定符合来访者情况的咨询计划。

6. 有助于及时地了解和调控咨询过程，并检验咨询的有效性。

7. 有助于心理专业人员在临床工作上的沟通。

8. 有助于诊断与治疗的相关研究。

四、心理评估者的相关要求

1. 好的评估者应两具备方面的主要条件，即专业知识和心理素质。

2. 心理评估者的职业道德主要内容摘录有：①责任；②能力；④保密；④其他。

第二节　心理评估的基本方法

一、观察法

观察法指的是通过视觉或电子摄像设备等对他人或自身的行为进行有目的、有计划地观察，获得相应资料，并在此基础上做出评定和判断的方法。

（一）观察法的种类

1. **自然观察法**　是心理评估中最基本的、最普遍的一种方法，它具有方便灵活的特点，在临床诊断及疗效判定上具有非常重要的实用价值。

2. **控制观察法**　也称模拟观察，是指在评估者设置一定的情境、控制来访者的条件，在这样的情境中对来访者的行为改变进行观察。

（二）观察的主要内容

行为观察的主要内容因目的而异，一般包括以下几个方面：

1. 仪表，即穿戴、举止、表情。

2. 身体外观，即胖瘦、高矮、畸形及其他特殊体型。

3. 人际沟通风格，如大方或尴尬、主动或被动、易接触或不易接触。

4. 言语，包括表达能力、流畅性、中肯、简洁、赘述。

5. 动作，如过少、适度、过度、怪异动作、刻板动作。

6. 在交往中表现出的兴趣、爱好、对人对己的态度。

7. 感知、理解和判断能力。

8. 在困难情境中的应付方式。

二、会谈法

会谈法又称访谈法或晤谈法，从广义上来说，就是通过评估者和来访者的谈话，采用回答问话或问卷的方式来收集个案材料或了解某些人、某些事或某些行为及态度等的一种方法。

（一）会谈法的种类

1. **结构化会谈**　也称标准化会谈，是由评估者按所需资料的要求，编制出详细的会谈主题或大纲，会谈过程中按照同样的措辞和顺序向每一个来访者询问同样的问题，要求来访者按所提问题逐一回答。

2. **非结构化会谈** 也称自由式会谈,这种会谈预先无需确定会谈的主题或大纲,评估者可以根据自己的判断探索各种与会谈目的相关的话题,让来访者自然而然地说出他想说的话。

(二)会谈应注意的问题

1. 向来访者承诺会谈的保密性。

2. 表达兴趣与温暖。

3. 努力使来访者放松下来。

4. 试图体会来访者的感受(共情)。

5. 表现得礼貌、耐心和接纳。

6. 鼓励来访者自由地表达自己的想法和感受。

7. 根据来访者的文化和教育背景调整提问的方式。

8. 避免使用精神病学或心理学的专业术语。

9. 避免使用引导性的问题。

10. 在适当的时机和来访者分享个人的信息和经验(自我暴露)。

11. 少量使用幽默,注意要恰当而不要冒犯对方。

12. 倾听,同时不要有过度的情绪反应。

13. 不仅关注来访者说了什么,而且也关注他是如何说的。

14. 做书面记录或录音时尽可能不太显眼。

三、心理测验法

(一)心理测验的基本概念

1. **心理测验的定义** 所谓心理测验,就是依据心理学理论,使用一定的操作程序,通过观察人的少数有代表性的行为,对于贯穿在人的全部行为活动中的心理特点作出推论和数量化分析的一种科学手段。

2. **心理测验的性质**

(1)间接性:科学发展到今天,我们还无法直接测量人的心理活动,只能测量人的外显行为,也就是说,我们只能通过一个人对测验项目的反应来推论出他的心理特质。

(2)相对性:在对人的行为做比较时,没有绝对的标准,我们有的只是一个连续的行为序列。所谓测验就是看每个人处在这个序列的什么位置上,由此测得一个人智力的高低、兴趣的大小或性格的特性等。

(3)客观性:测验的客观性实际上就是测验的标准化问题。量具必须标准化,这是对一切测量的共同要求。

(二)标准化心理测验的特征

1. **信度(reliability)** 也称可靠性或稳定性,是指同一被试者在不同时间内用同一测验(或用另一套相等的测验)重复测量,所得结果的一致程度。

2. **效度(validity)** 是指所测量的与所要测量的心理特点之间符合的程度,或者简单地说是指一个心理测验的准确性。

3. **常模** 多数心理测验是把个人所得的分数与某一参照分数相比较,以判断其所得分数的高低,这个参照分数便是常模(norm)。

（三）心理测验在心理咨询中的应用

在我国目前情况下，心理门诊中运用较多的大致有这样 3 类心理测验：智力测验、人格测验以及心理评定量表。

第三节　心理评估的内容

一、心理现状评估

心理现况评估主要包括：

1. **一般表现**　包括意识状态、仪态、接触和注意等情况。

2. **感知觉评估**　主要观察有无错觉、幻觉与感知综合障碍。

3. **思维障碍的评估**　通过谈话了解思维形式与内容障碍，主要观察有无特殊思维形式障碍、妄想、强迫观念及超价观念等。有无妄想除提问外，有时可以从患者表情及行动中得到线索。

4. **情感的评估**　既要观察外部表情，又要询问内心体验，特别要注意观察患者的眼神和面部表情。

5. **意志和行为的评估**　通过谈话了解患者的意志是否正常、增强或减退，如问"你对今后有何打算?""有何要求?"等。观察有无动作增多或减少，奇异动作、蜡样屈曲、抗拒症、木僵状态，甚至紧张综合征等

6. **自知力的评估**　指患者对其自身精神病态的认识和批判能力。自知力是精神科用来判断患者是否有精神性障碍、病情的严重程度以及疗效的重要指征之一。

二、既往经历评估

既往经历主要涉及患者的生活状况、婚姻家庭、工作记录、社会交往和娱乐活动等内容。

三、个人成长评估

按以下提纲，整理个人成长史资料（可列表填写）：

（一）婴幼儿期

主要涉及母孕期和生产过程有无异常，感官、动作和言语的发育，喂奶方式和生活习惯的训练，与父母接触及家庭气氛等。

（二）童年生活

1. 幼儿园及学校适应能力和学习成绩，师生关系和伙伴关系。

2. 与大多数儿童比较，有无重大特殊事件发生，现在对当时情景的回忆是否完整。

3. 童年身体情况，是否患过严重疾病。

4. 童年家庭生活、父母情感是否和谐。

5. 童年家庭教养方式，有无品行不良行为及叛逆行为。

（三）少年期生活

1. 少年期家庭教育、学校教育、社会教育中有无挫折发生。

2. 少年期最值得骄傲的事和深感羞耻的事是什么。

3. 少年期性萌动时的体验和对待,性成熟及异性伙伴关系。

4. 少年期有无严重疾病发生。

5. 少年期在与成人的关系中,有无不愉快事件发生,有无仇视、嫉恨的事或人。

6. 少年期的兴趣何在,有无充足时间做游戏。

(四)成人期

成人个人史资料应围绕职业能力与职业适应,婚姻质量与家庭关系展开。

对于青壮年评估对象,重点报告爱情生活状况(有无失恋等)、升学和就业有无挫折、婚姻质量、职业目标及独立程度;中年人则侧重在人际关系、性生活质量、重大生活事件及业余活动方面;老年人应侧重如何应对心理和生理能力下降、退休后活动范围及个人价值感和社会生活的信念。

四、心理社会环境评估

心理社会环境的评估主要涉及各种生活事件,主要包括:

1. 工作事件。

2. 家庭事件。

3. 人际关系事件。

4. 经济事件。

5. 社会和环境事件。

6. 个人健康事件。

7. 自我实现和自尊方面事件。

8. 喜庆事件。

社会紧张刺激或人际关系因素都与心理障碍的发生或维持有关,这些紧张刺激要么导致新的精神障碍的发生,要么使原有的精神障碍复发,要么使已经存在的精神障碍恶化。

五、心理正常与异常的分类评估

(一)心理正常与异常的相关概念

心理正常、心理不正常、心理健康、心理不健康,这是我们在学习和讨论心理咨询问题时常常使用的概念。只有将这些概念区分清楚,把它们之间的联系梳理通顺,才可以排除交流意见时的障碍。

这里说的"心理正常",就是变态心理学中说的具备正常功能的心理活动,或者说是不包含有精神障碍症状的心理活动;而这里说的"心理不正常",就是变态心理学中说的"心理异常",是指有典型精神障碍症状的心理活动。

很显然,"正常"和"异常"是标明和讨论"有病"或"没病"等问题的一对范畴。而"健康"和"不健康"是另外一对范畴,是在"正常"范围内,用来讨论"正常"的水平高低和程度如何。可见,"健康"和"不健康"这两个概念,统统包含在"正常"这一概念之中。

心理正常、心理不正常、心理健康、心理不健康,这是我们在学习和讨论心理咨询问题时常常使用的概念。

这里说的"心理正常",就是变态心理学中说的具备正常功能的心理活动,或者说是不包含有精神障碍症状的心理活动;而这里说的"心理不正常",就是变态心理学中说的"心理异常",是指有典型精神障碍症状的心理活动。

很显然,"正常"和"异常"是标明和讨论"有病"或"没病"等问题的一对范畴。而"健康"和"不健康"是另外一对范畴,是在"正常"范围内,用来讨论"正常"的水平高低和程度如何。可见,"健康"和"不健康"这两个概念,统统包含在"正常"这一概念之中。

(二)正常与异常心理的判定标准

第一,要考察心理活动与外界环境之间是否具有统一性,是否相应。

第二,要考察各种心理活动之间,尤其是认知与情感活动之间是否具有协调一致性。

第三,要考察人格特征是否保持相对稳定性。

(三)心理健康与心理不健康的评估及分类

1. **评估心理健康的标准**　许又新(1988)提出心理健康可以用三类标准(或从三个维度)去衡量,即体验标准、操作标准、发展标准。

2. **心理不健康状态的分类:**

(1)一般心理问题:是由现实因素激发、持续时间较短、情绪反应能在理智控制之下、不严重破坏社会功能、情绪反应尚未泛化的心理不健康状态。

(2)严重心理问题:是由相对强烈的现实因素激发、初始情绪反应强烈、持续时间较长、内容充分泛化的心理不健康状态。

(四)常见的心理疾病

心理疾病是各种原因引起的心理异常的总称,包括精神病、神经症和其他心理障碍。

1. **精神病**　精神病是一类严重的心理疾病。大多数病人在患病期间存在精神病性症状,对自己的异常心理表现完全丧失自我辨认能力,不承认自己有病。当然也就不会主动求医。

(1)精神分裂症:精神分裂症是一种原因未明的常见精神障碍,具有感知、思维、情绪、意志和行为等多方面的障碍,以精神运动的不协调和脱离现实为特征。多数发病于青壮年,常缓慢起病,病程迁延,部分患者可发展为精神活动的衰退。发作期自知力基本丧失。

(2)心境障碍:心境障碍又称情感性精神障碍,是以明显而持久的心境高涨或低落为主的一组精神障碍,并伴有相应的思维和行为改变。病情重者可有精神病性症状。

2. **神经症**　神经症为一组没有任何可证实的器质性病理基础的精神障碍,患者主要表现为持久的心理冲突,使其心理和社会功能受到妨碍。病人对现实社会的检验能力没有损害,能够觉察到这种冲突并因此而深感痛苦。

3. **其他心理障碍**

(1)恶劣心境:心境障碍指一种以持久的心境低落状态为主的轻度抑郁,从不出现躁狂。我国原来的分类中一直称为抑郁性神经症,并入神经症中,现根据 ICD-10,DSM-Ⅵ,称为恶劣心境障碍,列入心境障碍的一个亚型。

(2)人格障碍:人格障碍是在个体发育成长过程中,因遗传、先天以及后天不良环境因素造成的个体心理与行为的持久性的固定行为模式,这种行为模式偏离社会环境背景,并给个体自身带来痛苦,或贻害周围。

(3)性心理障碍:性心理障碍亦称性变态,指以性行为的心理和行为明显偏离正常,并以这种性偏离作为性兴奋、性满足的主要或唯一方式为主要特征的一组精神障碍。

第四节 自杀危险及其评估方法

一、自杀概念及其类型

（一）自杀的概念

自杀是一种有意识地自愿结束自己生命或自我毁灭的行为，其结果可以是死亡、致残或安全抢救。从心理学角度分析，自杀者多数是由于生活或工作中遭遇困境而产生强烈的内向冲突，陷入危机状态不能自拔，难以承受或心理异常而产生的自毁行为。

（二）自杀的类型

自杀作为一种复杂的社会现象，学者们对其分类有不同的看法。法国社会学家涂尔干（E. Durkheinl）依据社会对个人关系及控制力的强弱，把自杀分为四种类型。即利他性自杀、自我性自杀、失调性自杀和宿命性自杀。

二、关于自杀的研究

（一）自杀的高危人群

在美国，有自杀企图的人大多数是 24~44 岁，其中做出自杀行为的男性是女性的 3 倍，且成功率高，但有自杀企图的女性比男性多。另一种趋势是十几岁甚至几岁的儿童自杀率也在增长。

（二）自杀的原因分析

国内外研究表明，一些心理社会因素与自杀密切相关。根据其所属层面，可以将它们分为个体因素、家庭因素和社会背景因素。

（三）自杀征兆的识别

1. 对自己关系亲近的人，直接或间接地表达过想死的念头，或在日记、绘画、信函中流露出来。

2. 喜好谈论应激或压力。

3. 情绪明显不同于往常，焦躁不安、常常哭泣、行为怪异粗鲁。

4. 陷入抑郁状态，感到疲劳、食欲缺乏、体重减轻、沉默寡言、失眠、头晕等。

5. 明显减少与生活中重要人物的接触，退缩或独处愈加明显。

6. 学习或工作成绩下降。

7. 性格行为突然变化，好像变了一个人似的。

8. 无缘无故地收拾东西，向人道谢、告别、归还所借物品，或送出自己很珍贵的东西。

9. 日常生活中表现出不同于平常的行为，如无故缺课、频繁洗澡、看有关死亡方面的书籍，甚至出走、自伤手腕等。

（四）自杀的传染性

在有关自杀的研究中，自杀的传染性是一个备受重视的现象。不少研究都介绍过因影视、广播电视等媒体详尽报道一些自杀事件，而使社会上自杀或企图自杀者增加的事实。

三、自杀危险的评估

早期对自杀风险的量化评估开始于与自杀风险有关的人口学变量清单，尽管它们在区分自杀组和非自杀组被试上常证明是有效的,但由于其没有相关的信度和效度报道,这些量表后来逐渐被信度和效度较高的量表所取代。目前,有大量的自杀风险评估量表,其中较为常用的有 Beck 绝望量表(BHS)、Beck 自杀意念量表(SSI)、自杀意向量表(SIS)、护士用自杀风险评估量表(NGASR),以及我国学者肖水源等(1999)从自杀态度的角度编制的"自杀态度问卷(QSA)",夏朝云等(2002)编制的"自杀意念自评量表(SIOSS)",其中在国内外应用最为广泛的为 Beck 自杀意念量表。

第五节 咨询效果的评估与研究

一、咨询效果评估的指标与方法

(一)咨询效果评估的指标

1. **心理症状的改变** 通常可用已有的症状问卷来测量,或单靠来访者主观的申诉描写。

2. **社会生活的适应** 包括是否能做家务,是否能上学、上班做事,有无收入,能否参加娱乐活动,或者其他社会活动,都可作为来访者情况改善的良好指标。

3. **人际行为的适应** 来访者与配偶、子女、亲友、同事、领导的人际关系,包括人际的沟通表达,适当角色的扮演,良好情感的表现等也可作为咨询效果的评价依据。

4. **性格方面的表现** 由于一个人的性格不容易在短期内变化,较难作为近期咨询效果的评价指标,对于远期咨询效果应该说是比较客观、有效的评价指标。

5. **内在心理状态** 心理咨询的特点在于改善一个人"内心里"对人对事的看法,对自己的了解,对自己内心症结的解脱等等,所以咨询效果的评价依据也可以放在此层次方面的资料。

6. **生理方面的改变** 患者的生理(躯体)健康方面的改变,如生化生理或免疫学指标的测定;其饮食习惯、性活动、睡眠、休闲、娱乐活动,以及生活方式等方面的改变;酒、烟、镇静药和其他药物的使用情况也可作为来访者康复的指标。

(二)咨询效果的评价者

评价者的来源不同,评价动机不同,其所做出的评价结果也会有所不同。在对来访者的咨询效果评价时,需要考虑的是由何人来评价,并加以综合评价。

(三)疗效评估的方法与技术

在心理咨询效果的评价中,评价工具的客观、有效,也会影响评价的结果。在临床中使用较多的评价工具包括:用于患者自评的量表,如症状量表(SAS、SDS、SCL-90 等)、人格测验量表(MMPI、EPQ、16-PF 等)、自尊、自信心的评价等;他人评定的量表,如社会适应量表、HAMA、HAMD 等。另外,随着行为和认知治疗等新心理咨询技术的发展,发现来访者的生理学指标也会有改变,如血压、心率、皮肤电、肌电和睡眠脑电等,因此,应用心电图、脑电图等仪器,血液生化、免疫指标及大脑神经递质等检测技术检查来访者咨询前后的变化也是有价值的。

(四)评价时期

一般来说,进行评价的阶段有几个,咨询初期的评价,以了解患者初期的反应,主要为症状的减轻,如焦虑、抑郁、恐惧、紧张、愤怒、疼痛等心理或生理症状的缓解。咨询到中期进行评价，主要为行为改善，如对配偶态度的改变，对工作或学习逐渐感兴趣，或对老师、长辈表现尊重等在行为变化、内在心理状态或生活上的适应等情况。咨询后期的效果评价主要为性格表现上的改变，人格变得比较成熟，能够比较有效地应用合适的方法去处理和应对挫折和困难，如改变处世态度和对人生的基本看法，以及对自我的认识和了解。在咨询结束后若干时期，如 3 个月、1 年以后作追踪调查与评价，可了解来访者在性格上的变化或咨询后的适应情况。

二、影响咨询效果的因素

（一）咨询师方面的因素

心理咨询是由咨询师来实施的，咨询师的能力、个性品质、敏感性、灵活性、咨询师的性别及其对来访者的态度对整个咨询过程、咨询的效果都有着重要影响。

（二）来访者方面的因素

来访者的文化程度、个性特征、经济条件、对心理咨询的信任程度和期望水平等对心理咨询的效果有很大影响。

（三）咨访关系因素

咨访关系是指在心理咨询过程中咨询师与来访者之间的人际关系，在这种关系中双方相互接受和结盟。Gaston 等研究发现：在短程的分析性心理咨询中，咨询联盟显著有益于症状的减少，而在长程的咨询中则显著有益于人际关系问题的减少。对于急性精神障碍的病人，由于他们的合作性不好，使得治疗联盟难以建立。因此，急性精神障碍病人已成为心理咨询的排除指征。

三、咨询效果评估的实验设计

（一）随机化临床试验

是指将相对同质的来访者（主要是心理困扰相似）随机分配给不同的咨询方案，以便控制额外变量的影响。

（二）剂量效果研究

是指咨询中会谈的数量和疗效之间关系的研究，其中剂量指的是会谈的次数，效果指的是来访者进步或改善到正常化的程度。

（三）单个案研究

是追踪研究单一个体心理或行为的一种方法，它包括对一个或几个个案材料的收集、记录，并写出个案报告。

四、理想疗效研究的基本条件

（一）设对照组

咨询小组之外，还需有一个未经咨询的小组作为对照。对照组在动机、年龄、性别、疾病严重程度以及病程长短等方面，都要与咨询组相似。

（二）随机安排

来访者应随机被分配到咨询组及非咨询组。最好是两组人不知道谁正在接受咨询。

（三）客观评分

对料想到可能发生变化的行为应事先讲清楚。咨询前、咨询中及咨询后，对那些关键性的变化(如焦虑、性欲、社会能力)必须用可靠的技术评价,并由客观的观察者进行。来访者和咨询师的报告并不一定可靠。

(四)考虑胜任能力

应由最有能力的咨询专家选用最适合的自学方法。这样一旦咨询失败,既不可能埋怨咨询者没经验,也不会责备咨询方法不合适。

(五)进行随访

咨询开始 3~6 个月后、咨询结束时、数年之后,要对疗效进行评价,这样才能说明心理咨询的近期疗效和远期疗效。

习　题

一、名词解释

1. 心理评估
2. 观察法
3. 会谈法
4. 心理测验
5. 信度
6. 效度
7. 自杀

二、单选题

1. 心理测验的性质并**不包括**

　　A. 间接性　　　　　　　　　　　B. 客观性

　　C. 科学性　　　　　　　　　　　D. 相对性

2. 标准化心理测验的特征并**不包括**

　　A. 信度　　　　　　　　　　　　B. 效度

　　C. 常模　　　　　　　　　　　　D. 难度

3. 关于自知力,下列说法**不正确**的是

　　A. 神经症患者主动求医,医学上称之为有自知力

　　B. 精神病患者各个疾病阶段均无自知力

　　C. 精神病患者疾病早期有自知力

　　D. 精神病患者随着病情好转自知力也逐渐恢复

4. 在社会习俗或群体压力下,为追求某种目标而自杀称之为

　　A. 利他性自杀　　　　　　　　　B. 自我性自杀

　　C. 失调性自杀　　　　　　　　　D. 宿命性自杀

5. Truax 等提出的咨询师能取得较好的心理咨询效果的三项特征**不包括**

　　A. 积极地关心来访者　　　　　　B. 准确地"神入"

　　C. 积极暗示　　　　　　　　　　D. 共鸣

三、多选题

1. 在临床心理学领域,心理评估的目标主要包括
   A. 诊断   B. 筛查
   C. 预测   D. 干预评估
2. 根据研究者是否参与来访者的活动,观察法又可以分为
   A. 直接观察   B. 间接观察
   C. 自然观察   D. 控制观察
3. 关于心理正常与异常的分类评估,下列说法正确的是
   A. "心理不正常"就是变态心理学中说的"心理异常"
   B. "心理不正常"包括"心理异常"和"心理不健康"
   C. "健康"和"不健康"这两个概念包含在"正常"这一概念之中
   D. 心理咨询的工作对象仅限于人的心理不健康状态
4. 下列分数中,属于标准分常模的是
   A. T分数   B. 百分等级
   C. 标准十分   D. 离差智商
5. 咨询效果的评价者一般包括
   A. 来访者本身   B. 咨询师
   C. 来访者周围的人   D. 纯粹的旁观者

四、简答题

1. 试述心理评估在心理咨询中的意义和作用。
2. 简述思维障碍评估的策略及方法。
3. 简述会谈应注意的问题。
4. 简述心理测验的性质。
5. 咨询效果的评价指标有哪些?
6. 简述理想疗效研究的基本条件。

参 考 答 案

一、名词解释

1. 心理评估:是指评估者依据心理学的理论和方法,对个体的心理品质及其水平进行描述、分类、诊断与鉴别的过程。
2. 观察法:指的是通过视觉或电子摄像设备等对他人或自身的行为进行有目的、有计划地观察,获得相应资料,并在此基础上做出评定和判断的方法。
3. 会谈法:又称访谈法或晤谈法,从广义上来说,就是通过评估者和来访者的谈话,采用回答问话或问卷的方式来收集个案材料或了解某些人、某些事或某些行为及态度等的一种方法。

4. 心理测验:就是依据心理学理论,使用一定的操作程序,通过观察人的少数有代表性的行为,对于贯穿在人的全部行为活动中的心理特点作出推论和数量化分析的一种科学手段。

5. 信度:也称可靠性或稳定性,是指同一被试者在不同时间内用同一测验(或用另一套相等的测验)重复测量,所得结果的一致程度。

6. 效度:指所测量的与所要测量的心理特点之间符合的程度,或者简单地说是指一个心理测验的准确性。

7. 自杀:是一种有意识地自愿结束自己生命或自我毁灭的行为,其结果可以是死亡、致残或安全抢救。

二、单选题

1. C   2. D   3. B   4. A   5. C

三、多选题

1. ABCD   2. CD   3. AC   4. ACD   5. ABCD

四、简答题

1. 试述心理评估在心理咨询中的意义和作用。

答:(1)有助于界定了解来访者的基本情况和主要问题。

(2)有助于排除生理与药物的因素。

(3)有助于辨别精神病性障碍或问题。

(4)有助于判断是否需要将来访者转介到其他咨询机构。

(5)有助于制定符合来访者情况的咨询计划。

(6)有助于及时地了解和调控咨询过程,并检验咨询的有效性。

(7)有助于心理专业人员在临床工作上的沟通。

(8)有助于诊断与治疗的相关研究。

2. 简述思维障碍评估的策略及方法。

答:(1)策略:大多数患者能在谈话中暴露思维障碍,有些有被害妄想的患者由于不信任而隐瞒,此时需多次谈话并获得其信任后才肯暴露。检查时要善于启发诱旨,使其愿意倾吐"真情";对妄想内容不要轻易说服或否定,以免反感;更不能滥施同情,以免患者对妄想内容更加坚信不疑。

(2)方法:在思维内容的评估中,可问:"你常觉得旁人一举一动与你有关吗? 为什么?"(关系妄想),"邻居或单位同志对你好吗?"、"是否经常同你作对,或谈你什么?"(被害妄想),"你的才能如何? 有什么创造或发明?"(夸大妄想),"你有否感到某种想法在头脑中反复出现? 有意义吗? 能不去想吗? 你的体会怎样?"(强迫观念)。

有无妄想除提问外,有时也可从患者表情及行动中得到线索。

3. 简述会谈应注意的问题。

答:(1)向来访者承诺会谈的保密性。

(2)表达兴趣与温暖。

(3)努力使来访者放松下来。

（4）试图体会来访者的感受（共情）。

（5）表现得礼貌、耐心和接纳。

（6）鼓励来访者自由地表达自己的想法和感受。

（7）根据来访者的文化和教育背景调整提问的方式。

（8）避免使用精神病学或心理学的专业术语。

（9）避免使用引导性的问题。

（10）在适当的时机和来访者分享个人的信息和经验（自我暴露）。

（11）少量使用幽默，注意要恰当而不要冒犯对方。

（12）倾听，同时不要有过度的情绪反应。

（13）不仅关注来访者说了什么，而且也关注他是如何说的。

（14）做书面记录或录音时尽可能不太显眼。

4. 简述心理测验的性质。

答：（1）间接性：科学发展到今天，我们还无法直接测量人的心理活动，只能测量人的外显行为，也就是说，我们只能通过一个人对测验项目的反应来推论出他的心理特质。

（2）相对性：在对人的行为做比较时，没有绝对的标准，我们有的只是一个连续的行为序列。所谓测验就是看每个人处在这个序列的什么位置上，由此测得一个人智力的高低、兴趣的大小或性格的特性等。

（3）客观性：测验的客观性实际上就是测验的标准化问题。量具必须标准化，这是对一切测量的共同要求。

5. 咨询效果的评价指标有哪些？

答：（1）心理症状的改变：通常可用已有的症状问卷来测量，或单靠来访者主观的申诉描写。

（2）社会生活的适应：包括是否能做家务，是否能上学、上班做事，有无收入，能否参加娱乐活动，或者其他社会活动，都可作为来访者情况改善的良好指标。

（3）人际行为的适应：来访者与配偶、子女、亲友、同事、领导的人际关系，包括人际的沟通表达，适当角色的扮演，良好情感的表现等也可作为咨询效果的评价依据。

（4）性格方面的表现：由于一个人的性格不容易在短期内变化，较难作为近期咨询效果的评价指标，对于远期咨询效果应该说是比较客观、有效的评价指标。

（5）内在心理状态：心理咨询的特点在于改善一个人"内心里"对人对事的看法，对自己的了解，对自己内心症结的解脱等等，所以咨询效果的评价依据也可以放在此层次方面的资料。

（6）生理方面的改变：患者的生理（躯体）健康方面的改变，如生化生理或免疫学指标的测定；其饮食习惯、性活动、睡眠、休闲、娱乐活动，以及生活方式等方面的改变；酒、烟、镇静药、安定剂和其他药物的使用情况也可作为来访者康复的指标。

6. 简述理想疗效研究的基本条件。

答：（1）设对照组：咨询小组之外，还需有一个未经咨询的小组作为对照。对照组在动机、年龄、性别、疾病严重程度以及病程长短等方面，都要与咨询组相似。

（2）随机安排：来访者应随机被分配到咨询组及非咨询组。最好是两组人不知道谁正在接受咨询。

（3）客观评分：对料想到可能发生变化的行为应事先讲清楚。咨询前、咨询中及咨询后,对那些关键性的变化(如焦虑、性欲、社会能力)必须用可靠的技术评价,并由客观的观察者进行。来访者和咨询师的报告并不一定可靠。

(4)考虑胜任能力:应由最有能力的咨询专家选用最适合的自学方法。这样一旦咨询失败,既不可能埋怨咨询者没经验,也不会责备咨询方法不合适。

(5)进行随访:咨询开始3~6个月后、咨询结束时、数年之后,要对疗效进行评价,这样才能说明心理咨询的近期疗效和远期疗效。

(姜长青)

第六章　心理咨询的基本技术

学 习 要 求

掌握：

1. 心理咨询基本技术的范畴、概念及意义。

2. 倾听、专注的技术及其应用。

3. 心理咨询基本技术中提问、表达、观察的技巧。

熟悉：

1. 综合现象特征及其应用。

2. 咨询中观察的内容及有关问题的处理。

3. 咨询中提问技术的应用。

了解：

1. 倾听与表达时容易出现的错误。

2. 观察的特征、问题选择的注意事项。

3. 面质反应的原则及应用步骤。

重 点 内 容

第一节　倾 听 技 术

一、倾听态度

倾听是指咨询员对当事人的谈话不仅仅是听听而已，还要借助各种技巧，真正听出对方所讲的事实，所体验的情感、所持的观念等。

倾听基本功能：①倾听是告诉来访者，咨询员主动而专心于他的问题。倾听是表示对来访者的尊重、接纳和支持；②倾听可以使咨询员无论是在行为上或心理上都能专注的投入到咨询的情境之中。

倾听包括三个方面：①来访者的经历，即到底发生了什么事；②来访者的情绪；③来访者的行为等。

善于倾听不仅在于听，还在于参与。不仅是为了向来访者传达自己的倾听态度，鼓励来访者叙述,促进咨询关系,同时也是为了澄清问题,促进咨询员对来访者的情况和对自身的了解。倾听并非仅仅用耳朵去听,更重要的是用心去听,去设身处地地感受。不但要听懂来访者用言语和非言语行为表达出来的东西,而且要听出在交谈中所省略和没有表达出来的内容。

无效能的倾听:①不充分的倾听(陷入自己的思维或开始考虑如何回答对方等原因可造成倾听不充分)。②评判性的倾听(暂时将判断搁置一边,以便对当事人的世界更好的理解)。③过滤式的倾听(社会文化、专业知识)。④以事实为中心而不是以人为中心的倾听。⑤预演(为自己的回答进行预演而停止倾听)。⑥同情性的倾听(从某种意义上说,同情某个人就成了他的同伙。当事人以自我怜悯的方式处理问题时,助人者可能就成为其支持者了)⑦插话有良性插话(你已说到了几点,我想确定一下我是否理解了它们)与恶性插话(有重要东西要说而打断当事人思路)。

二、专注的体态

专注是指集中精力、全神贯注、专心致志。专注可以使人把时间、精力和智慧凝聚到所要做的事情上,从而最大限度地发挥积极性、主动性和创造性,努力实现自己的目标。专注是咨询中常用的技术。在下面我们将重点从目光接触和姿势两种注意的技术来讨论专注的体态。其中视觉符号包括身体运动及姿势、面部表情、目光接触、身体接触、人际距离、仪表、时间控制、实物与环境等。

在心理咨询活动中,咨询师与来访者的目光接触在心理咨询理论中是属于非言语符号的部分。目光接触往往是交流的起点。目光属于表情范围。目光接触是传递信息的重要手段。其作用主要在于:①作为一种认识手段,表明对说话者十分感兴趣,并希望知悉、理解他们的话题;②控制、调整沟通者之间的互动;③用来表达人的感情及其在沟通情境中的卷入程度;④作为提示、告诫以及监视的手段。

第二节 提问技术

使用提问技术应注意以下几点:

1. 多用开放式提问。
2. 适当回应。
3. 封闭式提问。
4. 开放性的问题要慎用"为什么"。
5. 不要连续提问。
6. 要善于运用积极性提问。
7. 避免判断性提问。

一、开放式提问

开放式提问(open-ended questions)一般来说,咨询开始或转换话题时大都采用开放性提问,这类问题被一些咨询师认为是最有用的咨询技术之一。它能促使来访者主动地、自由地敞开心扉,自然而然地讲出更多的有关情况、想法、情绪等,而无须搜肠刮肚地回忆、思考,或者仅仅以"是"或"不是"等几个简单的词就结束回答。开放性提问是指用"什么""怎样"为什么""能否"等词在内的语句发问,要求来访者对有关的问题、事件给予较为详细的解释和说明的一种提问方式。这种提问的目的在于扩大诉述信息,获得深层次的更详细的材料,被认为是最有用的一种了解来访者的技巧。

二、封闭式提问

封闭式提问(closed questions)是指提出答案有唯一性,范围较小,有限制的问题,对回答的内容有一定限制,提问时,给来访者一个框架,让来访者在可选的几个答案中进行选择的提问方式。在咨询活动中,当会谈内容较为深入,需要进一步澄清事实、缩小讨论范围或集中探讨某些特定问题的时候,可以适当采用封闭性提问。封闭式提问(close-ended questions)是指可以用"是"或"否"、"对"或"不对"、"有"或"无"。在晤谈中,这种询问虽属必要,但由于它限制了来访者进行内心探索和自由表达,使谈话趋于非个人化,因而不宜多用。

三、问题的选择

在咨询中,无论是了解来访者的各种情况还是想控制咨询方向、内容,都需要提问技术,提问技术最重要的是问题的选择。问题的选择一定要准确、精简。问题选择准确可以促进咨询关系,增进交流和使来访者感到被咨询所理解;否则,可能伤害咨询关系,破坏信息交流,使来访者感觉处在被审问的地位。

第三节　表 达 技 术

表达技术可以分为内容表达和情感表达技术。内容表达技术常用于咨询师传递信息、提出建议、提供忠告,给予保证、进行反馈等。情感表达是咨询师告之自己的情绪、情感活动状况,要让来访者明了。

一、鼓励

鼓励(encourage)是指咨询师通过言语或非言语等方式对来访者进行鼓励,促使其进行自我探索和改变的技术。

鼓励目的:①鼓励或培养来访者表达;②营造促进沟通、建立关系、解决问题等氛围;③支持来访者去面对并超越心理上的挣扎;④建立信任的沟通关系。

鼓励的基本方法:①咨询师应有理解和接纳来访者的心理准备;②咨询师应预计或观察到来访者的行为;③面对这些现象时,咨询师可考虑直接或间接的鼓励。

鼓励的注意事项:①在建立关系的过程中的特别时刻;②在小组讨论中,来访者出现紧张害怕时,或当来访者在其他组员面前去表达个人的看法或感受出现顾虑时;③在来访者困扰后,咨询师必须做到言行与情绪的一致性;④在鼓励时避免使用重复的句子;⑤在鼓励时,要以来访者的行为而非以个人素质为依据。

二、解释

解释(interpretation)是指咨询员在充分理解当事人的基础上,以自己的观点来说明当事人所述事件的意义,让对方能从新的角度去了解自己的问题。解释是让当事人换个角度来看自己的问题，但最终目的则是引导当事人作自我解释。

解释方法：一种是来自各种不同的心理咨询与治疗的理论，另一种则是根据各种学派的理论对当事人的问题进行解释，或是心理分析理论的解释，或是行为主义学派的解释，或是行为主义学派的解释，或是认知学派的解释，或是人本主义思想的解释，或是折衷主义学派的解释。

注意事项：①解释必须在充分了解当事人问题的基础上进行；②解释要深入浅出，简明扼要，避免冗长和过多用专业术语；③解释要有真实性和合理性，不可用偏激的解释，造成对当事人的伤害；④解释尽量采取试探性的保留态度，以便当事人有思考、接受或拒绝的余地。

三、澄清

澄清（clarification）是在来访者发出模棱两可的信息后向来访者提出问题的反应。澄清使来访者表达的信息更加清楚，并确认咨询者对来访者信息的知觉的准确性。解释来访者含糊的、混淆的信息。

澄清的步骤：①确认来访者的言语和非言语信息的内容；②确认需要检查的含糊或混淆的信息；③确认恰当的开始语，如"你能描述""你能澄清"或"你是说"等，要用疑问的语气进行澄清；④要通过倾听和观察来访者的反应来评估澄清反应的效果。

四、面质

面质（confrontation）是咨询师运用言语反应描述在来访者的感受、想法和行为中存在的明显差异、矛盾冲突和含糊的信息。在咨询实践中，面质常常涉及来访者理想自我与现实自我、内在体验与实际行动、想象世界与现实世界等方面的矛盾。

常见的面质类型：①言语和非言语之间的矛盾；②言语信息和行为之间的矛盾；③两个言语信息之间的矛盾；④两个非言语信息之间的矛盾；⑤两个人（夫妻、父子、母女）之间的矛盾；⑥言语信息和背景之间的矛盾。

面质的基本原则：首先，面质的动机是只针对问题中的矛盾；其次，面质的基础是良好的咨询关系和信任度；再者，面质应考虑来访者的文化背景和性别差异。最后，面质的关系是让来访者把咨询师当作同盟者，而不是当作敌人。

面质的步骤：首先，仔细观察来访者，确定他所表现出来的矛盾类型，探查出矛盾之处，不要过早地做出面质；其次，评估面质的目的，确定这是因为来访者需要被挑战。评估咨询关系是否安全，以便使来访者能从面质中受益；第三，总结矛盾中的不同因素，解决冲突，促进和谐；第四，评估面质的效果。面对面质，来访者可能否认、困惑、假装接受、真正接受。

五、一般化

一般化（general）即咨询师根据来访者所述提供相关的专业信息，让来访者看到他的问题具有普遍性，其他一般人也会遭遇，以减少心理压力。咨询师可以告诉来访者许多人都遇到过与他类似的问题或困境，最后都可以走过来，这是一种发展阶段常见的暂时性的困境，而不是病态的、无法控制的灾难，借此缓解来访者的不良情绪，进而接纳自己的问题。

六、即时化

即时化(instant)是咨询师在咨询中描述此时此刻发生事情的一种言语反应特点。即时化也被认为是一种真诚和直接相互的谈话,虽然也涉及到自我流露,但是它只与当前情感的自我流露有关。

咨询师要做出即时反应的三个方面:①咨询师即时化:在咨询过程中,当咨询师的情感或想法出现的时刻,咨询师要把他们表达出来;②来访者即时化:咨询师将来访者正在表现出的行为和情感告诉他们,给来访者反馈;③关系即时化:咨询师表达出当前对咨访关系的看法和情感。关系即时化涉及"此时此地"的相互作用和咨访关系的发展情况。

即时化的目的:①公开表达咨询师对自己、对来访者或者咨访关系的现时感觉,包括分享咨询师的情感,以及咨询师观察到的、正在发生的、可能影响来访者的一些事情,而这些感觉以前从没有表达过;②帮助来访者进一步认识自己与他人的关系,以及这种人际关系出现问题的原因。

即时化的规则:首先,咨询师要及时描述他所看到的此时此刻正在发生的事情。其次,为了反应此时此刻的体验,即时化句子应使用现在时态,表达当前的感受。第三,即时化要考虑时机。第四,即时化反应应针对咨访关系中正在发生的事情,而不是对来访者的反移情进行的反应。

即时化的步骤:第一步是一种意识能力,一种感觉到咨访关系中正在发生事情的能力;第二步是与来访者分享此时此刻的感受;第三步是以描述性而不是评价性的形式,叙述情境或靶行为;第四步是识别问题情境的具体效益、关系问题或者来访者的行为和行为模式;最后是了解来访者在即时化反应后作出的反应。

七、自我开放

自我开放(open-self)是心理咨询技术中的影响技术之一,是指心理咨询师向来访者公开自己与其类似的经历、体验,并与来访者分享感受,又称为自我暴露。

自我开放的功能:咨询师选择性地把自己相关的情感体验与认知暴露①给来访者,能使来访者感到有人理解并分担了他的困扰,且感受到咨询师是一个普通的人,从而建立平等互信的咨访关系;②可以使来访者受到咨询师类似经验的鼓励,放下心理防卫,更加开放自己,把探讨问题引向深入;③可以协助来访者了解可能的后果,作为解决问题参考,起到示范作用;咨询师自我开放的内容,可引导来访者注意某些重要的信息,就此进行更深入的探讨;④可为来访者另辟蹊径,对问题产生新思路,找出解决问题的新方法。

自我开放应该注意防止两种偏向:第一种是咨询师过度考虑到共情的重要性,夸大自己与来访者类似经历中的痛苦和沮丧状态。咨询师把自己放到比来访者更低的位置自我开放,表面上看给来访者感同身受的印象,实际上来访者听到以后产生无力感。第二种偏向是咨询师急于帮助来访者走出低谷,夸大自己与来访者类似经历中的淡定和积极状态。来访者听到这样的表达以后,会感到自己与咨询师存在较大的差距,自卑感进一步增加。因此,自我开放技术应该在恰当的时机以合适的方式进行。咨询师的自我开放的价值在于:既能使来访者感到自己的痛苦有普遍性,咨询师能够理解并分担了他的困扰,又看到咨询师在类似情境中的应对模式,受到疏泄、开导和启发,发现继续前进的力量。

第四节　观 察 技 术

在心理咨询活动中咨询师既要注意来访者的谈话内容,又要细心观察其谈话态度、姿势和表情动作。信息交流的总效果中只有7%来自于所用的语词,38%来自说话的语气,55%来自身体语汇。因此,在咨询中所要取得的信息,不仅来源于谈话的言语内容,更重要的来源于非言语的表情动作。故在咨询时要特别注意对来访者察言观色,体察其内在情感、动机和欲望的真实情况。

一、面部表情

面部表情的观察特别注意求助者的微表情(micro-expression)。这种表情是隐藏真实感情的信号,转瞬即逝,也就持续1/15秒。问题是他(她)在隐藏什么?为什么要隐藏?在进行目光交流时,需注意这样几点:①咨询员离当事人的距离要适中。假若两者的距离太近,咨询员的目光就会造成对方的不安,目光接触就难以持续。所以咨询中,咨询员和当事人之间的距离最好在一个手臂的长度,太远了会听不清对方的讲话和难以观察。②咨询员在注视当事人时,要注意目光的柔和性和注视的次数适当。③咨询过程中咨询员要仔细体察咨询过程中咨询员要仔细体察当事人视线的转移或中断的意义。

咨询员在运用和处理面部表情时,应该强调内心的真诚、同情等态度特质,面部表情要显得轻松、舒展、自然、真诚而富于变化。

咨询员面部表情的基调应该是积极的而不是消极的,是生动的而不是刻板的,是自然的而不是做作的。

二、言语表情

声音是有声的非言语交流,亦称副语言,它是语言表达的一部分。它包括音质、音量、音调和言语节奏的变化等。人们在言语交际中,借助于音量、音调及言语速度的改变,表达丰富的、复杂的、细微的情绪和情感的变化。

三、躯体言语

躯体言语(body language)主要包括手势、躯干姿势、腿脚的动作、点头或摇头等。身体语言受一定文化传统的影响,通过模仿学习获得的。交流中,最起作用的身体语言是手势、躯体姿势和腿脚的动作。

身体姿势能有效地传递来访者的思想、情感和行为信息,咨询员要善于把握。

从咨询员方面来说,一般要求在会谈过程中身体微微前倾,自然放松,向来访者保持开放、亲切的姿态,这是咨询员运用和处理身体姿势的总的基调,另外,要求咨询员点头、手势等动作能恰当地配合语言和表情。

对声音特征要有准确把握,既要结合当时的谈话内容,又要联系整个会谈中的前因后果。

对于咨询员,不但要对来访者声音特征的改变保持敏感,善于把握来访者声音特征所表露出来的信息,而且要有意识地利用这些特征,自觉运用声音的效果加强自己所表述内容的意义及情感。作解释、指导、概括时,语气平和,语速中等,可给来访者稳重、自信、可靠的感觉;作情感反应时,应使用与情感内容相吻合的语气。

四、综合印象

通常经过一段时间的会谈，来访者表达的多种信息会暗示出某种主题或模式。这个主题在来访者的话题中经常被提及。咨询者可以通过倾听来访者反复强调的信息而确认主题。主题代表着来访者想要讲的东西，也是在咨询过程中应当给予的关注的地方。咨询者对来访者谈话主题进行反应，就要形成综合印象（归纳总结）。例如：一位来访者多次谈到，在许多场合中，她都关心别人对她的评价。你可能会看出所有场合中的一个共同的主题就是来访者需要他人的赞同。用归纳总结确定这个主题，则可以说"在你刚才讲述的三个情境中，我看到一个非常关心的事情，就是你很在乎别人的评价，对吗？"综合印象可看成是一个谈话段落或一次会谈的总结，即把前面讨论的来访者的各种情况（情感、事实、观点看法等）系统清理一遍，就是把来访者的口语叙述、情绪感受和行为进行分析综合。

技 术 要 点

以案例或对话的形式对本章节内容进行展示，并在案例中对所用技术进行标注。

案例一：

……

咨询师：很高兴你今天能告诉我这些。你刚才说自己很没用，什么都做不好。别人都这么看你，还是仅仅你自己认为？（**澄清**）

求询者：别人那里我没去问过，也没听他们这么说过，但我想他们心里也是这么看我的吧。我这样的身体，又什么都不会。

咨询师：这么差的身体，又什么都不会，所以你很没用，你什么都做不好。（**封闭式提问**）

求询者：是的。

咨询师：你什么都做不好，身体不好，睡眠不好，人际关系处理不好，唱歌不好，学习不好，字也写不好，画也画不好……（**面质**）

求询者：那不是的，我的字写得还可以，画画也还是蛮好的，经常被学校的刊物《新凤报》《学海导刊》等采用。

咨询师："嗯"，"还有呢"（**鼓励**）

求询者：我学习不是很差，大二时还拿过奖学金……

咨询师：所以，你并非什么都不好，什么都做不好。（**鼓励**）

求询者：好像是的。

咨询师：你还有一件事做得很好。那就是在这么短的时间里，掌握了自我放松的技巧，并在实际运用中取得了较好的效果，这可不是任何人都能做到的，说明你有较强的学习和领悟能力。（**鼓励**）

求询者：真的吗？

咨询师：是的。（**鼓励**）

求询者：这么看来，我之前的确有些以偏概全了，我有不足，但有些方面还是可以的。

咨询师：很好，你终于认识到了。你之前生病、家里又经济困难，又担心明年找工作难……你感受了一些压力，陷于困境中（**综合印象**）。心理学认为，自我概念对人的心理影响是极大的。所谓自我概念是一个人对自身描述，或者说是关于一个人认为自己是什么样的描述。它是一个系统的概念，它有多个维度组成，包括中心化，即什么对我是真正重要的，还有是对个人特征的正性或负性的评价，别外还有一个更重要的维度是自信。（ABC疗法）

求询者：你是说我对自己认识不清，缺乏自信？

咨询师：你认为呢？（**表达技术**）

求询者：好像是的。

咨询师：人无完人，既然是人而非神，就难免有缺点和不足。作为对自己客观而完整的评价，应该包含正、反各方面。你的自我概念中，对自己负性评价过高，而正性评价过低，这就造成了你的不自信。《论语》中说"知人者智，自知者明"，做个明智的人，会少却很多不必要的烦恼……

案例二：

来访者：我的主管是个好大喜功、逢迎拍马的人。我的单位原本有八个人，他为了讨好董事长，保住自己的宝座，自动将员额缩减为四人，而业务量不变。这样一来，我跟办公室的同仁，每天一到办公室就忙得天昏地暗，中午没得休息，晚上还得加班。他将所有责任丢给我们，每天只是来晃一下，就不见人影。这种践踏别人往上爬的人，简直连禽兽都不如（音量提高，咬牙切齿）。（**观察技术**）

更气人的是，不是加班就有加班费可以领，只要超过公司规定的加班时数，多余的加班时数就算义务奉献。我每天回到家都已经三更半夜，孩子跟老婆早已入睡。隔天 大早出门，孩子、老婆都还未起床。昨天我的孩子托我老婆告诉我，说他已经一个多月没见到我，很想念我。我听了很难过，觉得好对不起家人。

咨询员1：其实，很多主管都很自私，这种问题不只你有，很多人都有。如果你学会拒绝，或许可以减少一些工作量，这样一来，就有更多的时间跟家人相处。

咨询员2：你的工作量很大，每天忙到三更半夜，快让你喘不过气来。

咨询员3：你的主管很自私，为了自己利益，牺牲别人，让你忙得连家庭都无法照顾，你对主管愤怒，也对家人愧疚。

咨询员4：你的主管为了自己利益，不断剥削你，害你愧对家人。虽然你有无比的愤怒，可是他是主管，你对他束手无策，只能任他如此，你怨恨自己无能力反抗。

点评：

咨询员1非但没有专注与倾听当事人语言与非语言行为，而且回应的内容并非同理心技术的使用。

咨询员2只反应当事人部分的表面讯息，而且反应的感觉，并非当事人的关键性感觉，因此对当事人问题的探讨没有帮助。

咨询员3只反应当事人表面的感觉，并非触及当事人深层的想法与感觉，因此对当事人问题的帮助有限。

咨询员4的回应触及当事人深层的想法与感觉，因此有助于当事人问题的探讨。

案例三：

咨询师："最近这一段时间怎么样？"（**开放式提问**）

来访者："不好，还是不好！临近期末我估计又有三门功课不及格。我上学期已经有两门课程没有及格了，要这样下去，学校可能让我退学。"

咨询师："你已经是大二学生，退学对于你来说肯定不是好事情，但从你的表情上看，你似乎很平静，并不着急。"（**温和对峙，揭示内容与情绪表达不一致**）

来访者："其实我并不是不急，我知道这样下去的后果。"

咨询师："你指的后果是什么呢？你这次如果再有三门课程不能通过期末考试，会有什么结果？"

来访者："重修或者退学。事实上我有好几门课已经重修过但没有过关，退学也许难以避免。"

咨询师："退学以后，你准备怎样安排自己的生活？"

来访者："没想过。也许我会在成都租一间房子，继续接受您的治疗……我的意思是我即使不工作，还是要接受治疗。"

咨询师："那你的经济来源问题怎么解决？毕竟治疗费加上租房、生活费，对于你来说不是一个小数，你母亲靠打工负担你和你弟弟的学费和生活费，她有能力长期承受这样的开支吗？"（**解释、面质**）

来访者："没有能力（低头不语）。"（**观察技术**）

咨询师："那你怎么办呢？"

来访者："不知道！"

咨询师："你说你可能面临退学，你也知道退学的后果，一方面你说自己其实很着急，但另一方面你告诉我自己没有想过一旦退学该怎么办。你知道母亲没有能力负担你长期治疗的费用，但你却计划退学后在某某地方租房专门接受心理治疗，一个不现实的计划（**中等程度对峙**）。你怎么解释自己的行为？"

来访者："我在努力避免退学，也在认真复习，可我没办法学好。"

咨询师："那你最近这十几天怎么过的，在复习吗？"

来访者："我学不进去，一打开书我就什么都不知道，进考场脑袋里一片空白，所以有些课都没有去听，也没参加考试。我的状态很不好，一个人东走西逛，什么都没做，实在无聊就去打打电子游戏……没有办法。"

咨询师："你知道课程考试不及格的后果，你说你在努力避免退学，但是你的行为告诉我，你什么都没做，什么都不想做，在临近期末考试的这一个星期里，你不复习、不参加考试，而是一个人漫无目的地游荡（**尖锐对峙**）。你想一想，这种矛盾的行为究竟意味着什么？"

来访者："（沉思良久）我想…是在逃避，也在自我惩罚……或者……"

点评：

上面的例子是常见的对峙，随着谈话内容的推进，精神分析取向的咨询师由开始温和的质询进而转向坚决的对峙，迫使来访者不得不对自身的行为进行反思，从而促成内心矛盾冲突的展现。

案例四：

来访者因与熟人交往紧张、脸红来诊。自诉与熟人打交道时，脸部发红，行为举止不自然，对此感到非常的困惑与焦虑。近来县里组织一个大型的招商活动，她和领导一起去查房,检查房间设备是否齐全。因为每个房间的壁橱上都有一面镜子,所以她每到一个房间就偷偷照一下镜子,看看自己的脸色有没有变化。结果40个房间看下来,她的脸色就由刚开始的白色变成两个腮帮子就像红苹果一样的红色,并且还感到一种莫名的焦虑不安。

咨询师:您好,很欢迎您到我咨询室来,希望我能在哪些方面给您提供一些帮助。(**开放式提问**)

来访者:您好,我主要是经常脸红。

咨询师:您说自己的脸色特别容易变红,脸蛋红扑扑的不是很好看吗?这有什么问题吗?(**开放式提问**)

来访者:我觉得我的脸色比一般人红得厉害,而且一开始不红,但和别人接触一段时间后就会变得脸越来越红,直到最后变成红苹果那样。

咨询师:您的脸红是经常性的,还是偶尔现象?(**封闭式提问**)

来访者:经常性的。

咨询师:一般在什么情况下会出现这种现象?(**提出假设**)

来访者:一般在开会的会场上,或者就是在公开的场合,社交场合。

咨询师:逛商店算不算公开场合?(**澄清技术**)

来访者:那个不算,因为人家也不认识我。

咨询师:就是说是在跟自己有关的人比较集中的这样一个公开场合容易脸红?(**澄清技术**)

来访者:对。

咨询师:这种情况会影响您的工作和生活吗?(**封闭式提问**)

来访者:我觉得对我的工作和生活影响特别大。

咨询师:您去查房的时候有人吗?(**具体化技术**)

来访者:人家和我一块去的。而且如果别人发现我这个现象,我就更觉得紧张。

咨询师:说您脸红了?

来访者:对,问我怎么脸红了,我说我也不知道,可能感冒了。(**原因分析**)

咨询师:最后影响到什么了吗?(**开放式提问**)

来访者:我就觉得人家有一些很重要的客人,或者是领导。本来我可以大大方方跟人家去交流,打招呼。但后来我觉得自己退缩了,躲在一边,不敢上去和人家打招呼。

咨询师:躲在一边时,还会脸红吗?

来访者:还是红,躲在一边还在想自己怎么会变成这样子。因为我知道,躲在一边不是说这一天就结束了。因为您躲了一小会儿,待会儿还要出来,还要应付这种场合。所以那一小会儿时间,并不能让我脸红褪下来,如果那个时候让我回家,可能就不会脸红了。

咨询师:您是担心别人关注您还是担心脸红本身呢?(**澄清技术**)

来访者:是担心当我脸红时,人家对我的看法。因为您脸红了,人家可能看出来您是与众不同的,人家可能就会更加注意您,我是这样想的,不知道人家是不是这样想。

咨询师:您现在跟我说这么多话,我也一直很注意您,但是直到现在我也没见您脸红呢。(**即时化技术**)

来访者:因为我知道现在您跟我不熟悉,又不是我的工作伙伴,或者我的领导,即使您对我的印象不好,对我将来的前途也不会造成什么影响,但是家里面的领导和同事就不一样了。

咨询师：那就是说，您担心的是脸红会导致您的熟人，朋友，尤其是同事对您的评价降低。（**澄清技术**）

来访者：我在办公室工作，但是害怕有人来找我，特别是相互熟悉的男同志，因为他们如果来找我，我一下子就会想到我会不会脸红，接着我的脸就会变红。这时，我就想这个男同志会不会认为我对他有意思，要不为什么一见到他脸就红了。如果是旁观者，比如说办公室的其他同事是不是也会想我们以前是不是关系暧昧，所以我就感到特别的焦虑。

咨询师：看到女同事没事？（**澄清技术**）

来访者：看到女同事要好一点。但也会有。

咨询师：如果看见女同志也会有，那您在想些什么呢，为什么会脸红呢？（**开放式提问**）

来访者：我也说不清楚，特别是在大街上碰到女同事。因为我这个人对外界的环境特别敏感，比如说中午太阳特别晒的时候或者夏天特别热的时候，我一到这个环境，脸就会红。（**阻抗**）

咨询师：您发现了吗，您在解释碰到男人和碰到女人时的脸红有所不同，碰到男人出现的脸红，主要是因为大脑里想象是不是自己对别人产生了想入非非的想法，或者其他人会觉得您们的关系有点暧昧，但是在解释见到女士也脸红的原因时，好像没有什么样的念头在脑子里头。那我要是替您解释解释，碰到女同志或者一般熟人的时候为什么脸红，您看有没有点道理，就是如果您碰到女人也脸红，或者一般的熟人也脸红，您会不会担心别人看见您有些什么不轨的行为或者想法暴露出来？（**澄清技术、解释技术**）

来访者：对，这个是有来头的。因为我以前听人家评价一个女同志，说这个女同志脸特别红，后来有人就说，她跟人家老弄得不清不白的，肯定是被人家在背后说三道四的，被说得脸红的。所以我一听这话，就觉得我脸红是不是人家也认为我有一些见不得人的事情，心里有鬼才脸红的，所以这个就是我见到女同志跟一般的熟人也会脸红，您说得很正确，您意识到我确实是这方面的原因。

咨询师：我想起来我小的时候，班里丢了东西了，就查全班同学，看是谁偷的，有个小孩，明明不是他干的，他也会脸红，老师就会认为他有问题，这是怎么回事，为什么那个真正的做事情的人不一定脸红，而那个没有做坏事的人反而脸红了呢？这是因为小孩们的个性不一样，有的小孩比较敏感，比较内向，脑子里顾虑的比较多，明明知道不是自己偷了东西，但是害怕别人以为是他偷了，一想到这个就紧张，以至于不能控制的脸就红了。这是不是跟您的情况有些相似？

来访者：有相似的地方，那个小孩和我一样，对自我形象特别的敏感，而且特别关心别人对自己的评价。

咨询师：您刚才说脸红是从1999年的时候开始出现的，那您能不能跟我说一下7年前发生过什么事？（**具体化技术**）

来访者：一天下午我们两点钟开会，我想使自己看起来精神一点，就到美容院做个面膜。做完刚好就要去会场，因为面膜是要雾喷的，本来我皮肤就比较薄，所以就觉得脸特别红。后来上了会场人家就问我，您怎么脸这么红。就从这以后，人家一问，我就把这个事情当回事，以后就像有过敏反应似的，到了会场就这样。到现在我也不明白这到底是怎么回事？

咨询师：不知道您有没有注意到美容院与公众场合这两件事情联系起来会给您造成比

较大的心理压力。（共情态度）

来访者：我总会为自己找一个借口，中午问我脸红，我就说喝酒了。上午如果脸红，我就说感冒了。

咨询师：那您认为说实话，也就说去做过美容会带来什么后果呢？

来访者：美容的事不能说，这个是隐私。

咨询师：是不是因为您一说做过美容，就害怕别人会联想到您干嘛要美容，您要干什么？是不是这意思？（认知技术）

来访者：当时也没想那么多，就是随便找一个理由搪塞过去。

咨询师：为了更加清楚的了解您的一些想法，我想咱们做一个心理测试，我拿一个题板，请您把您认为脸红的缺点都写上，看看您能列出多少条。（认知技术）

咨询师：写得还挺全面，一个就是您认为脸红会影响个人的职业发展。第二个就是说一些熟人，或是女同志，不一定是男性，会觉得您如果脸红就表明您有一些不太好的事情怕别人知道，所以看到人家时就表现得不自然，脸就变红。第三就是会使男同志认为您对他有意思。

咨询师：然后我们再做一个测试，我们这儿有很多种动物的模型，您从里面挑一种动物，代表一个女同志在见到自己周围的熟人或者是男同志时脸通红的心态，然后再选一个小动物来代表脸不红，特别镇静的心态。把它们挑出来，放在前面的沙子上面。（投射技术）

（来访者分别挑出小马和小老鼠）

来访者：这匹小马是代表脸不红，很正常，稳重的那种形象。这个小老鼠代表挺不自然、脸红的那种感觉，而且很猥琐，不大气。

咨询师：看上去，如果一个人要是脸不变色，泰然自若的话，那么在您内心里头就应该像一匹骏马，有活力、很洒脱，让人看上去很有胆略、有魄力。而这个小老鼠就让人觉得猥琐、阴暗、心里头有鬼，看上去形象不好。（澄清技术、解释技术）

咨询师：如果让我选择的话，我可能会用一只小羊来代表比较爱脸红的人。虽然我觉得脸红的人羞怯，但还不至于像小老鼠那样卑琐，猥琐。而小绵羊虽然有点胆小，躲在后面，但是还挺可爱。（自我暴露）

来访者：为什么呢？

咨询师：现在我们就从人类的社会意义的角度上拿小绵羊、小老鼠这两种动物来比较、联想，小绵羊内心是纯洁的，它脸红让人觉得单纯，小老鼠内心阴暗，它如果脸红，那就意味着其内心的脏东西反应到脸上了，而且这种阴暗，或者这种猥琐不仅仅浮在脸上，而且在心里也有一些。换句话说，在这件事上选不同的动物做代表，说明了内心对脸红的感受有很大的区别。（对比技术）

来访者：的确是这样，我对脸红的感受确实与别人有很大的不同。

咨询师：那是不是由于在您的心目中，脸红主要是和不好的女人之间发生了联系？很明显，这个联系是很紧密的，咱们再看看题板，有一条和工作有关，有两条和心里头有没有好感觉，心里头有没有黑点有关系，第一条我现在就能给它否掉，您说您因为脸红，人家就认为您害羞，不成熟、不稳重、不放心把一些重要的事情交给您。我认为大多数领导是不会这样做的。您脸红有可能不会派您去接待客人，但是有事愿意交给您去办。因为脸红的人往往诚实，做事稳重，踏实，而且细心。从这一点来说，脸红不是缺点。（面质技术）

来访者：但脸红会不会影响我的工作能力？

咨询师：我可以给您讲一件真事。我以前的一个男同学特别帅气，特别潇洒，好多女生对他心仪已久。但他唯独喜欢一个女生，这个女生特别不爱说话，只要课上老师一点她的名，脸就通红了。但是我这个男同学却觉得她的女人味浓，就像中国典型的侍女。她那一笑，眼睛一动，脸一红，甭提多妩媚动人了。您看，在您认为很糟糕的脸红，在其他人看来却不一定是负面的，不知道我说这些您怎么想？（面质技术）

来访者：我想脸红和能力差之间不应该画等号吧，脸红并不是说我工作能力差，我也觉得我自己的工作能力还可以，但就是因为我害怕我脸红给人家造成的印象，就是我不成熟，不稳重。

咨询师：但实际上也没有给别人造成这样的印象。

来访者：对，实际上也没有人说我不成熟，不稳重。

咨询师：所以第一条基本上给否掉了。那么咱们再来看第二条，就是脸红表明您有一些不太好的事情，怕别人知道，所以看到人家不自然，脸就红了。（原因分析）

来访者：对，特别是在男领导的办公室里谈工作。本来如果没有外人进来的时候，会谈得很顺利，很正常。但是一旦中途有外人来找这个领导时，我就会想，这个人会不会认为我找男领导有什么企图。这个时候我可能会脸红，然后真的就脸红了。

咨询师：您看，快到第三条了，所以您这三条快合成一条了，我发现您现在有点脸红了。（观察技术面部表情）

来访者：我就怕人家这样想我，所以我脸就红了。这会儿脸可能真的有点红了。

咨询师：就是有点红，也不是特别红。虽然比起前面催您脸红您都不红的时候红了一些，但也不是特别红，只有当您想到脸红的第三条缺点的时候，我想您的脸色就会变得特别红了。

来访者：其实怎么说呢，不是说我对谁有意思，就是周围的人认为可能人家对我有好感，可能就会想我对人家是不是也有好感，平常他们也经常会跟我开玩笑。（外射）

咨询师：是不是在您的单位里头有一些男领导喜欢您？

来访者：也不光是男领导，这都是外界传给我的这种信息，因为我在机关里面工作，大家都是挺有涵养的，不可能贸然说出什么，但是自己有一点点那种感觉。怎么说呢，反正不敢肯定，但是有可能有那么…

咨询师：一两个，甚至两三个。

来访者：也不多，可能有那么一两个。

咨询师：那您越说越跟我的假设很接近了。假如我们单位有一个女同事。人家都疯传跟我关系特别好，对我不错。我见了她以后脸红说明什么？（引导技术）

来访者：要我看，如果您见她脸红了，说明您们之间的关系跟一般人相比真的要紧密一点，亲密一点。

咨询师：对这一点，您觉得恐惧吗？假如是您的话？

来访者：我觉得好像有些恐惧，因为这已经超出了正常的同事关系。（证实假设）

咨询师：如果您感到恐惧的话，脸会不会变红？

来访者：脸会红的。

咨询师：对，可能有人跟我说，某某女同志对我不错。但我见到她的时候，脸色一点都不红，这说明了什么？

来访者：说明您对她无所谓，您跟她没有像外界说的那样，我就这种感觉。

咨询师：但如果我特别怕我喜欢上她，会更容易脸红还是脸白啊？

来访者：您怕自己喜欢上她？

咨询师：就是明明自己对她有一点喜欢，但是怕成为现实，或者超越了同事关系。

来访者：这个我说不太清楚，我这种体会好像不是很明显的。**（阻抗）**

咨询师：区分这几种体会是很重要的，这有可能降低您的紧张度，也有可能提高您的紧张度。

来访者：我觉得杨教授可能看到我吞吞吐吐，可能觉得我有…，因为我还是属于比较保守，比较传统的，我在内心里面是抵制这些事情的，所以从来不想让自己…

咨询师：这就更有意义了。而且您用了抵制这个词。而且说自己是很传统、很保守的。也许正因为您的作风"特别正"，对这类的行为进行严格抵制，所以更容易脸红。**（澄清技术）**

来访者：对，我就特别反感这种事，所以就怕别人把我也归类为这一类人。

咨询师：您能跟我解释一下抵制这个词吗？

来访者：怎么说呢，因为在我的周围，不管是家人、亲戚朋友、还是领导同事，在他们心目中，我一直是挺好的。我家庭也很幸福，所以我就不想让外界有一丝一毫的言论对我不利。因此，我就把这个看得特别重。

咨询师：那让咱们想象一种情况，假设您与一个男领导正在谈话，我是您们同事刚好在您们旁边，发现您在看着他的时候脸红了，然后咱俩出来以后，我就跟您说，您对他有意思，您脸红了，您会怎么回应？

来访者：我就说，我就这个皮肤，就这样。我看见任何人都可能脸红，我就这样，就这个皮肤，您以后注意观察，我可能也会这样子。

咨询师：也就是说您解释为生理学原因，那么如果您这样反应，"我就对他有意思，怎么啦？"您觉得这两种反应，哪一种反应更不容易脸红？

来访者：可能是后一种反应。

咨询师：因为您的第一种辩解，不用我反驳您，您自己就能反驳，就像刚才您说您和男领导谈话时脸红是因为生理学原因导致的，那怎么跟一般同事说话的时候不脸红，一句话就把自己否掉了。**（面质技术）**

来访者：我现在越说越不清楚了。

咨询师：但实际上是很容易说清的，您现在试着也么说，"我就是对他有意思"

来访者：我好像说不出口，我平常很少开这种玩笑，像这样的话对我来说有一定的难度。

咨询师：如果您说了"我就是对他有意思"这句话，这对您来说会有什么危险？**（半开放式提问）**

来访者：我觉得如果我说了这话，可能别人认为我真的对他有意思，倒不是认为我开玩笑，因为我平常很少开这种玩笑。

咨询师：但我认为，如果一个人真的对另一方没有意思，那么您所有的行为，所有的情感，眼神等一切信息都在告诉别人您对他没意思，如果就凭一句话，别人怎么就会认为您对他有意思呢？您觉得这番话对您有说服力吗？**（面质技术）**

来访者：是有说服力。

咨询师：但话又说回来，刚才我说我就是喜欢他这句话一定是假话吗？纯粹是开玩笑吗？如果真是有点喜欢他，那我也没有什么错误啊。我也没做什么坏事啊？这句话您能接受吗？**（面质技术）**

来访者：《中国式离婚》里面说背叛有三种类型，像这种可能就算一种心的背叛，就是说您心里面喜欢另外一个人，虽然您没有做出事情，但是您在心里面已经背叛了，所以我就说心里面也不能背叛，也不应该有这样的念头。

咨询师：您现在发现没有，在您的内心里头对性有一个专制的信念，它是一种精神上的"法西斯"，就是您不仅不能说错话，做错事，就连您认为是错误的念头都不能有。（**解释技术、面质技术**）

（来访者：沉默）

咨询师：咱打个比方，假如说您看着运钞车来回的运送钞票，会不会脑子里有一闪念，没准车拐弯太急，甩下一包钱来。如果没什么人看见，您拎起来就走。也就是说您允许不允许在您的脑子里面会冒出一些不太好的想法？

来访者：有呀，肯定有。

咨询师：允许吗？

来访者：我觉得想法是想法，我又没有做出来，这只是个动机而已，动机又没有变成行动，谁没有一些想法呀？

咨询师：那您觉得是不是自然，很正常？

来访者：我觉得这个想法对社会、对他人也没有造成什么不好的影响，只不过是我一个人在那里想。

咨询师：那我们再进一步，在我们社会当中，很多人有自己的偶像。很多人都会喜欢一些歌星、明星，幻想着有没有可能跟他在一起生活。但实际上，他不可能去做这样的事情，可是有这种念头的人大有人在。而且我刚才的那句话也表达了这一部分内容，我可能不仅仅是在开玩笑或者是辩解，还表明我就是对他有点喜欢，怎么了？我没有干什么事情。

来访者：那我明白杨教授的意思。就是说，我大大方方的，不要刻意的掩饰什么。我如果喜欢他，也不是什么见不得人的事情。这是一个人正常的一种情感。可能是因为我从小到大，在学校是一个好学生，到社会上人家对我的评价都挺高的，所以我就觉得我不能够犯一点点错误。

咨询师：所以，小的时候是好学生，长大了是好员工，结了婚是好太太，有了小孩是好母亲，这样一个一直好的人，脑子里哪能有那样一些杂念的出现，哪怕偶尔出现都不行。（**澄清技术**）

来访者：我想可能就是因为我否认我喜欢一些男领导。其实在我内心深处，成功的人，因为他们具有独特的人格魅力和领导艺术，所以对我肯定具有一点点吸引力。

咨询师：这是您真实的情感表达。以前是当您发现您与领导讲话脸红后，就会问自己是不是对他有意思，您心里想，我对他是有点意思，但那怎么行呀，所以您辩称是血管敏感。这样给别人的感觉就是您不说实话。当您感到别人不相信您时，您的脸色变得会更红。（**解释技术**）

来访者：我以后要变换一下，不要这样羞答答的，好像在那掩饰什么，就开玩笑，就这样子，人家觉得您很洒脱，没什么。

咨询师：只要您自己做的正、行的端，没有违反道德、违反伦理、违反法律，别人愿意怎么理解就怎么理解。（**鼓励技术**）

来访者：对，我现在能够接受这种思想观念了，这跟我原来那种抵制的说不出口的，现在已经有所变化了。

咨询师：您如果现在有这样的变化，那么假如再有类似的情况出现，您脸还会这么红吗？

来访者：我觉得应该好多了吧，如果红的话，肯定就是一刹那红，但是可能接着就会好了。

咨询师：随着您说出这句话，说我就是有点喜欢他…

来访者：对，说出来，不压在心里面可能就好多了。

咨询师：所以实际上看来，脸红是内心的一种斗争的结果，虽然我对这个人确实有点意思，但是被别人看出来了，内心却又不能够承认，因此自己内心的斗争就变成了血管到底是收缩还是舒张之间的斗争了。（**修通**）

来访者：我觉得这就是一直困扰我这么多年的一个心结。我觉得我已经把脸红和不好的女人之间的联系解开了。

咨询师：要完全打断那种联系，得有一个过程。但不要在您的"脸红"上附加那么多不好的东西。即便您脸红，也要很坦然的接受自己就是一个爱脸红的人。正因为您很坦荡的接受了脸红这一点，那么您有些什么想法也会接受。在这种状态下的紧张度自然也就降低了。反过来，紧张度降低以后，脸红也会减弱。那么现在再让您去挑选一个动物来代表一个脸红的女人，看看会不会有些变化？（**投射技术、澄清技术**）

（来访者选取动物模型）

来访者：我现在觉得应该拿这只小狗来代替小老鼠，我觉得小狗挺忠厚，挺憨厚，不能说一个人脸红，就觉得这个人很猥琐，内心很阴暗。她的本质是好的。现在就是这样想的，所以我选择这只小狗。

咨询师：这种变化很有意义，因为从旁观者的眼光和我们人类的想象来看，小老鼠身上附着一些不好的、阴暗的、猥琐的、变态的东西。小狗身上则更具有一些正面的特征，可爱，忠诚，活泼，它是人类的朋友。所以我想这样的改变还是很积极的。（**内容反应**）

咨询师：其实在我们每一个人的成长过程中，脑子里面会经常出现一些不被周围环境，老师和家长接受的一些想法。小的时候我们想把它付诸实施，但是在长大的过程中，不断地受到家长的限制，学校纪律的约束，以及工作单位规章制度的制约，甚至是党纪国法的严惩。所以很多自然而然出现在我们脑子里面的想法，随着我们一天天长大，被我们约束下来。虽然我们没有办法遏止这些想法的出现，但可以不把它付诸于行动。一个心理健康的人能够比较宽容的接纳自己脑子里随机出现的一些想法，哪怕不太好的想法。这样，内心的冲突就少了。今天的咨询虽然有点困难，但是您仍然非常坦诚的说出了自己很多的想法。谢谢您对我的信任。（**指导技术**）

来访者：谢谢您。

习 题

一、名词解释

1. 倾听
2. 专注

3. 开放式提问

4. 封闭式提问

5. 鼓励

6. 解释

7. 澄清

8. 面质

9. 一般化

10. 即时化

11. 自我开放

二、单选题

1. 倾听的最重要目的是
   A. 插入恰当的评价　　　　　　　B. 显示必要的尊重
   C. 寻找问题关键点　　　　　　　D. 选择适宜的提问

2. 提问过多的后果**不正确**的是
   A. 可造成互相依赖和责任转移　　B. 容易使咨询师产生防卫心理
   C. 可减少对方自我探索的主动性　D. 有利于获取准确信息

3. 即时化的规则**不正确**的是
   A. 咨询师要及时描述所看到的此时此刻正在发生的事情
   B. 反应此时此刻的体验
   C. 要考虑时机
   D. 对来访者的反移情进行的反应

4. 对倾听的理解正确的是
   A. 自然随意地倾听，不要随便打断　B. 全神贯注地倾听，给予恰当评论
   C. 自然随意地倾听，给予恰当评论　D. 全神贯注地倾听，不要随便打断

5. 使用面质技术**不正确**的是
   A. 越早越好　　　　　　　　　　B. 评估咨询关系是否安全
   C. 总结矛盾中的不同因素　　　　D. 评估面质的效果

6. 鼓励技术中最常用的方法是
   A. 不断提问　　　　　　　　　　B. 直接重复求助者的话
   C. 及时表扬　　　　　　　　　　D. 给予奖励

7. 解释技术的正确做法是
   A. 不分时间场合　　　　　　　　B. 不分对象
   C. 准确把握情况　　　　　　　　D. 坚持说明原因

8. 具体化技术是指心理咨询师帮助求助者
   A. 清楚地说明所经历的事件　　　B. 将思想与情感分开
   C. 将理想与现实分开　　　　　　D. 将所思所想加以简要概括

9. 咨询师让来访者看到问题的普遍性，以减少心理压力。其技术是
   A. 即时化　　　　　　　　　　　B. 一般化
   C. 普遍化　　　　　　　　　　　D. 自我开放

10. 自我开放技术又称
    A. 自我分析　　　　　　　　　　B. 自我表露
    C. 自我暴露　　　　　　　　　　D. 自我批评

三、多选题

1. 倾听的内容包括来访者的
    A. 经历　　　　　　　　　　　　B. 情绪
    C. 行为　　　　　　　　　　　　D. 尊重

2. 无效能的倾听包括
    A. 不充分的倾听　　　　　　　　B. 评判性的倾听
    C. 过滤式的倾听　　　　　　　　D. 同情性的倾听

3. 专注的作用在于
    A. 作为一种认识手段　　　　　　B. 控制调整沟通者之间的互动
    C. 表达情感卷入程度　　　　　　D. 提示、告诫及监视的手段

4. 提问过多的不良后果包括
    A. 产生依赖　　　　　　　　　　B. 责任转移
    C. 产生防卫心理　　　　　　　　D. 减少自我探索

5. 随着咨询的进行，咨询师会发现求助者不只存在一个问题，此时选择优先解决问题的原则是
    A. 从求助者希望解决的问题入手　　B. 从最难解决的问题入手
    C. 从求助者最根本或最重要的问题入手　D. 从最可能或容易解决的问题入手

6. 属于开放式提问的是
    A. 您以前开的是什么车　　　　　B. 您觉得这台车怎样
    C. 您还需要什么吗　　　　　　　D. 您要家用还是商务用车

7. 关于解释咨询技术的运用下列正确的是
    A. 解释应因人而异
    B. 解释应因问题而异
    C. 解释应持中立性态度
    D. 解释应与求助者的思想基础、理论取向相吻合

8. 非言语行为在心理咨询中的独特作用是
    A. 加强言语　　　　　　　　　　B. 展示技巧
    C. 传达感情　　　　　　　　　　D. 实现反馈

9. 问题选择的原则是
    A. 对来访者的病因有直接或间接的针对性
    B. 对深入探索来访者的深层病因有意义
    C. 对来访者的态度改变有积极作用的问题
    D. 选择适合来访者的接受能力

10. 鼓励的基本方法是
    A. 咨询师应有理解和接纳来访者的心理准备
    B. 咨询师应预计或观察到来访者的行为

    C. 面对这些现象时,咨询师可考虑直接或间接的鼓励

    D. 通情达理本身就是一种治疗因素

11. 常见的面质类型是

    A. 言语与非言语之间的矛盾   B. 言语与行为之间的矛盾

    C. 两个言语之间的矛盾   D. 两个非言语之间的矛盾

12. 解释技术的正确做法是

    A. 凭感觉、凭经验不必注重理论   B. 了解情况,准确把握

    C. 不把解释强加给对方   D. 因人而异

13. 使用一般化技术的情况有

    A. 认为自己的问题是独特的   B. 只有自己受到不公平的待遇

    C. 自己的痛苦别人没有   D. 自己是最倒霉的

14. 影响谈话方式的要素是

    A. 年龄   B. 性别

    C. 文化   D. 性格

15. 咨询师需要做出即时反应的情况是

    A. 咨询师即时化是在咨询过程中,当咨询师的情感或想法出现的时刻,咨询师要把他们表达出来

    B. 来访者即时化是咨询师将来访者正在表现出的行为和情感告诉他们,给来访者反馈

    C. 关系即时化是咨询师表达出当前对咨访关系的看法和情感

    D. 在问题行为出现之后,使其减轻的外在或内在事件

16. 自我开放的主要形式是

    A. 咨询师把自己对求助者的体验感受告诉求助者

    B. 公开个人生活

    C. 自我剖析、自我批判

    D. 暴露与来访者所谈内容有关的个人经验

17. 自我开放的含义是

    A. 咨询师公开自己的困扰让来访者分担

    B. 咨询师谈出自己的经验与来访者分享

    C. 咨询师可以在咨询过程中进行自我调节

    D. 借助于来访者的自我开放,咨询师可以自我开放

18. 非言语行为有

    A. 目光注视   B. 面部表情

    C. 躯体言语   D. 空间距离

19. 言语表情表现在

    A. 说话的音调   B. 说话的速度

    C. 说话的节奏   D. 说话的措辞

20. 下列属于心理咨询中的表达技术的是

    A. 开放式询问   B. 鼓励

    C. 面质   D. 解释

四、简答题

1. 倾听的基本框架包括什么?
2. 倾听的基本特征是什么?
3. 什么是专注的体态?
4. 鼓励目的主要表现在哪些方面?
5. 解释与释义的区别主要表现在哪些方面?
6. 澄清的步骤有哪些?
7. 面质有哪几种主要类型?

参 考 答 案

一、名词解释

1. 倾听:有参与、专心、注意之意,是指借助言语或非言语的方法和手段,使来访者能详细叙述其所遇到的问题,充分反映其所体验的情感,完全表达其所持有的观念,以便咨询师对其有充分的、全面的了解和准确把握的过程。

2. 专注:是指集中精力、全神贯注、专心致志。专注可以使人把时间、精力和智慧凝聚到所要做的事情上,从而最大限度地发挥积极性、主动性和创造性,努力实现自己的目标。专注是咨询中常用的技术。

3. 开放式提问:通常不能用一两个字作答,它能引出一段解释、说明或补充资料。开放式提问是多数咨询师认为较适用的一种提问方式。开放式问题常以"什么""怎样""为什么""能不能""愿不愿告诉我……"等形式发问。

4. 封闭式提问:是指提出答案有唯一性,范围较小,有限制的问题,对回答的内容有一定限制,提问时,给来访者一个框架,让来访者在可选的几个答案中进行选择的提问方式。封闭性提问通常以"是不是""要不要""有没有""对不对"开头,

5. 鼓励:是指咨询师通过言语或非言语等方式对来访者进行鼓励,促使其进行自我探索和改变的技术。

6. 解释:就是咨询师对来访者思想、情感、行为和事件之间的联系或其中的因果关系的阐述。

7. 澄清:是咨询师协助来访者清楚、准确地表述他们的观念、所用的概念、所体验到的情感以及所经历的事件。

8. 面质:又称对质、对峙,是咨询师运用言语反应描述在来访者的感受、想法和行为中存在的明显差异、矛盾冲突和含糊的信息。

9. 一般化:即咨询师根据来访者所述提供相关的专业信息,让来访者看到他的问题具有普遍性,其他一般人也会遭遇,以减少心理压力。

10. 即时化:是咨询师在咨询中描述此时此刻发生事情的一种言语反应特点。即时化也被认为是一种真诚和直接相互的谈话,虽然也涉及自我流露,但是它只与当前情感的自

我流露有关。

11. 自我开放：自我开放（open-self）是心理咨询技术中的影响技术之一，是指心理咨询师向来访者公开自己与其类似的经历、体验，并与来访者分享感受，又称为自我暴露。

二、单选题

1. C　　2. D　　3. D　　4. D　　5. A　　6. A　　7. C　　8. D　　9. B　　10. C

三、多选题

1. ABC　　2. ABCD　　3. ABCD　　4. ABCD　　5. ACD　　6. ABC
7. ABCD　　8. ABCD　　9. ABCD　　10. ABC　　11. ABCD　　12. BCD
13. ABCD　　14. ABCD　　15. ABC　　16. AD　　17. BD　　18. ABCD
19. ABC　　20. ABCD

四、简答题

1. 倾听的基本框架包括什么？

答：倾听一般包括三个方面：一是来访者的经历，即到底发生了什么事，如来访者谈到自己无缘无故被老师批评了一顿，这就是他的经历。二是来访者的情绪，如来访者谈到受批评后心里感到委屈，还有些愤怒。三是来访者的行为，如他谈到当时想不通，忍不住与老师顶了几句等。

2. 倾听的基本特征是什么？

答：第一，倾听应有一个框架；第二，倾听与关注相结合；第三，倾听应该客观，摒弃偏见；第四，倾听者应该敏于反应。

3. 什么是专注的体态？

答：专注（concentration），是指集中精力、全神贯注、专心致志。专注可以使人把时间、精力和智慧凝聚到所要做的事情上，从而最大限度地发挥积极性、主动性和创造性，努力实现自己的目标。专注是咨询中常用的技术。

4. 鼓励目的主要表现在哪些方面？

答：鼓励的目的在于：①鼓励或培养来访者表达；②营造促进沟通、建立关系、解决问题等氛围；③支持来访者去面对并超越心理上的挣扎；④建立信任的沟通关系。

5. 解释与释义的区别主要表现在哪些方面？

答：释义是从来访者的参考框架来说明来访者表达的实质性内容；解释是从咨询师的参考框架，运用自己的理论和经验，为来访者提供认识自身问题的新思维。

6. 澄清的步骤有哪些？

答：澄清主要四个步骤：①要确认来访者的语言和非语言信息的内容——来访者告诉我了什么？②确认任何需要检查的含糊或混淆的信息——来访者信息中有没有需要进一步核实或遗漏的内容，如果有，是什么？如果没有，则决定下一步更合适的反应。③用何种方式开始澄清反应？——确定恰当的开始语，如："你能描述……""你是说……"或"你能澄清……"等。另外要用疑问的口气而不是陈述的口气来进行澄清反应。④如何知道我的澄清反应起了作用呢？——要通过倾听和观察来访者的反应来评估澄清反应的效果。如果澄清反应无作用，来访者就会对信息中含糊和混淆的部分进行释义。如果没有起作用，来访者没有反应,不理睬澄清的要求,或继续做出模糊和省略的陈述。

7. 面质有哪几种主要类型?

答:面质的主要有以下几种类型:①言语和非言语之间的矛盾;②言语信息和行为之间的矛盾;③两个言语信息之间的矛盾;④两个非言语信息之间的矛盾;⑤两个人(夫妻、父子、母女)之间的矛盾;⑥言语信息和背景之间的矛盾。

(刘传新)

第七章　心理咨询过程中常见现象及其处理

学 习 要 求

掌握：

1. 阻抗的概念及处理。
2. 沉默的处理。
3. 移情的概念及处理。
4. 反移情的概念及处理。

熟悉：

1. 阻抗产生的原因。
2. 沉默产生的原因。
3. 移情产生的原因。
4. 反移情产生的原因。

了解：

1. 阻抗的表现和类型。
2. 沉默的概念、表现和类型。
3. 移情的表现和类型。
4. 反移情的表现和类型。

重 点 内 容

第一节　阻　抗

一、阻抗

心理咨询中来访者在意识层面和潜意识层面的抗拒咨询进程的各种情形都称为阻抗（resistance）。

二、阻抗的表现和类型

归纳起来，阻抗的表现和类型主要包括：

  1. 言语程度上的阻抗　咨询师在与来访者的交谈中不仅要注意来访者的语言内容,也要注意言语的表达方式上所显示的阻抗。从言语程度上看,阻抗主要表现为三种:沉默、少言寡语和多话。

  2. 言语内容上的阻抗　内容上的阻抗是指来访者有意无意的不愿接触或者拒绝谈论某些方面的话题,有的甚至想方设法把会谈主题控制在自己希望的内容上,牵着咨询师的鼻子走,因为来访者感到谈论某些内容是危险的,会引起焦虑不安、害羞或痛苦。来访者的阻抗表现在对某种内容直接、间接控制企图,其常见形式有理论性交谈、情绪发泄、谈论小事情和假提问题等。

  3. 言语交流方式上的阻抗　这类阻抗通过来访者言语交流中不同心理活动加以体现。它形式多样,因人而异。其中常见的有心理外归因、健忘、顺从、控制话题和最终暴露等。

  4. 咨询关系上的阻抗　该阻抗指来访者通过故意破坏心理咨询的一般安排与规定来实现其自我防御的目的。其中最突出的表现有不认真履行心理咨询的安排、诱惑咨询师以及请客送礼等。

三、阻抗产生的原因

  心理咨询过程中阻抗的原因归纳起来主要有以下三种:

  1. 阻抗来自成长中的痛苦

  (1)开始新的行为的问题。

  (2)理解或消除旧有的行为问题。

  2. 阻抗来自功能性的行为失调

  (1)阻抗的产生源于失调的行为填补了某些心理空虚的空白,即来访者从中有获益。

  (2)阻抗的产生源于来访者企图以失调的行为来掩盖更深一层的心理矛盾和冲突。

  3. 阻抗来自对咨询师的移情　在心理咨询的过程中,所有的来访者都会把对自己生活中重要人物的态度置换到咨询师身上,经历对咨询师各种各样的积极和消极情感。对所有来访者而言,积极和消极情感都会干扰心理咨询中的交流,因而是一种阻抗。

  4. 阻抗来自对抗咨询或咨询师的心理动机

  (1)阻抗来自来访者只是想得到咨询师某种赞同意见的动机。

  (2)来访者想证实自己问题的特殊性,连咨询师也无能为力。

  (3)来访者并无发自内心的求助动机。

  5. 阻抗来自咨询师的局限　心理咨询是来访者与咨询师双方共同协作推动的,源于咨询师方面的技术问题和心理问题也可能成为妨碍心理咨询的消极因素。

四、阻抗的处理

  1. 咨询师对阻抗有一定的预见性。

  2. 准确辨别和分析产生阻抗的原因。

  3. 以诚恳的态度与来访者对阻抗进行探讨。

第二节 沉　默

一、沉默

沉默是指当需要求助者进行自我探索而回答问题时,求助者出现了停止回答与探索的现象,阻碍了咨询的顺利进行。

二、沉默的表现和类型

沉默表现为来访者拒绝回答咨询师提出的问题,或长时间的停顿。出现沉默时,没有经验的咨询师会觉得这是不正常的尴尬状态。实际上,沉默是咨询过程中很常见的情形。需要注意的是要谨慎的将反省性的沉默与导致咨询停顿的阻抗性的沉默相区别。

1. 一般可将沉默划分为如下类型:

(1)怀疑型:这类来访者往往会表现出不安的神情,用疑虑、探索的眼光打量咨询师。

(2)茫然型:来访者的目光常是游移不定的,含有询问的色彩。

(3)情绪型:在行为表现上,来访者可能会回避咨询师的眼光接触,低着头,有时手脚不停地乱动。当来访者对咨询师感到愤怒时,也可能用沉默来传达不满。

(4)思考型:属于反省性的沉默。在动作上,他可能会睁大眼睛、使劲地想,也可能是眯起眼睛、自言自语似的。凝视空间的某一点,往往被认为是这种沉默的标志性行为。

(5)内向型:有些来访者性格内向,沉默就是他们的习惯交往方式。咨询师如果不能理解来访者的人格特点和内心状态,试图通过不断转变话题,急切地引导和催促,反而使来访者跟不上节奏、无所适从。

(6)反抗型:来访者用沉默来表明不愿意接受咨询。与沉默伴随着的往往还有怀疑、无所谓、不耐烦甚至充满敌意等。

2. 心理咨询家卡瓦纳曾将咨询中的沉默分为如下三个类型:

(1)创造性沉默:它是指来访者对自己的言行、情感进行反思、体验时表现出的沉默。

(2)自发性沉默:亦称中性沉默,它发生在"不知从何说起"的情景中。

(3)冲突性沉默:它是指来访者由于愤怒、恐惧以及内疚感等负性情绪所引起的沉默。

三、沉默的原因

来访者沉默的原因多种多样,总结起来主要有以下几点:

1. 来访者还不能完全信任咨询师时,就不把某些信息说出来或者持犹豫不决的态度。

2. 有些来访者不知道说什么好,什么是咨询师希望知道的,什么是重要的叙述内容;有时则是来访者搞不清自己到底是什么问题,故也无法表达或表达不清;或者想表达的东西太多,不知从何说起,而一时陷入沉默。

3. 来访者可能是由于谈到某些事情时特别容易激起不快的、难以控制的情绪,如愤怒、恐惧、羞愧等。此时,来访者用沉默来避免涉及某些内容,沉默表达了这样一种信息,"我不愿谈这个话题"。

4. 有时来访者正在反复体会咨询师说的话,并似有所悟。或者他正在回忆某一件对咨询有重要意义的往事。也可能他正在体验某种情绪、感情,即来访者此时的沉默是由于他处于一种积极的自我探索中。

5. 有些性格内向的来访者不习惯于在人前流露内心活动,不善言谈,沉默是其与他人交往的经常性方式。或许在他来访之前,已反复考虑过应怎么讲,可一到咨询现场,就讲不出来,此时来访者往往处于无意识的防御状态,脑子一片空白。

6. 来访者不想交谈,不愿意接受咨询,故用沉默来表明自己的态度。

四、沉默的处理

1. 咨询师在来访者出现沉默时,要保持镇静。

2. 如果来访者的沉默是由于思考和反省引起的,咨询师要耐心等待。

3. 如果咨询师发现来访者吞吞吐吐、欲言又止、犹豫不决时,应给予鼓励和必要的保证。

4. 当来访者以沉默表示气愤、对抗时,咨询师要及时发现,寻找原因,采取主动和好、鼓励宣泄的方针。

5. 若沉默是由于来访者本人不愿咨询引起的,那么咨询师的处理就更应注意方式方法。

第三节 移 情

一、移情

移情(transference)是一种常见的现象,是指人有一种重复的倾向,将他对早年重要他人的情感、态度、感觉、冲动与欲望,不能控制地重现在当前的人际关系之中。

二、移情的类型

移情通常有两种不同的类型:

1. **正移情** 来访者把咨询师当作以往生活中某个重要的人物,逐渐对咨询师产生了浓厚的兴趣和强烈的感情,表现出过分友好、敬仰、爱慕,甚至对异性咨询师表现出性爱的成分,对咨询师过分依恋、顺从。虽然病情可能有所好转,但来诊的次数却越来越频繁,特别是生活中的大小事情都要咨询师给他出主意,表现出无限信任,甚至关心咨询师的衣食住行和家庭生活。

2. **负移情** 来访者把咨询师视为过去经历中某个给他带来挫折、不快、痛苦或压抑情绪的对象,在咨询情境中,原有的情绪转移到了咨询师身上,从而在行动上表现出不满、拒绝、敌对、被动、抵抗或不配合等。

三、移情的原因

1. **来访者自身** 婴幼年时期,我们深受父母、老师等其他重要人物的强烈影响,在学习中逐渐发展出自己的人际交往的模式。安德森与贝克认为,这种早年习得的模式之所以影响当前的行为,是因为它们被储存在记忆之中,而后会被激活并应用到其他人际关系之中。

2. **咨询关系** 咨询室的环境设置,咨询师个人的外貌、行为举止以及性格等个人特点,使得来访者回忆起过去的生活经历,把对过去某个重要人物的情感态度转移到了咨询师身上。

四、移情的处理

认识和阐释移情在精神分析取向的咨询中是很重要的。在技术上,阐释移情可分为两步:第一步是证明和澄清移情,以便为解释作准备。在证明、澄清和探索来访者的移情状态时要注意:①捕捉来访者的情感和附带着的冲动;②追溯移情人物的往事、细节;③探究移情幻想。第二步是阐释与修通。目的是使无意识的人物、情感冲突、细节、动机变成有意识的,并能理解和产生改变。通过阐释咨询师能让来访者超出容易理解的那部分,从而对移情状态中的心理活动有更深刻的领悟,产生新的意义和理解。

第四节 反 移 情

一、反移情

反移情是咨询师对来访者的情感、观念和情绪的反应。

二、反移情的表现和类型

反移情的表现多种多样,卡瓦纳曾列举了下列具体表现:

1. 迟到或取消已约定的咨询时间,并且准备了一大套有关的理由。

2. 不是认真倾听来访者的谈话,也不是与来访者认真讨论问题,而是只顾自己说,让来访者听。

3. 会谈时走神或打瞌睡。

4. 会谈时不是讨论来访者的问题而是谈论自己的事情。

5. 常常忘记有关来访者的信息。

6. 给来访者提出不可能做到的要求。

7. 突然认为来访者有另一个"特殊问题",要把来访者介绍给其他咨询师。

8. 拒绝与来访者讨论对方认为是很重要的问题。

9. 以讽刺的口吻对来访者讲话。

10. 与来访者讨论咨询师自己感兴趣的问题,而这种讨论并非有助于来访者问题的解决。

美国著名心理学家辛格儿(Singer)认为,反移情可有三种表现形式:咨询师对来访者的过分热情和关切;咨询师对来访者的过分敌视和厌恶;咨询师对来访者的一般的紧张情绪。在本质上,这些表现形式均表现了咨询师对来访者思想、行为的自我防御。

三、反移情的原因

(一)来访者因素

反移情来自咨询师对来访者的移情的反应。来访者出于他们自身的愿望和意图,尝试引发咨询师的反应以符合他们意识和潜意识的人际需求。来自来访者的反移情可分为一致性反移情和互补性反移情。一致性反移情是咨询师对来访者情感状态的认同,互补性反移情则是对来访者过去客体(通常是父母)情感状态的认同。

(二)咨询师因素

咨询师也是带着他个人内心问题、未解决的冲突生活的应激事件、咨询方法和技术的缺陷进入心理咨询关系的。这些因素在咨询中起负面影响。除非咨询师愿意有意识、有目的地探究和观察它们。源于咨询师的反移情有很多来源:

1. 人际关系的需求。
2. 咨询流派的选择。
3. 生活事件。

四、反移情的处理

1. **准确识别反移情** 对于咨询师来说,要花费一些时间识别反移情,有时可能在和督导和同行谈论时才意识到反移情的存在。咨询师愿意觉察他在咨询中的反应是处理反移情的关键。自我觉察有助于帮助确认反移情是源于来访者还是咨询师。对于这些问题的觉察会影响咨询师以后的行为。

2. **决定是否告知来访者反移情** 如果反移情来自来访者,这可能是由于来访者的一些人格和行为特征引发的,咨询师须仔细观察来访者的行为,并找出根源,以及如何利用反移情深入咨询。如果反移情来自咨询师,咨询师需要考虑是否和来访者继续咨询,同时求助于督导。如果咨询师不能处理这种反移情,他需要考虑把来访者转介。

习 题

一、名词解释

1. 阻抗
2. 移情
3. 反移情

二、单选题

1. 下列**不是**"言语程度上的阻抗"主要表现的是
   A. 少言寡语　　　　　　　　　　　B. 控制话题
   C. 多话　　　　　　　　　　　　　D. 沉默

2. 下列**不属于**阻抗类型的是
   A. 言语程度上的阻抗　　　　　　　B. 言语内容上的阻抗
   C. 言语速度上的阻抗　　　　　　　D. 言语交流方式上的阻抗

3. 下列关于阻抗的原因说法正确的是
   A. 阻抗来自成长中的痛苦　　　　　B. 阻抗来自对咨询师的移情
   C. 阻抗来自对抗咨询或咨询师的心理动机　D. 以上都是

4. 言语内容上的阻抗,常见形式有
   A. 理论性交谈　　　　　　　　　　B. 情绪发泄
   C. 假提问题　　　　　　　　　　　D. 以上都是

5. 心理学家卡瓦纳曾将沉默分为三个类型,下列选项中**不属于**这三个类型的是

A. 思考性沉默　　　　　　　　　　　　B. 自发性沉默

C. 冲突性沉默　　　　　　　　　　　　D. 创造性沉默

6. 下列关于沉默的说法中正确的是

　　A. 大部分的沉默是由咨询师引起的　　　B. 反省性沉默不需要特别处理

　　C. 沉默是咨询过程中很少见的情形　　　D. 阻抗性的沉默不需要特别的重视

7. 关于沉默类型的说法，**不正确**的是

　　A. 茫然型　　　　　　　　　　　　　　B. 情绪型

　　C. 理智型　　　　　　　　　　　　　　D. 怀疑型

8. 下列选项中属于沉默的原因的是

　　A. 来访者还不能完全信任咨询师　　　　B. 来访者不知道说什么好

　　C. 来访者情绪难以控制　　　　　　　　D. 以上都对

9. 下列选项中关于移情的说法正确的是

　　A. 移情通常有两种类型

　　B. 发生正移情时，来访者对咨询师很友好

　　C. 移情的类型包括正移情和负移情

　　D. 发生正移情时，一定表明来访者问题减轻

10. 来访者对咨询师产生正移情时，通常表现出的态度可能是

　　A. 拒绝　　　　　　　　　　　　　　　B. 抵抗

　　C. 爱慕　　　　　　　　　　　　　　　D. 不满

11. 来访者对咨询师产生负移情时，通常表现出的态度可能是

　　A. 敌对　　　　　　　　　　　　　　　B. 敬仰

　　C. 友好　　　　　　　　　　　　　　　D. 顺从

12. 下列关于移情的原因的说法中**错误**的是

　　A. 移情与来访者幼年经历无关　　　　　B. 移情与咨询师有关

　　C. 移情与咨询关系有关　　　　　　　　D. 移情与来访者的经历有关

13. 关于反移情的表现，下列选项中**错误**的是

　　A. 咨询师会谈时走神或打瞌睡

　　B. 来访者迟到或取消咨询

　　C. 咨询师常常忘记有关来访者的信息

　　D. 咨询师给来访者提出不可能做到的要求

14. 关于反移情的原因，下列说法中**错误**的是

　　A. 咨询师倾向的咨询方式和来访者存在严重冲突

　　B. 咨询师把咨询当作满足自身亲密需求的手段

　　C. 咨询师过于自信

　　D. 咨询师的生活事件

三、填空题

1. 精神分析理论认为来访者表现出的阻抗现象，最直接的原因总是为了避免_____、_____和_____这样的痛苦感觉。

2. 沉默是咨询过程中很常见的情形，需要注意的是要谨慎地将_____的沉默与导致

咨询停顿的_____的沉默相区别。

3. _____和_____在精神分析取向的咨询中是很重要的。

4. 美国著名心理学家辛格儿认为,反移情可有三种表现形式,在本质上,这些表现形式均表现了咨询师对来访者_____、_____的自我防御。

5. 来自来访者的反移情可分为_____和_____。

四、简答题

1. 在处理阻抗时,咨询师应注意哪几点?

2. 简述处理沉默的注意事项。

3. 简述阐释移情的步骤。

4. 简述处理反移情的注意事项。

参 考 答 案

一、名词解释

1. 阻抗:心理咨询中来访者在意识层面和潜意识层面的抗拒咨询进程的各种情形都称为阻抗。

2. 移情:是一种常见的现象,是指人有一种重复的倾向,将他对早年重要他人的情感、态度、感觉、冲动与欲望,不能控制地重现在当前的人际关系之中。

3. 反移情:是咨询师对来访者的情感、观念和情绪的反应。

二、单选题

1. B   2. C   3. D   4. D   5. A   6. B   7. C   8. D   9. D   10. C

11. A   12. A   13. B   14. C

三、填空题

1. 焦虑　内疚　羞愧

2. 反省性　阻抗性

3. 认识　阐释移情

4. 思想　行为

5. 一致性反移情　互补性反移情

四、简答题

1. 在处理阻抗时,咨询师应注意哪几点?

答:(1)咨询师对阻抗有一定的预见性;

(2)准确辨别和分析产生阻抗的原因;

(3)以诚恳的态度与来访者对阻抗进行探讨。

2. 简述处理沉默的注意事项。

答:(1)咨询师在来访者出现沉默时,要保持镇静;

（2）如果来访者的沉默是由于思考和反省引起的，咨询师要耐心等待；

（3）如果咨询师发现来访者吞吞吐吐、欲言又止、犹豫不决时，应给予鼓励和必要的保证；

（4）当来访者以沉默表示气愤、对抗时，咨询师要及时发现，寻找原因，采取主动和好、鼓励宣泄的方针；

（5）若沉默是由于来访者本人不愿咨询引起的，那么咨询师的处理就更应注意方式方法。

3. 简述阐释移情的步骤。

答：在技术上，阐释移情可分为两步：第一步是证明和澄清移情以便为解释作准备。在证明、澄清和探索来访者的移情状态时要注意：①捕捉来访者的情感和附带着的冲动；②追溯移情人物的往事、细节；③探究移情幻想。第二步是阐释与修通。目的是使无意识的人物、情感冲突、细节、动机变成有意识的，并能理解和产生改变。通过阐释咨询师能让来访者超出容易理解的那部分，从而对移情状态中的心理活动有更深刻的领悟，产生新的意义和理解。

4. 简述处理反移情的注意事项。

答：(1)准确识别反移情：对于咨询师来说，要花费一些时间识别反移情，有时可能在和督导和同行谈论时才意识到反移情的存在。咨询师愿意觉察他在咨询中的反应是处理反移情的关键。自我觉察有助于帮助确认反移情是源于来访者还是咨询师。对于这些问题的觉察会影响咨询师以后的行为。

（2）决定是否告知来访者反移情：如果反移情来自来访者，这可能是由于来访者的一些人格和行为特征引发的，咨询师须仔细观察来访者的行为，并找出根源，以及如何利用反移情深入咨询。如果反移情来自咨询师，咨询师需要考虑是否和来访者继续咨询，同时求助于督导。如果咨询师不能处理这种反移情，他需要考虑把来访者转介。

（祝亚丽）

第八章 常见情绪问题的心理咨询

学 习 要 求

掌握：

1. 焦虑、抑郁、恐惧、愤怒四种情绪的含义。

2. 焦虑、抑郁、恐惧、愤怒四种情绪的表现。

3. 情绪问题的主要应对方式：

（1）放松训练。

（2）系统脱敏。

（3）刺激情境重现。

（4）认知方法。

熟悉：

1. 情绪对个体的积极影响和负面影响。

2. 焦虑的种类，现实性焦虑和病理性焦虑的不同。

3. 自信训练；冲击疗法；宣泄法。

了解：

1. 家庭治疗。

2. 精神分析。

3. 强化法。

4. 认知重构。

5. 改变环境。

重 点 内 容

学习和掌握常见情绪问题的心理咨询技巧对于处理心理应激和预防心理疾病的发生等具有十分积极的意义。本章将主要介绍焦虑、抑郁、恐惧、愤怒四种常见情绪问题的心理咨询。

第一节　概　　述

情绪是指人喜、怒、哀、乐、惧等心理体验,这种体验是人对客观事物是否符合自身需要的态度的一种反映。情绪具有肯定和否定的性质。能满足人的需要的事物会引起人的肯定性质的体验,如快乐、满意等;不能满足人需要的事物会引起人的否定性质的体验,如愤怒、憎恨、哀怨等。

焦虑、抑郁、恐惧、愤怒等情绪如果持续时间过长,反应程度过强,可能会对生活、工作产生很大的影响。

一、情绪对个体的积极影响

首先,情绪具有信号作用,提醒人们对现实状况的某种不良感受注意并加以消除。

其次,情绪具有动机性作用,可以给人们提供必要的心理动机。

二、情绪对个体的负面影响

1. 影响思维和决策。
2. 影响身心健康。
3. 影响生活质量。
4. 影响人际关系。

第二节　焦　　虑

一、焦虑的含义

焦虑(anxiety)是对未来的事情感到难以预测与驾驭而紧张不安的一种情绪状态。焦虑有各种不同的分类。

第一种分类,根据精神分析学派观点,把焦虑分成现实性焦虑、神经症性焦虑、道德性焦虑三种。

第二种分类把焦虑分成特质性焦虑与状态性焦虑两种。

第三种分类把焦虑分成现实性焦虑和病理性焦虑两种。

二、焦虑的表现

焦虑是一种情绪反应,在正常人也可以经常体验到。但是如果焦虑的程度和环境不相称,并且焦虑并没有随着客观问题的解决而消失,为此给日常生活、学习和工作带来影响,这样的焦虑就具有了病理性的特点,就需要进行心理干预了。

(一)外部表现

焦虑患者往往伴有自主神经功能的紊乱,这是焦虑的躯体症状表现。

(二)内在感受

患者处于一种紧张不安、极端恐惧、害怕、忧虑、惶惶不可终日的内心体验中,凡事总是往坏处着想,总是担心有不好的事情发生。

焦虑严重程度可以通过相关量表评估。

三、焦虑的应对方式

（一）放松训练（ relaxation response ）

放松训练可分为肌肉放松和心理放松两种。

肌肉放松是指人为地通过降低肌肉的紧张程度来缓和焦虑水平。

心理放松是指通过心理刺激使人处于一种放松状态。

（二）自信训练（ assertive training ）

1. 角色互换。

2. 强化训练。

（三）系统脱敏（ systematic desensitization ）

系统脱敏分为想象系统脱敏和现实系统脱敏。

1. **想象系统脱敏**　让来访者通过想象当时情境时进行放松。

2. **现实系统脱敏**　让来访者直接进入或接触导致焦虑的现实刺激或情境进行系统脱敏过程。

四、案例分析

【无缘由的焦虑】

小王是一名大学三年级的学生，大学生活很规律，和同学相处很好，学习成绩也不错。近半年以来打算考研究生，自己想更加认真学习，但不知怎么了，总是莫名的担心、不安，这种担心、不安的情绪已经影响到学习了，让他无法专心读书，尤其考试前，他感到更加焦虑，为此前来咨询，希望能缓解"无缘由的焦虑"，找回学习和考试的自信。自述在高三那年曾有过类似经历，当时特别紧张，和现在的表现差不多，结果导致考试不理想。

生活史：小学时在姥姥身边长大，那时候学习成绩不好。父母因为担心他将来考不上大学，初中时便把他接回身边，父母很看重学习，对他的成绩很在意。初一开始成绩非常不好，甚至有不及格的情况，父母非常生气，曾经因为考试不及格被父亲暴打。后来成绩上来了，父母就高兴了。

第一阶段：首先建立关系，让他感受到咨询师非常理解他。然后帮助他学习缓解焦虑的具体方法，即放松训练和注意力训练。

咨询片段：

咨询师：你可以谈一谈你近期的学习状态吗？

来访者：嗯。我担心学不进去、记不住东西。其实每次学习我都是先复习，然后再预习下节课，但不论复习还是预习的时候都特别紧张，总是觉得无论看几遍都记不住。晚上回宿舍后睡不着，我会反复回想自己看过的内容，但就是什么也回忆不起来。白天惴惴不安的，无心听讲。其实我不觉得我有压力，但就是不能安心，总是有些莫名的紧张。如果老这样下去，怎么考试啊？

咨询师：我想带着这种心态学习会让你更加紧张的。

来访者：是啊！我学习的时候大脑总是一片空白的，有时遇到不会的题就更紧张了，为了转移一下注意力我只好抬起头来喘口气，但发现别人都在那儿静静地学习，就纳闷人家怎么都能做到安心呢？我什么时候能放松下来？考试的时候这种感觉更加突出，一般都会闹肚子，严重时曾经有一次在上考场前腹泻三次，有时甚至会有恶心呕吐的表现。所以我现在大小考试当天都是不吃早饭的。

来访者：你确实非常紧张。

来访者：是啊，我要考研啊，我现在这个样子怎么办啊？

咨询师：紧张的情绪会影响你的学习效率，如果能放松下来，会怎样？

来访者：那正是我需要的，我就可以认真学习了。

咨询师：现在，我们进行放松训练，当你学习紧张时，可以尝试一下。首先评估一下你放松的状态。你现在坐在沙发上，保持放松状态。

来访者：（坐在沙发上，让自己尽量保持放松……）

咨询师：你放松了吗？我来评估一下你的放松状态。（咨询师把来访者的手臂抬起，然后松开，来访者的手臂悬在空中）。你看，你虽然自觉是放松的状态，但其实你是紧张的，你的肌肉是紧张的。真正的放松应该是无力而舒适的感觉。我们有时经常会这样，虽然觉得自己很放松，但其实是处于无形的紧张状态。身体和心理都是这样，所以我们有时即便该放松下来睡觉了，却怎么也睡不着，是因为我们放松不下来。下面我来为你做一个渐进式放松训练，这可以使你切实感受到放松。（咨询师打开舒缓的放松音乐，让来访者闭上双眼，全身放松，然后开始引导来访者进入放松训练）

（大约半小时后，放松训练结束）

咨询师：现在感觉怎么样？

来访者：嗯，感觉全身轻松了不少，心情也感到很平静。

咨询师：还记得在放松训练开始前我要你深呼吸吗？这个深呼吸是调节紧张焦虑和恐惧情绪的方法，反复练习可以有效放松。如果你在考试时出现紧张焦虑的情绪，不要惊慌失措，做深呼吸，让自己放松下来。

来访者：深呼吸，我记住了。

咨询师：当你放松训练时，你的注意力在哪里？

来访者：在身体的放松上啊？

咨询师：当你学习时，你的注意力在哪里？

来访者：我在想我是不是记住了这些内容。我总担心我记得不牢，会忘掉。有时候合上书，好像什么也记不起来，我就更紧张了。

咨询师：你知道为什么看了很多遍书，感觉好像什么也回忆不起来吗？我们的记忆分为瞬时记忆、短时记忆和长时记忆三种，我们能够比较长的时间记住看过的东西，利用的是我们的长时记忆，这就好比我们的硬盘，里面存储了大量的文件。而我们把这些记忆内容提取出来，这个过程就好像把我们的文件从硬盘提到内存条里一样，你觉得我们有可能把硬盘里全部文件都放在内存条里去吗？

来访者：不能。

咨询师：所以你想通过提取信息的方式来检验你的记忆，当然会觉得你记不住，因为我们的内存条没有硬盘那么大，只能储存很少一部分信息。这就是说你是否记住和你是否能提取信息是两回事。你明白吗？

来访者：（有恍然大悟感）哦，是这样啊！

咨询师：所以你不用担心，只要你是用心复习的，书本上的知识就会储存在你的记忆中，但是你不一定都能提取出来，它需要有些刺激，在你考试的时候，你的注意力高度集中，这种刺激就能激发你的记忆自动被提取出来。所以你要做到就是让自己放松，尽力学习，学到多少大脑就会储存多少，到时候轻松应考就是了。

来访者：我明白了。我其实大可不必去做这种验证，只要我看书了，我就自然记住了，是吗？

咨询师：是的。这是注意力的训练，学习时你要训练自己把注意力放在学习本身上而不是能否记住的结果上。（注意力训练）

来访者：（如释重负地松了口气）我觉得我真的放松些了。

第二阶段：帮助他了解到焦虑背后和自己的愿望有关，评估愿望实现的可能性、资源和不足，让他知道如果自己的焦虑水平下降，自己的愿望是可以达成的。

咨询片段：

咨询师：你平时学习怎么样？

来访者：应该说在我们班里是最努力的学生了，每天都是认真上课，记笔记，复习和预习，做作业，我们班里很少有像我记得那么全的笔记，每次考试前他们都借我的笔记用。（说到这有些得意的神情）

咨询师：（用赞许的目光看着他）嗯，你真的很用功。那你的考试成绩是怎样的呢？对自己的成绩满意吗？

来访者：大概前十名吧，其实平常的辛苦没有白费，我在六十多名同学中还是比较靠前的。但我想考研，这就不行了，最起码应该考到前几名吧。可我现在这个样子怎么办啊？

咨询师：现在这个样子和考研有关系吗？

来访者：本来我没有多想，现在看来，非常有关系，我真的想一次考过，并且考入理想的专业。

咨询师：这么说，是考研成功的愿望让你现在如此焦虑的？

来访者：是的，如果我不想着考研，而是毕业后就工作，我想我还和以前一样，按部就班的读书和考试，不会这么焦虑的。

咨询师：我知道你非常希望考研成功。那我们一起看看可能性有多大？如果以你现在的基础，再加上你放松学习，考研的胜算有多大？

来访者：其实几率挺大的……

咨询师：我们总结一下，关于你考研的情况……

来访者：我知道可能性很大，但我还是担心。

第三阶段：让他了解到之所以陷入焦虑中，和自己的悲观预期有关，这种悲观和早年的经历有关，让他了解到现在和过去不同了，即使研究生的愿望没有实现，也不太可能会出现当年那样严重的影响。

咨询片段：

咨询师：你过去的升学都是怎样的情况？（探索过去）

来访者：其实我高三那年特别紧张，现在想来和现在差不多，所以考的不理想，这次无论如何我要考研成功。

咨询师：不理想是什么意思？

来访者：其实老师说我考得不错，我自己不满意，学校还可以，专业不太满意。周围人都说我要求太高了，也许吧。现在想想其实每次我都担心考不好，可是每次我的成绩还可以。

咨询师：你是说虽然每次的结果都不错，但是你仍然担心。你可以回忆一下，过去哪些经历和这种担心有关？

来访者：我小学时在姥姥身边长大，那时候我的学习成绩不好。爸爸妈妈因为担心我将来考不上大学，于是在初中的时候把我接回他们身边，他们非常在意我的考试成绩。我初一开始成绩非常不好，甚至曾有不及格的情况，他们非常的生气，我还曾经因为考试不及格而被父亲暴打。后来我考试成绩好了，他们就高兴了。大概从那时开始吧，我就特别在意我的考试成绩。

咨询师：嗯，这段经历对你的影响是什么呢？

来访者：我想可能是因为这个原因导致我会这么在意我的考试成绩吧？我考好了就会离看到父母不高兴和挨揍远些。

咨询师：这些是你早年的记忆，那时你小，非常害怕。这种害怕让你保持警觉，以至于你不能放松，越是有目标越不能放松。

来访者：是啊，就是这样的。

咨询师：现在的你和小时候的你有什么不同吗？或者说如果你这次考研不成功，会有怎样的后果呢？

来访者：我现在已经成人了，父母肯定不会再像小时候那样对待我，况且他们觉得我考研究生是锦上添花的事情。其实，考研只是我的一部分，即使考不上，还有其他的选择。

咨询师：是啊，现在的你和过去不同，现在的状况也和过去不同了。

来访者：确实不一样了。

咨询师：过去的恐惧的经验导致你对目前的状况过分担忧，以至于你不能放松。

来访者：这回我终于知道怎么回事了，也知道下次再焦虑的时候怎么办了。

案例点评：

焦虑看似莫名，其实由特定的状态所引发，正如本案例中，来访者焦虑的背后有个大大的愿望，就是成功考研。

咨询前首先评估来访者的焦虑程度和影响因素。这时咨询师要尽量采用开放式提问技术，并适时给予回应和共情，对其中的优势（如记笔记认真）也给予积极的肯定，这样可以让来访者更愿意跟咨询师袒露心声。由于患者是大学生，焦虑严重影响他的学习，所以我们可以教他一些具体的缓解焦虑的方法，比如放松训练和注意力训练。这样做的目的有三：一是放松训练等操作可以让来访者迅速体验到从紧张到放松的感觉。二是纠正错误认知，可以让来访者不至于长时间陷在一个旧有的固着模式中，而效果往往源于改变。三是这些做法可以增加来访者对自己的把控感，从而减轻焦虑。随着咨询的深入，发现真正导致来访者情绪问题的，还是来访者早年的生活经历给他带来的创伤体验。于是在潜意识中形成了一种"我必须成功，如果不成功就糟糕至极"的不合理信念。深入的咨询帮助他理解造成自己目前如此焦虑的可能因素，让他区分现在和过去的不同，渐渐从过去经历的恐惧情绪中解放出来，最终缓解焦虑。

第三节　抑　　郁

一、抑郁的含义

抑郁（depression）表现为情绪低落、思维迟钝，感到生活无意义、前途无望而闷闷不乐，郁郁寡欢，严重者甚至有自杀观念。可以分为内源性抑郁和反应性抑郁两类。

二、抑郁的表现

抑郁情绪持续超过 2 周，影响学习、工作和生活，就需要专业的精神科就诊和心理干预了。

（一）外部表现

躯体症状、睡眠紊乱、食欲紊乱、性功能紊乱、精力下降、疲乏无力、动作行为迟缓、少动，或卧床不起。

（二）内在感受

心情差、没有高兴的体验、自我评价低、对未来悲观、内心感到无用、无助和无望，严重时自责、自罪和自杀。

抑郁严重程度可以通过相关量表评估。

三、抑郁的应对方式

（一）认知方法（cognitive method）

A. 埃利斯的合理情绪疗法，主要包括三个主要步骤：第一，向来访者指出其信念是不合理的，抑郁情绪的产生与其不合理的信念有关；第二，鼓励、启发来访者对不合理信念提出质疑，并与之辩论；第三，放弃不合理信念和思维方式，打破旧的认知结构，建立新认知。

（二）家庭治疗（family therapy）

通过对来访者家属或亲密朋友进行恰当的教育，为来访者提供一个理解、温暖的环境，协助或帮助来访者消除抑郁情绪。

（三）放松训练

1. 调整心态。
2. 积极寻求社会支持。
3. 参加社会活动。

四、案例分析

【受挫的爱情让她心情惆怅】

赵女士今年 30 岁了，事业有成，但还没有自己称心如意的婚姻。目前她正在交往一个男友，但这件事让她很不开心。因为她感到自己的男友总在忽视她，她感到自己无论采用何种方法，都不能取得对方的回应。她已经开始萌生放弃这段已经维系了一年的恋情，但是又不甘心。多日的内心压抑让她逐渐出现了抑郁情绪。

生活史：早年父亲在外地工作，她和母亲一起生活，从小渴望有个温暖的三口之家，直到初中毕业父亲和母亲才团聚，然而父母经常因为生活琐事吵架，让她左右为难。参加工作后她不愿意回家,一直住集体宿舍,后来自己购房居住。多次恋爱史,每次均因为不满对方的某些特点而分手。

第一次访谈(片段):

咨询师:你愿意谈一谈男友让你不满意的地方吗?

来访者:他出差半个月了,我几乎每天都在给他打电话,发微信,但是给他打电话他经常不接,即便接也是简单的一两句话,发微信也是好久才回。我觉得他简直就是在无视我。那天我实在很气愤了,我就给他发了条微信,原本是想自己写出来他做的这些让我感到委屈的事情。本来是打算写了之后就删掉的,结果一下子按错键发过去了。

咨询师:你非常气愤,是因为?

来访者:他不回复我,也不接电话,就是无视我。

咨询师:你的意思是说,他不关心你?

来访者:是的,就是对我不好,心里没我!

(来访者的认知模式:男友不回信息、不接电话的行为是不关心她。通过这件具体的事情,让来访者了解到自己的认知模式,同时进行认知行为治疗的心理教育,让来访者了解认知行为治疗是怎么回事。)

咨询师:心理咨询有个流派称为认知行为治疗,就拿你这个事情说明吧,看上去让你气愤的事情是男友的行为,其实让你难受的是"他不关心我"这个想法。

(来访者表情惊愕)

咨询师:你是不是不同意?这只是我的一种猜测,同样,你觉得对方在忽视你,难道不也是你的一种猜测吗?

来访者:是啊,他不回电话,就是不关心我,是谁都会这样想的吧?

咨询师:如果我们换一个想法,比如他不接电话,你在想"他肯定在忙,现在不方便接电话",如果是这样的想法,你的情绪会怎样?

来访者:就不会那么生气,反而会很平常,等他有时间再联系。

咨询师:是啊,你看同样的事情,想法不同,情绪和相应的行为就不同,是这样的吗?

来访者:是啊,我确实没注意到,影响我情绪的是想法。可是,我怎么判断我的想法对不对啊?

咨询师:我们大约需要谈话4次,进一步来了解你的想法并检验它是否恰当,如果不恰当,如何调整它。这一次我布置一个作业,叫日常行为记录表,来观察事件、想法和情绪的关系。

第二次访谈(片段):

咨询师:上次结束后到今天,你的状况怎么样?

来访者:情绪好多了。

咨询师:发生什么了?

来访者:这周他出差回来了,一回来他就带我去吃饭,绘声绘色地给我讲他出差中的见闻,那一刻我特别的高兴。以前他每次出差回来,都会给我买礼物,他心比较细,那些礼物一般都是我平时说说的,比如我只是说说我喜欢这个或那个,或者他告诉我他要出差了,我就说,那个地方的特色是什么,我比较喜欢那个地方的什么等,他回来的时候就带回来了,让我很是惊喜，那一刻我知道他心里是有我的。可是他一出差不回我微信什么的，我就沮丧了，就感到他心里没有我了。

咨询师：结合这些经历，你记录了事件、想法和情绪的关系了吗？

来访者：这一周我特别留意了，也做了作业，通过这一周的记录我发现，不管是高兴还是不高兴，影响情绪的确实是想法啊！

咨询师：我们一起看看你的作业

（通过来访者和男友相处的事件进一步和来访者讨论认知行为治疗的观点，即想法影响情绪。来访者认为男友出差不回复微信就是不关心她，和来访者一起来讨论这种想法是否恰当。）

咨询师：对男友出差不回微信这件事情，你的想法是他不关心你。我们一起来讨论一下这个想法是否恰当？是否符合你男友的真实情况？

来访者：好的。

咨询师：他经常出差吗？平时你们一般多久见一次面？

来访者：是的，他工作比较忙，但平时周末还是至少见一次面。他经常出差，但一般也就是三五天，这次时间非常长，快一个月了。

咨询师：每次出差，他都是怎样的表现？

来访者：他一出差就这样，连个电话都不知道打，信息也很少回，每次都是我给他打电话。他接我电话我能感到他挺高兴的，也告诉我他到哪里了，什么时候回来，让我不用担心。我也能理解，可是这次时间太长了，快一个月了，他还不主动联系我，我就心情沮丧了。

咨询师：听你刚才的描述，好像你的男朋友并不像是忽视你，好像你们电话联络的时候还挺开心的，只是他不主动打电话给你。

来访者：我就是不喜欢他的不主动。总让一个女孩子家主动，多没面子啊！再说这样我多吃亏啊！明明是他追我的，他一个大男人为什么不主动点。

咨询师：这么说，他不打电话，你认为是他不主动，不主动代表不关心你。

来访者：是的是的。我知道他对我挺好的，但是他就是不爱说话，挺木讷的，连句安慰话都不会说。而且这一次他出差那么久，连个电话都不知道打，微信也很少发。我总觉得，他是不是不喜欢我了。

咨询师：他就是这样的人？还是就对你这样？

来访者：我问过他。他说他也知道这样不好，他原来的女朋友都是因为这个和他分手的，他说他很痛苦，他觉得他心里装着我就行了，并且有时出差很累很忙。重要的是已经打过电话，发了微信，已经联系上了，他觉得就可以了。

咨询师：看来，男友关注的是你们是不是沟通过了，而你在意的是他是不是主动打电话。

来访者：是啊！

咨询师：原来你男友是一个不太主动沟通的人，可以这样说吗？

来访者：他是这样。（来访者接着讲了很多关于他男友不主动的表现。）

咨询师：那么，他出差不打电话，你原来的想法是？

来访者：谁知道呢？反正他一不和我联系了，我就觉得他不关心我了。

咨询师：哦，那当你这么想的时候，你的心情是怎样的？

来访者：被忽视了，心情很糟糕，感觉被抛弃了，很孤独。

咨询师：现在你的想法？

来访者：他是个被动的人，我打电话给他，他回应得很好。

咨询师：那当你这么想的时候，你的心情是怎样的？

来访者：那我会觉得多少能理解他一些吧，心情有点不好，但不会那么糟糕，以至于会怀疑要不要分手。

咨询师：是不是可以这样说，当你的男朋友关注你的时候，你的心情就很好，而你的男朋友不那么关注你的时候，你马上就感觉自己被抛弃了，心情就很沮丧。好像你的情绪是由男友决定的，是这样吗？

来访者：不全是，其实和我的想法有关。我现在好多了。

来访者：但是他既然是我的男朋友，不管怎么着也应该关心一下我的感受吧，不能这样被动吧？

咨询师：好像一方面你理解了他，但是另一方面你又希望他不是这样的。

来访者：是啊。

咨询师：你知道他不是不关心你，但你不喜欢他这样对你，你希望他改变一下。这个问题我们下次可以讨论一下。

第三次访谈：

继续巩固认知行为治疗的效果，回顾来访者既往的恋爱经历，发现来访者类似的不合理的认知模式一直有。

来访者谈感悟：我常常会为男友的一个行为，一句话语，或者发生的一些事情而生气。总觉得男友不够懂我，总会惹我生气，麻烦事就喜欢跟着我……永远是找外面的原因，指责别人，认为如果不是他，或者不出这件事，我的心情就不会变糟，我也不会这么难受，所以我谈了几个男友都不如意，现在看来，有些人也许并非真正对我不好，也许是我的不合理认知让我觉得对方不好。我现在终于知道了一个人的想法、看法对人的影响有多大了！

第四次访谈：

和来访者讨论他对男友的期望。发现她是个完美主义者，希望男友又木讷又主动关心自己。和她一起讨论关于男友身上的优点和缺点，她对这些优缺点的态度，全面权衡后，她需要接受男友这个人，这个人有缺点和优点，而不是期待他样样都如意。

来访者结束咨询时的总结：现在知道影响自己情绪的不是每一件事情本身，而是自己对当下这件事情的认识和理解，认知改变了，随之而来的自己的情绪和状态也比以前平稳很多，愉悦很多。

案例点评：

在人的一生中，有时思想会固着在某一个或一些不合理的信念上，这会使其感到很有挫败感，久而久之无法解决就很容易出现抑郁情绪。所以解除抑郁情绪，首先要打破这些不合理信念，扩展来访者看问题的视角，鼓励其从更积极的态度上去行动。

本案例咨询师采用的是典型的认知行为疗法。例如，对于来访者的男友的"不爱说话"和"一出差就不主动联系来访者"的行为，每个人可以有不同的理解，但来访者则理解为"不关心她"，并且固着在这个理解上，这就成了一个不合理信念。

整个咨询过程中，通过倾听和共情的技术，让来访者更多呈现自己和男友互动的模式以及她本人的情绪变化；从中逐渐澄清了她所持有的不合理信念以及由此造成的负面情绪。一开始来访者还"理直气壮"地固着在自己的信念中，但当咨询师在表述另一种可能时，来访者的内心被触动了，这就是让来访者质疑自己的不合理信念的突破口。咨询师说"这是我的一种猜测，相同的，你觉得对方在忽视你，难道不也是你的一种猜测吗？"这是通过"卷入 - 带出"的方法，帮助来访者扩展了她看问题的视角，从而推动来访者放弃自己的不合理信念，建立新的认知。在咨询过程中，咨询师多次询问来访者"你此时的心情怎么样？""如果你这么想，你有什么感受？"等，此类问题是促进来访者对自我的情绪觉察。这样做的目的是帮助来访者发现其对事件本身的不同信念会带来不同情绪，从而鼓励来访者主动选择让自己的情绪更积极的信念来指导自己的行动，而摆脱抑郁情绪的束缚。

第四节　恐　惧

一、恐惧的含义

恐惧（fear）是人类和动物共有的原始情绪之一，比其他任何一种情绪更有感染力。心理学上的恐惧是指人们对某些特定的环境（如广场、密闭的环境和拥挤的公共场所等）、特定的人（如人际交往）、或某一具体的物件、动物等的害怕，当面对这些场景时，表现自主神经功能紊乱的症状。

二、恐惧的表现

（一）外部表现
自主神经功能紊乱的症状；回避；一旦脱离恐惧场景后则不再害怕，也恢复正常。

（二）内在感受
内心非常害怕、担心，严重时有濒死感、失控感。回避后内心随即感到安全和放松，但不敢轻易再次面对恐惧的场景。

恐惧严重程度可以通过相关量表评估。

三、恐惧的应对方式

（一）刺激情境重现（stimulus situation reconstruction）
让令人恐惧的刺激或情境反复多次地重现，使来访者逐渐适应这种刺激，而不再出现恐惧情绪。

（二）强化法（reinforcement method）
强化是指对某种行为给予肯定、奖励，使该行为巩固和保持或对某种行为给予否定、处罚，使该行为减弱和消退的心理过程。

（三）冲击疗法（flooding）
将来访者突然置于其感到害怕恐惧的刺激情境中，从而达到快速消除恐惧的目的。

（四）精神分析（psychoanalysis）
咨询师通过一些咨询技巧与来访者进行交谈，挖掘引起恐惧的原因，让来访者认识并领悟到问题的根源。

除此之外，系统脱敏、放松训练、宣泄等方法也可以减少恐惧情绪，一般来讲，如果将几种方法结合起来使用，效果会更好。

四、案例分析

【恐惧答辩的研究生】

硕士研究生小张前来咨询，称自己对即将面临的答辩感到十分恐惧。他说他从小就有"社交恐惧"，特别害怕与人交往，当众讲话，一旦需要站在台上当众讲话，就会感到脸红心跳，说话吞吞吐吐，上小学时曾经因为被老师叫到台上当众发言，结结巴巴，被同学哄堂大笑，羞愧得逃出教室，自那开始就再也没有参加过类似活动。他把全部精力都投入到学习上，在同学和老师眼中是出了名的"书呆子"。大学成绩优异，顺利考上研究生，并顺利完成全部硕士研究生课程和硕士论文，而论文答辩日期临近，来访者一想到自己即将面临众位专家发问，就恐惧得不得了。

咨询片段：

咨询师：你想到自己因为社交恐惧的问题而可能会导致答辩失败。此时你的心情是怎样的？

来访者：我一想到这个会更紧张，更没有信心。我觉得这好像是个魔咒。

咨询师：好的，我将帮助你调整情绪，也许你仍然会感到紧张，但是你能够面对答辩专家当众讲话。达到这样的目标可以吗？

来访者：只要能让我的社交恐惧不影响我的答辩，我就太高兴了。

咨询师：等一下我要求你听从我的引导，并且按照我的引导仔细体验你内心感受的变化。现在你准备好了吗？

来访者：是的，准备好了。

咨询师：（逐渐播放轻松舒缓的放松音乐）现在，我请你慢慢地闭上眼睛，全身放松……再放松……深呼吸，让自己的全身都完全的放松……

（咨询师采用渐进式放松的技术，让来访者进入放松状态。具体操作可详见焦虑章节，在此基础上采用刺激情境重现技术，二者结合，反复进行，最终达到缓解恐惧的目的）

咨询师：现在，我要求你发挥你最大的想象力，想象你自己正站在答辩现场。我相信你平时经常会因为恐惧而反复假设那个场景对吗？现在，你就来想象那个场景，当你想到了那个场景。你就点点头。

（来访者过了一会微微地点了点头）

咨询师：很好，从现在开始，没有我的指令，你不可以睁开你的眼睛。现在我要你发挥你最大的想象力，让这个场景在你的脑海中清晰起来——你的答辩即将开始，台下的答辩专家已经落座，你的论文已经在他们面前展开，你在台上站好，他们已经开始准备对你发问了。

（来访者的呼吸开始急促，双手开始紧张地搓搓，身体也开始紧张，有点坐不住了）

咨询师：现在，按照我的要求做深呼吸，深深地吸气……深深地呼气……

（来访者照做了几次）

咨询师：告诉我你刚才的感受。

来访者：非常的恐惧。

咨询师：如果你的恐惧感最强烈时是 10 分，最没有恐惧感的时候是 0 分，刚才那一刻是几分。

来访者：就是 10 分了。

咨询师：也就是说刚才就是你感到最严重的时候了，是吗？

来访者：是的。

咨询师：好的，继续回想着那个场景，想象着你自己真实地置身于答辩的现场，感受你那份恐惧的感受。

来访者：不，我感到很恐惧，我有点想逃避。

咨询师：你因为感到恐惧而想逃避，这很正常。但在这里很安全，我会保护着你，你可以完全地放心。现在，我要你再做深呼吸。深深地吸气……深深地呼气……

（来访者按照咨询师的指令做了几次深呼吸）

咨询师：你做得非常好。现在你感觉怎么样？

来访者：好像好点了，不那么恐惧了。

咨询师：非常好，深呼吸是一个让自己紧张恐惧的心情放松下来的方法。现在我要求你继续感受着那个场景，你来自己尝试通过深呼吸来调节自己紧张的情绪。当你感到恐惧的时候，就做深呼吸。你明白吗？继续感受着那个场景。

来访者继续感受着答辩现场的情境，咨询师可以从他的身体状态中感受到他的恐惧感，并且看到他通过深呼吸可以调节自己的恐惧情绪。

咨询师：你现在感到恐惧情绪怎么样？

来访者：似乎没有刚才那么严重了。

咨询师：你逃避现场了吗？

来访者：没有，我几次试图想逃离，但是您不让我这样做，您让我深呼吸。我做深呼吸后，好像情绪好一些了，我还是尝试继续停留在这个场景中。

咨询师：非常好。如果你的恐惧感最强烈时是 10 分，最没有恐惧感的时候是 0 分，现在这个时候是几分。

来访者：大概是 5、6 分吧。

咨询师：看来有很大的改善。怎么样？社交恐惧似乎也没你想象的那么难克服吧？

来访者：可我还是觉得很紧张。

咨询师：这很正常。你希望面对社交场景一点紧张都没有吗？这太理想了。真实的情况是，任何人都会因为社交而多少有些紧张，但是大家不会因为紧张而逃离社交场合。但是你可能在早年经历社交失败经历对你造成了深深的伤害，以至于让你一旦面对社交恐惧的时候就会落荒而逃。这虽然会保护你不再出现恐惧情绪，但却也阻碍了你在这个方面锻炼自己的机会。当你去直面这个让你恐惧的场景时，你会发现其实也不过如此，没什么难的。对不对？

（来访者点了点头）

咨询师：你知道，恐惧情绪提示你在社交方面的能力不足，这需要你通过反复锻炼来不断成长自己，练多了，习惯成自然，你也就不会感到那么恐惧了。现在，我要你勇敢地面对你即将要面对的答辩，就以此作为一次突破你的社交恐惧的锻炼机会。你有信心吗？

来访者：我现在有些信心了。

咨询师：好的，现在，我要你跟我默念："我在面对社交场合的时候会有紧张恐惧的情绪。这是我的问题。我允许我现在在这方面做得还不够好，但是我在努力。我相信通过我的努力，我的社交能力会越来越好。"好的，深呼吸，让这个信念随着你的深呼吸深深地扎根在你的身体里。以后，当你答辩或面对其他的社交场合，感到紧张的时候，就通过深呼吸来调节自己的情绪，告诉自己，这是我的问题，我要勇敢地去面对，然后深呼吸。明白吗？

来访者：明白了。

咨询师：好的，现在请慢慢地睁开眼睛，告诉我你现在的感受。

来访者：（深深地吐了一口气）我感到挺平静的，身上好像有力量感了。

咨询结束后，来访者又按照咨询师的要求，每天通过想象社交场景来锻炼自己调节恐惧情绪的能力，并去答辩现场踩点，适应环境并调节情绪。经过处理，来访者顺利地通过了论文答辩，更重要的是，他掌握了调节自己恐惧情绪的能力，并开始找到社交的自信和勇气了。

案例点评：

本案例采用的是在催眠放松状态下刺激情境重现法来消除恐惧。刺激情境重现法有两种操作，一是现场刺激，例如来访者对人多拥挤的密闭环境恐惧，咨询师就直接把来访者带到地铁站这样的场所里去，现场指导，这种方法优点是现场感强，可操作性强，来访者一旦掌握，马上就可以用到现实生活中；缺点是复杂而不易操作，而且万一来访者的恐惧情绪过度，在现场不好处理。二是用催眠的方法，在咨询室里通过咨询师引导来访者想象这个场景进行的，这种操作安全性更高（因为一旦来访者有任何过度恐惧的不适，咨询师可以马上引导来访者退出想象的场景）。但这种方法要求来访者文化素质较高，对自己的社交恐惧有一定的自我觉察，并有一定暗示性（催眠治疗中催眠师往往会对来访者先做一些简单的暗示性测试，以评估来访者是否适用这个技术），咨询师也需要经过专业的催眠治疗培训才可操作。而且该方法的现实感略低，有时来访者在催眠状态下已经可以克服恐惧了，但在现实场景中还可能重新体验到恐惧。所以，咨询师要事先告知来访者这是正常现象，让来访者不至于误以为病情复发。

在处理恐惧情绪前，我们需要和来访者澄清治疗目标，如本案例中咨询师对来访者所说"我将帮助你调整自己的情绪，也许你仍然会感到紧张，但是你能够面对答辩专家当众讲话，达到这样的目标可以吗？"由于恐惧情绪是源于个体的无力抗争感，所以它常常给来访者带来强烈的自卑心理。同时，来访者也会错误地认为只有完全消除恐惧，才能让自己彻底好起来——这种目标如果不加以澄清，往往会抵消治疗效果，治疗不可能让来访者在短期内全部消除恐惧，而是让他降低恐惧的同时学会面对恐惧情绪并继续完成自己的事情。

本案例中仍然采用放松训练，这种技术可以适用于焦虑、恐惧和愤怒等任何一种"爆发性"的情绪，它让来访者的情绪变得"舒缓"和"可操控"，同时作为催眠治疗的引导。在开始前，咨询师首先用"评量法"让来访者给自己的恐惧情绪打分，这不但可以增强来访者对自我情绪的把控感，还能便于后续的效果评价，让来访者更形象地看到这个效果的变化。催眠放松过程中，咨询师让来访者对刺激其产生恐惧的场景重现。并让来访者停留在这个场景中，直面并体验其感受，并通过调节呼吸的方法来消除其恐惧情绪。同时指出来访者的一些不合理要求——如"面对社交一点紧张情绪都没有"。催眠的最后，咨询师给来访者引入一个积极暗示，那个让来访者默念的信念通过深呼吸植入来访者的思维模式中，这样即便来访者不在催眠状态中，也可以通过深呼吸的方法来强化这个积极的信念。

恐惧情绪的消除不但依靠咨询师的操作，也依靠来访者的积极配合，来访者不但需要接受咨询，更需要在咨询结束后按照要求反复练习加以强化，使之形成新的习惯。

第五节　愤　怒

一、愤怒的含义

愤怒（angry）是指目的性的行为反复受到阻挠而产生的情绪体验。当个体遭遇攻击、羞辱的刺激，感受到愿望受到压抑、行动受挫折、尊严受伤害时都容易表现出愤怒的情绪，有时还伴随着攻击、冲动等不可控制的行为反应。

二、愤怒的表现

（一）外部表现
交感神经兴奋的表现。

（二）内在感受
非常生气，感到被不公平对待，感到被欺负、被冷落、被瞧不起。一腔的怒火，好像必须要发泄出来，否则会把自己燃烧殆尽。

愤怒时可以根据情况选用相关量表评估。

三、愤怒的应对方式

（一）放松训练
通过一定的程式训练，达到在精神上及躯体上放松，从而舒缓愤怒的情绪。

（二）系统脱敏
系统脱敏的方法是诱导来访者缓慢地暴露出导致愤怒的情境，并通过心理的放松状态来对抗这种愤怒情绪。

（三）认知重构（Cognitive Restructuring）
认知的重构是帮助人们改变自己的思维方式，改变对人对事的看法，用合理的、理性的认知和情绪代替不合理的认知和情绪，这样可以有效地控制愤怒情绪。

（四）宣泄法（cathartic method）
1. **能量发泄**　主要的方法是从事各种活动。
2. **心理宣泄**　到特定的场所把愤怒发泄到没有生命并且不伤害自己的事物上，也可以用言语表达的方式表现愤怒。

（五）改变环境
除此之外，还可以通过人际沟通、幽默战术等控制或消除愤怒情绪。

四、案例分析

【我不想做"暴君"】
33岁的巩先生是一名中学教师。但由于他的坏脾气导致他的人缘极差，他经常会因为一些鸡毛蒜皮的事儿而迁怒于周围的人。每次发起脾气来都会六亲不认，和领导打、和老婆闹、甚至和老丈人都会翻脸。暴躁的脾气让他的生活四面楚歌。虽然每次闹完他都后悔不已，可下次还是无法自控。巩先生自己也不明白这个暴躁的脾气究竟是从哪来的？究竟是什么原因让一个善良的人成为"暴君"的呢？

咨询片段：

咨询师：你情绪失控能达到怎样的程度？

来访者：比如我在人行道上骑着自行车，如果有一辆汽车贴得我比较近，擦身而过，我就会和他发生冲突。

咨询师：生气时有没有动粗啊？

来访者：有过动手的行为，我曾经把校长室给砸了。

咨询师：能具体描述一下当时是怎么回事吗？

来访者：当时是加班，加完班后有一个庆功会。领导要和我喝酒，我推辞了。后来到厕所，听到那个领导在厕所里和另外一个人在谈话，说对我这种行为表示非常不满，说我欠揍。我当时越听越生气，火儿腾地一下就上来了。他走时我就在后面追他。他回到了学校就跟校长汇报这个事情，我过去冲他就一拳。当时很多人拦着我，我顺手从地上捡起个暖瓶就抛过去，摔碎了，他还没有走，我又扔了两个暖瓶，然后电话、杯子、烟灰缸全砸了。最后把校长室里的茶几举起来，一下就把它的腿给摔断了。

咨询师：有点像孙悟空大闹天宫的感觉。

来访者：对对对，就是那种感觉。我属于人不犯我，我不犯人的那种人，人若犯我，我必犯人，并且一定还要超过人家犯我的力度，直到别人投降为止。

咨询师：对别人是这样，对家人也这样吗？

来访者：差不多，和我妻子从谈恋爱就开始争吵。

咨询师：你这种状态已经很长时间了，为什么最近才想到来咨询呢？

来访者：我来的一个目的就是想把我的情绪有效地控制住。我觉得这不是一个什么大不了的事，但是它确确实实地影响了我的生活及工作。比如说，我连一个好爸爸都做不成。假设我们在这里谈话，我的孩子在旁边连续喊我三四次，我就要发脾气了。平时孩子向我要东西，如果一看我的脸色不好，他就会说，"爸爸，我不要了，但是你得笑！"

咨询师：孩子用不要钱或不要玩具为条件来换取你笑。作为一个父亲，听到孩子这样的话，确实挺难受。

（来访者流泪）

咨询师：我非常理解你此刻的心情。我想你的情绪失控给自己做一个好员工、一个好父亲、一个好丈夫都带来了很大的障碍。

来访者：可真到爆发的时候又控制不住。

咨询师：通过刚才我们的谈话，我发现你发火的程度远远超过刺激的程度。没遇上事的时候，肚子里已经有一堆炸药在那儿预备着，随时可能爆炸，遇到的事只不过是一个导火索而已。

来访者：（点头）对。

咨询师：你有没有考虑我们所说的这个炸药包是怎么回事？在你的内心深处，包括过去的岁月里，储存过什么可以称之为炸药的东西吗？

来访者：我从小就生活在一个非常不和睦的家庭里。我的奶奶和我的母亲经常吵架，她俩一吵架就会波及我们这个小家庭，使得我父亲和我母亲也经常吵架，我认为我的心情，也就是说我这个炸药包是他们一天天给我填起来的。

咨询师：那就是说从记事开始一直是这种生活状态。

来访者：事实上，我最讨厌的是家人对我父亲不公平的对待。父亲生活在一个穷苦的大家庭，作为长子，他必须靠做农活挣工分来维持家庭生活。父亲结婚后，从家里分出来单过，奶奶依然让父亲向家里交钱养活弟弟妹妹，由此奶奶和母亲之间产生了极大的矛盾，就在这种整天争吵不休的生活中，左右为难又无力处理的父亲患上了严重的疾病，在我16岁时就去世了。我总觉得我父亲是被自己的亲人逼死的、气死的，由此我对奶奶产生了无比的仇恨。尤其在父亲去世前一个星期，在和父亲的聊天中，我了解到父亲觉得他这一辈子过得很委屈（声音哽咽、哭泣），在夹缝中生活，还被贫穷压着。我就是不理解，我奶奶为什么没有为她儿子做一些事？为了自己，就可以把自己亲生儿子置于死地吗？

咨询师：你现在还是这么想是吗？还是恨奶奶？

来访者：是。我认为我父亲去世主要的一个原因就是家庭不和睦，生气造成的。平时奶奶和母亲经常吵架，我是母亲的儿子，当然支持母亲；我叔叔是我奶奶的儿子，他向着我奶奶。我现在恨我叔叔，因为我觉得我爸是他的亲哥哥，他却和自己母亲一块儿把我爸爸给整没了。

咨询师：你认为你父亲去世是你叔叔气的结果。

来访者：对，他经常打我母亲，也打我父亲。

咨询师：你叔叔打过你吗？

来访者：追过我一次，但没打着。

咨询师：你恨叔叔到什么程度。

来访者：我现在都想杀了他。

咨询师把来访者带到隔壁的发泄室，这里有沙袋、沙包、枕头等各种情绪宣泄道具。

咨询师：现在，放松自己，拆掉你理性层面上的任何道德和行为准则，只需要把注意力集中到这个沙袋上，想象这个沙袋就是你的"叔叔"，你用你最大的力气来对待它。这里是安全的，我允许你用任何方式对待它。

来访者的愤怒情绪被点燃了，他大叫着冲着沙袋捶打过去。咨询师打开室内的节奏很快的音乐，告诉来访者允许他冲沙袋大声地辱骂，把对叔叔的怨气都发泄出来，不要憋在心里。他开始大声地吼叫，冲沙袋怒吼狂骂，更加愤怒地捶打沙袋，大约过了20分钟，他的速度慢慢地下来了，最后，他停止击打沙袋，一屁股坐在地上……

咨询师：为什么会停下来？

来访者：我感觉累了。

咨询师：那你现在的情绪怎么样呢？

来访者：好像也气不起来了，好像对他没那么多怨气了。

咨询师：那你现在心里舒服些吗？

来访者：嗯，心里舒服多了。（这时他的眼里充满了泪水，开始哭泣起来。）

咨询师：好的，你可以哭出来。把自己的委屈和所受的痛苦也都宣泄出来。

来访者哭了一阵后，感觉自己好多了，最后在咨询师的引导下尝试放松，此时，来访者感到情绪很平静，再想起前面叔叔和自己早年的事情，似乎也没有那么愤怒和委屈了。

案例点评：

愤怒情绪是一种需要对外释放的情绪，在平时，因为我们的超我束缚和社会规范，使得我们不能肆意释放我们的愤怒情绪，所以多数人习惯于将自己早年开始就产生的愤怒情绪一直压抑，但是这种理智层面上的压抑就如同武侠小说中的"金钟罩"一样，总有一个"气门"，即可能诱发情绪爆发的心理弱点，我们形象地称其为"情绪按钮"。在咨询的前半部分，我们需要帮助来访者澄清他的愤怒情绪产生时的状况，分析出他的情绪按钮。在本案例中虽然没有明说，但我们可以看出，来访者的"情绪按钮"就是"感到被人侵犯"。来访者在现实生活中一旦遭遇到这种情景，就会激发起他的愤怒情绪释放，既伤害到无辜的他人，也对自己的人际交往造成严重的影响。

愤怒情绪的最佳处理途径是情绪宣泄。通过情绪宣泄，使得巩先生在不影响其他人的情况下合理释放自己愤怒、委屈的情绪。当然，本次咨询只是其中一部分，如果想切实达到效果，还需要在后续的咨询中配合情绪管理：即让来访者在现实生活中通过某些方法反复多次对自己的情绪做宣泄，就可以逐渐让自己不在外人面前变成一个情绪火药桶了。另一个咨询的方向是运用精神分析的方法分析其情绪按钮背后的动机。每个情绪按钮背后都对应着一个以前生活中的创伤性事件和由此产生的一些不合理信念，例如本案中来访者的"感到被侵犯"就火冒三丈的动机是因为小时被奶奶和叔叔"侵犯"所造成的创伤。而基于这种创伤，他所形成的人生信条就是"人不犯我，我不犯人，人若犯我，我必犯人，并且一定还要超过人家犯我的力度，坚持到底，到别人投降为止"。帮助来访者尝试突破原有的信念，尝试允许他人对自己适度的和无恶意的"侵犯"，从而克服自己的愤怒情绪。也可以通过家庭治疗，帮助来访者呈现其家庭代际关系，让他理解早年家庭中的一些发展变化，从而使其纠正对家庭关系的误读，同样起到纠正认知偏差，树立新的人生信念的作用。

在宣泄过程中，咨询师需要做的是保护来访者的安全，不但是躯体方面的安全，还要保护来访者表露的情绪，无论是何种表现形式，都不能嘲笑和忽视来访者的需求。来访者非常容易被理性道德所束缚而不能肆意释放自己的情绪，所以在情绪宣泄操作之前，咨询师需要提醒来访者觉察自己过强的超我，从而放松自己。

习　题

一、名词解释

1. 焦虑
2. 放松训练
3. 抑郁
4. 强化法
5. 冲击疗法
6. 愤怒
7. 宣泄法

二、单选题

1. 关于焦虑情绪，以下说法正确的是

A. 考试焦虑只会发生在考试现场

B. 生理焦虑是指由于躯体疾病导致患者出现焦虑情绪

C. 职位升迁对个人发展来说是好事,不会给人带来焦虑情绪

D. 婚姻冲突会给人带来焦虑情绪

2. 最有可能引起自杀风险的情绪是

A. 焦虑　　　　　　　　　　　　B. 抑郁

C. 恐惧　　　　　　　　　　　　D. 愤怒

3. 针对焦虑情绪的强化训练一般所需时间为

A. 一周左右　　　　　　　　　　B. 一月左右

C. 半年左右　　　　　　　　　　D. 一年左右

4. 适用于角色互换练习处理的情绪是

A. 人际焦虑　　　　　　　　　　B. 社交恐惧

C. 愤怒　　　　　　　　　　　　D. 抑郁

5. 自己用来排解抑郁情绪的方法,**不理想**的是

A. 找朋友倾诉　　　　　　　　　B. 多参加社会活动

C. 上网玩游戏　　　　　　　　　D. 学会从积极的角度看待问题

6. 以下**不是**社交恐惧的常见表现

A. 害怕去人多的地方　　　　　　B. 害怕被人注视

C. 害怕参加集会　　　　　　　　D. 害怕与人面谈

7. 在对有恐惧情绪的来访者开展冲击疗法时,应立即停止的情况是

A. 来访者不愿看到刺激物时

B. 来访者出现呼吸困难时

C. 来访者要求停止治疗时

D. 在任何情况下都不应停止治疗直到症状消失

8. 抑郁的最佳应对方式是

A. 系统脱敏　　　　　　　　　　B. 宣泄

C. 强化法　　　　　　　　　　　D. 认知方法

9. 在情绪处理过程中,咨询师让来访者奋力击打假人,处理方法是

A. 放松训练　　　　　　　　　　B. 认知矫正

C. 系统脱敏　　　　　　　　　　D. 情绪宣泄

10. 在情绪处理过程中,咨询师让来访者反复做深呼吸,处理方法是

A. 放松训练　　　　　　　　　　B. 认知矫正

C. 系统脱敏　　　　　　　　　　D. 情绪宣泄

三、多选题

1. 关于情绪,正确的说法是

A. 情绪对人们只有负面的影响

B. 情绪可以给人提供必要的心理动机

C. 情绪会使人出现极端或偏激的想法

D. 情绪会影响人的躯体健康

2. 精神分析学派主要将焦虑分为

    A. 现实性焦虑   B. 病理性焦虑

    C. 神经症性焦虑   D. 道德性焦虑

3. 抑郁情绪的表现是

    A. 工作压力大、对未来感到悲观

    B. 愁眉苦脸、双眉紧蹙

    C. 脑梗死后每天反复测血压、结果正常也不放心

    D. 对周围事情兴趣下降

4. 放松训练能有效应对的情绪问题是

    A. 焦虑   B. 抑郁

    C. 恐惧   D. 愤怒

5. 系统脱敏能有效应对的情绪问题是

    A. 焦虑   B. 抑郁

    C. 恐惧   D. 愤怒

6. 下列属于焦虑外部表现的是

    A. 愁眉苦脸、不愿理人   B. 运动性不安和肌肉紧张

    C. 上网玩游戏   D. 面部表情紧张、舌唇震颤

四、简答题

1. 情绪对个体都会产生哪些影响？

2. 现实性焦虑和病理性焦虑有何不同？

3. 请简要介绍合理情绪疗法应对抑郁情绪的步骤。

4. 用刺激情境重现法来消除恐惧情绪，有哪两种操作，分别有什么优缺点？

5. 应对愤怒情绪的方法有哪些？请简要介绍其中两种。

参 考 答 案

一、名词解释

1. 焦虑：是对未来的事情感到难以预测与驾驭而紧张不安的一种情绪状态。

2. 放松训练：是来访者通过一定的程式训练，达到在精神上及躯体上放松的一种行为训练方法。可分为肌肉放松和心理放松两种。肌肉放松是指人为地通过降低肌肉的紧张来缓和人们的焦虑水平。心理放松则是指通过心理刺激使人们处于一种放松状态。

3. 抑郁：是一种消极的情绪状态，表现为情绪低落、思维迟钝，感到生活无意义、前途无望而闷闷不乐，郁郁寡欢，严重者甚至有自杀观念。

4. 强化法：是指对某种行为给予肯定、奖励，使该行为巩固和保持或对某种行为给予否定、处罚，使该行为减弱和消退的心理过程。

5. 冲击疗法：就是将来访者突然置于其感到害怕恐惧的刺激情境中，从而达到快速消除恐惧的目的。

6. 愤怒：是指目的性的行为反复受到阻挠而产生的情绪体验。

7. 宣泄法:是用某种方式把来访者的愤怒情绪发泄出来,减轻心理压力,减少甚至消除愤怒情绪。宣泄的方式通常包括能量宣泄和心理宣泄两种。

二、单选题

1. D　　2. B　　3. B　　4. A　　5. C　　6. A　　7. B　　8. D　　9. D　　10. A

三、多选题

1. BCD　　　2. ACD　　　3. ABD　　　4. ABCD　　　5. ACD　　　6. BD

四、简答题

1. 情绪对个体都会产生哪些影响?

答:情绪对个体的积极作用:①情绪具有信号作用,在人际交往和生产生活中,这些情绪提示人们对现实状况的某种不良感受,如同信号那样提醒注意并加以消除;②情绪具有动机性作用,可以给人们提供必要的心理动机。例如,焦虑和抑郁情绪提示在现实与理想目标间存在差距,这使人们的内心形成一定的张力,促使其通过行动去缩短这一差距。

情绪对个体产生负面影响:①影响人的思维和决策;②影响人的身心健康;③影响生活质量;④影响人际关系。

2. 现实性焦虑和病理性焦虑有何不同?

答:现实性焦虑是正常人常见的。当一个人面临着自认为是未知的、危险的或重要的场景时就可能产生焦虑,如考试前、就业面试前或参加比赛前等。事情过去,焦虑便会消失;病理性焦虑是指无客观对象、无具体内容或观念的提心吊胆,而且无法摆脱。

3. 请简要介绍合理情绪疗法应对抑郁情绪的步骤。

答:主要包括三个主要步骤:

(1)向来访者指出其信念是不合理的,抑郁情绪的产生与其不合理的信念有关;

(2)鼓励、启发来访者对不合理信念提出质疑,并与之辩论;

(3)放弃不合理信念和思维方式,打破旧的认知结构,建立新认知。

4. 用刺激情境重现法来消除恐惧情绪,有哪两种操作,分别有什么优缺点?

答:刺激情境重现法有两种操作:

(1)现场刺激:这种方法优点是现场感强,可操作性强,来访者一旦掌握,马上就可以用到现实生活中;缺点是复杂而不易操作,而且万一来访者的恐惧情绪过度,在现场不好处理。

(2)用催眠的方法:这种操作安全性更高。缺点是对来访者、咨询师要求高。而且该方法的现实感略低。

5. 应对愤怒情绪的方法有哪些? 请简要介绍其中两种。

答:(1)放松训练:通过一定的程式训练,达到在精神上及躯体上放松,从而舒缓愤怒的情绪。

(2)系统脱敏:系统脱敏的方法是诱导来访者缓慢地暴露出导致愤怒的情境,并通过心理的放松状态来对抗这种愤怒情绪。

(3)认知重构:认知的重构是帮助人们改变自己的思维方式,改变对人对事的看法,用合理的、理性的认知和情绪代替不合理的认知和情绪,这样可以有效地控制愤怒情绪。

（4）宣泄法:用某种方式把来访者的愤怒情绪发泄出来,减轻心理压力,减少甚至消除愤怒情绪。宣泄的方式通常包括能量发泄和心理宣泄两种方式。

（5）改变环境:当某种情景或刺激有可能引发或已经引发强烈的具有伤害性的愤怒或攻击行为时,将人们从这个情景移开。

（王绍礼　孙春云）

第九章　婚姻家庭问题的心理咨询

学 习 要 求

掌握：

1. 婚姻家庭心理咨询的基本概念和基本理念。
2. 当代中国家庭的主要矛盾。
3. 婚姻家庭出现心理问题时的常见表现。
4. 家庭系统观的基本理念。
5. 家庭生命周期的概念和生命周期所分阶段。
6. 家庭暴力和婚外情的基本概念。

熟悉：

1. 婚姻家庭心理咨询的目的和意义。
2. 各个学派对于婚姻家庭心理问题的理论分析。
3. 婚姻家庭心理咨询的技术要点。
4. 各婚姻发展时期常见心理问题的咨询要点、原则和注意事项。
5. 家庭责任的概念和特点。
6. 家庭财务安全感的概念和保证家庭财务安全的方法。
7. 离婚、再婚、婚外情、家庭暴力、酗酒和精神疾病家庭问题的咨询。

了解：

1. 婚姻家庭心理咨询的历史发展。
2. 不同婚姻发展时期的常见心理问题及其成因。
3. 离婚、再婚、婚外情、家庭暴力、酗酒和精神疾病带来的家庭心理问题。

重 点 内 容

掌握婚姻家庭问题的基本概念和常用技术，不同流派对于婚姻家庭问题的主要理论观点，了解不同婚姻家庭发展时期的常见心理问题，并熟悉实际婚姻家庭问题的咨询方法和原则。

第一节 概　　述

一、婚姻家庭心理咨询的内涵

(一)基本概念

婚姻家庭心理咨询是在特定的社会文化背景下,以家庭心理咨询理论为指导,以家庭为服务对象的心理咨询模式。其目的是协助家庭成员了解彼此间人际互动对个人的影响、发现问题、调整不良关系,发挥正常、积极的家庭功能,促进家庭关系的和谐,并有助于每个家庭成员的健康发展。

现代婚姻家庭心理咨询秉持如下理念:家庭成员的个体发展与家庭成员间的关系之间存在相互作用。

(二)历史发展

现代婚姻家庭心理咨询起源于20世纪40—50年代在欧美逐渐兴起的婚姻辅导、儿童指导运动和家庭治疗。人们逐渐意识到个体的心理问题与家庭因素有着密切的关系。精神疾病不再只被看作一种个体的病理现象,还被看作一种关系现象。

(三)目的和意义

1. **婚姻家庭心理咨询的目的**　在现代社会,婚姻家庭心理咨询的目的主要包括以下三个方面:①协助家庭解决问题;②促使家庭和谐;③促进以夫妻双方为主的家庭成员的心理健康。

2. **中国家庭的传统功能及问题**　在古代,家庭单纯作为传宗接代和维持国家统治的工具。家庭成员之间的互动方式呈现重理轻情的特征,家庭各亚系统间界限僵化,家庭关系疏离。这种模式对家庭成员缺乏促进成长的作用,特别是在近代社会,对家庭中的进步思想的禁锢直接导致了中国社会的发展缓慢。

3. **当代中国家庭的主要矛盾**　传统家庭文化与现代婚姻需求不相称的现象成为当代新生家庭中的主要矛盾。

4. **婚姻家庭心理咨询对于当代家庭的意义**　中国的家庭中各成员间的关系更加紧密。婚姻家庭问题的复杂性就在于"关系"的复杂。

婚姻家庭心理咨询不仅具有稳定家庭、促进家庭成员的心理健康成长的重要作用,更有着推动历史发展,促进社会进步的重大意义。

二、婚姻家庭出现心理问题时的常见表现

1. **婚姻关系失和**　当事人会出现以下感受:①个体的被爱感、婚姻信任感和家庭安全感下降:当事人对对方失去信任。②家庭成员间各自封闭内心,不再与对方交流思想和感受。双方的信任感和对婚姻生活的掌控感进一步下降,爱情关系的唯一性和排他性的特征消失。③配偶关系仅成为法律意义上的概念。

2. **性爱质量下降。**

3. **家庭成员出现心理健康问题。**

4. **家庭教育出现问题。**

三、婚姻家庭心理问题的理论分析

(一)家庭心理咨询学派对婚姻家庭心理问题的理解

家庭心理咨询技术强调家庭关系,咨询并不直接针对来访者所表现出的症状,而是针对家庭成员间的互动模式和家庭功能进行调整。

1. 家庭系统观——家庭心理咨询学派的核心理念 家庭系统观将个体所处的家庭看成一个系统。一个个体可以同时属于不同的亚系统并有不同的身份。家庭系统以个人和亚系统为组成单元,它们需要遵循界限和家庭规则来使家庭功能得以运行。界限是各亚系统间范围的划分。家庭规则对家庭成员之间互动方式作了规定。家庭成员正是在这些规定下既完成了个体的个性发展,也使家庭系统的功能得以实现。

2. 不同家庭心理咨询流派的观点

(1)系统派:系统派以鲍恩(Bowen)为代表,主要是提出了代际传递的观点,认为家庭成员出现的问题会借着与其他家人的联结关系而持续下去。来访者积极面对自己的问题不单是为了帮助自己,更是为了避免自己的问题继续传递到下一代。

自我分化的功能实际上是一个人处理压力的能力。自我分化程度低的家庭在其系统内部处理问题的能力差,问题要么以症状形式在家庭成员中那个能力最弱小的个体,一般是在孩子身上表现出来,要么通过代际传递被传到下一代。

(2)策略派:认为个体表现出的症状最基本的功能就是维持家庭系统的固有平衡。在家庭系统时刻处于失衡的边缘的情况下,个体"保持"这些症状起到了维护家庭系统平衡的作用。所以,咨询师可以根据个体的"疾病反应"来分析,帮助家庭成员发现暗藏的关系困难并加以调节。

(3)结构式家庭咨询:认为家庭系统中的界限和规则的开放和灵活程度决定了家庭结构的内聚程度和适应性这两个重要的变量。内聚的维度反应一个家庭成员和其他成员之间联系或分离的程度。适应性维度反映了家庭系统根据环境和发展的压力作出改变的能力。功能良好的家庭表现出彼此互有联系的内聚和灵活的适应。

(4)萨提亚派(Virginia Satir):萨提亚的经验性家庭咨询深受人本主义思潮的影响,认为家庭问题的产生原因和影响因素是情感的压力。萨提亚强调家庭中有四种不良的沟通方式:指责、讨好、打岔和超理智。

(二)精神分析学派对婚姻家庭心理问题的理解

1. 经典精神分析理论 在口欲期,婴儿通过吸吮母亲的乳房获得情感的满足,获得最原始的安全感;进入肛欲期后,母子二元关系逐渐解体,孩子开始体会到自主性;当孩子进入4~6岁,出现俄狄浦斯情结,表现对异性父母的亲近感,并向同性父母认同。

2. 现代精神分析理论 现代精神分析学派的客体关系理论更加关注早期稳固的客体关系对孩子成长的重要作用。温尼科特(Winnicott)提出足够好母亲(good enough mother)的概念:"一个真实的母亲对婴儿所做的最好的事情就是足够敏感"。婴儿生命最初几个月的体验质量是婴儿今后成人期个体状态的关键。

(三)认知行为学派对婚姻家庭心理问题的理解

1. 从认知理论的角度看待婚姻家庭心理问题 根本原因是个体长期存在的核心信念,使其在家庭互动中产生了认知歪曲。

2. 从行为理论的角度看待婚姻家庭心理问题 维系家庭关系良好运转需要夫妻都具

备一定的能力,包括自我情绪管理的能力;用不伤害关系的方式表达自己的需求、愿望和感受的能力;支持对方、善解人意的能力;尊重彼此差异、允许成长的能力;通过自己的成长影响和带动家庭中其他成员的能力等多种心理能力的总和。

个体在家庭中的行为异常背后一定存在着认知歪曲,而这些认知歪曲更多是源于自己早年的成长经历,特别是原生家庭对待家庭生活的态度。来访者在意识到自己的功能不良的认知和行为模式后,可以通过认知矫正和行为训练逐步形成更具建设性的家庭互动模式。

四、婚姻家庭心理咨询的技术要点

(一)一般技术要点

首先,婚姻家庭心理咨询也需要的心理咨询的基本技术作为基础,如倾听、提问、表达和观察技术。心理咨询师需要先有个体咨询的丰富经验,并且至少对自己的家庭关系有良好的理解和应对方式。

在家庭咨询过程中,任何家庭成员的地位都是平等的。心理咨询师应该对每位家庭成员的信息都及时予以反馈,这不但可以让家庭成员感到被关注和被尊重,也可以验证心理咨询师的回应是否正确而有效。

(二)婚姻家庭心理咨询的提问技术

婚姻家庭心理咨询中常用的提问技术可分为:直线式提问、循环式提问、策略式提问。

1. **直线式提问**　直线式提问是推理式的,就事论事的提问。直线式提问经常指向"错误"的人或事情,但由于家庭关系的复杂性,这种提问方式所获得的信息是很有限的。

2. **循环式提问**　目的是探究、强调家庭成员间的联系。可分为四种不同的类型:第一种是让一名家庭成员评价另外两名或多名家庭成员之间的关系或相互间的交往。第二种是让个体对家庭成员根据实际情景或假想情景做出的反应进行排序。第三种是考察某一事件随时间而发生的变化,第四种是启发求助者对于目前不好回答的问题提供信息。循环提问是为了让被提问者在不知不觉中重新审视自己的问题以及家庭中的关系和规则。

3. **策略式提问**　策略式提问经常在某一特定方向上提出新的可能性,其本质具有挑战性。具体提问方式有:

(1)前馈提问:是未来取向的提问,可以启发家庭构想对未来的人、事、行为、关系等的计划,诱导这些计划成为"自我体验的预言"。

(2)差异提问:指提问中设立两种有差别的对比情景。

(3)例外提问:例外提问可以使来访者意识到症状的出现是有条件的,从而有助于激发求助者及其家人的责任感并最终为自己负责。

(4)假设提问:咨询师从多个角度提出关于家庭的假设,即提出看问题的多重角度,让求助者更清楚地认识自己和家庭关系。

(三)去诊断与重新建构

去诊断是将来访者从病态标签的压抑下解放出来,解除病人角色。

重新建构是指对当前的症状,系统从积极的方面重新进行描述,也被称为积极赋义。

去诊断和重新建构的意义就在于帮助家庭成员转换视角,看到问题背后对于家庭关系和个体成长巨大而积极的推动作用。

（四）其他常用技术

婚姻家庭咨询还会常用家庭图谱、家庭雕塑、模拟家庭等咨询技术，以直观的方法再现家庭内部成员间的相互关系，加深各成员对家庭关系的感受。

第二节　不同婚姻家庭发展时期的心理问题及咨询要点

希尔和汉森最早在20世纪30年代提出了家庭生命周期（Family Life Cycle）的概念，指的是一个家庭依照一定的轨迹，从诞生、发展、分化，直至消亡的运动过程。美国社会心理学家杜瓦尔将一个家庭生命周期分为八个阶段：新婚期、育儿期、学龄前期、学龄期、青少年期、成年期、空巢期、老年期。在我国，一般粗略地划分为三个阶段：即家庭形成阶段、家庭成熟阶段和家庭解体阶段。

一、家庭形成阶段

（一）新婚关系调适

人们把这一时期称为"新婚磨合期"，因为夫妻双方容易在这个阶段由于不适应新婚生活而陷入摩擦。

1. 夫妻双方在新婚关系调适方面面临的心理任务

（1）确立夫妻的角色。

（2）发展能够相互满足的性关系。

（3）初步确立家庭规则。

2. 新婚阶段出现问题的心理背景

（1）对新环境的不适应。

（2）个体对新婚生活的过度理想化。

（3）夫妻双方缺乏良好的沟通。

（4）夫妻双方自身的人格缺陷。

3. 新婚关系调适方面的咨询要点　提高来访者对婚姻和性的认知水平、对各种新婚常见问题合理化、指导来访者处理具体问题的技能、发现来访者的人格问题并引入个体咨询加以解决。

（二）与原生家庭和姻亲的关系调适

男女个体结婚后，各自的亲属之间自然形成姻亲关系。

1. 姻亲关系对于新婚夫妻关系的影响　姻亲关系可能对夫妻关系带来负面影响。其中，最常见的现象就是原生家庭对新生家庭的过度介入。

2. 姻亲关系调适的基本原则　①新建立的家庭要以一个独立的整体去面对其他关系，配偶要放在第一位；②觉察到双方的姻亲关系给自己现有的家庭带来的影响——包括对家庭实际环境的影响和对自己情感体验的影响，并且暂时允许目前的现状，将其视作新婚期的问题；③尊重对方的原生家庭文化差异，即便其中某一方感到不舒服，也要给对方一个逐渐过渡的时间；④努力锻炼自己的独立应对困境的能力，将问题局限在自身或现有家庭内部；⑤切忌在这个阶段中只站在自己的角度要求对方，在道德的层面上指责对方，甚至将夫妻间的摩擦升级成两个家族的纷争。

3. 婆媳关系问题及其处理原则　在姻亲关系中，问题最多也最难处理的就是婆媳关系。

（1）产生婆媳矛盾的主要原因：婆媳矛盾的主要原因是婆媳自己对于关系认知的错位，具体包括以下几点：①婆媳间只是名义上的"母女"关系，所以不会像真正的母女那样相互适应；②婆婆与妻子所处时代的"代沟"过大。有可能形成婆媳为了争夺家庭事务的决策权而直接发生冲突。

（2）处理婆媳关系的注意事项：在处理婆媳关系方面，咨询师要清楚如下几点：①将婆媳关系定位为"母女"本身是一个社会性的认知误区。婆媳之间的关系是由她们共同爱着的男人为纽带联系起来的。②婆媳关系其实更像是"亲密战友"的关系，同时，婆婆可以在"如何做一个合格的女主人"这一生活命题中给予妻子更多的指导。③丈夫是调和婆媳关系的重要"纽带"。所以，咨询师帮助"婆-夫-媳"三方调整自己在家庭中的位置和关系，提高丈夫的调节能力是处理婆媳关系的关键。

（三）家庭责任的确立与调整

1. **家庭责任的概念和特征**　所谓的家庭责任，可以理解为个体为了维护家庭系统的正常运转而做出的自己的努力，具体表现在为家庭带来物质或精神上的支持。家庭责任存在以下几个特点：①普遍性：所有的家庭成员在家庭生活中的任何时候均承担着家庭责任；②分工性：各个家庭成员间会达成某种默契的分工；③持续性：家庭责任是需要长期维持，有时未必有乐趣感存在；④灵活性：健康的家庭关系中，各个家庭成员的责任虽然有分工，但是不是一成不变的，如其中一个成员因为某种原因不能履行责任时，其他的成员会慢慢调整加以弥补；⑤相对性：每个家庭成员都不可能在家庭中完全地随心所欲。

2. **家庭中的责任承担与责任缺失**　在家庭成立之初，夫妻二人往往会凭借最初的兴趣喜好和性格特点而尝试履行家庭责任，并在新婚磨合阶段达成分工上的默契。在一个病理的家庭中，我们往往会看到家庭责任缺失的现象。

二、家庭成熟阶段

家庭成熟阶段的重要标志就是生育并教养孩子。

（一）亲子关系问题

亲子关系是指父母和子女间互动的关系，它具有血缘性、亲情性、长期性等特点。

1. **最容易出现的亲子关系问题**　当代中国社会中最容易出现的亲子关系问题包括三个方面：①地位不平等：父母处于中心、主导地位，子女处于被动、依赖地位。②情感互动较少：许多父母因工作繁忙，越来越少有时间陪伴孩子，导致孩子对父母产生陌生感和疏远感。"留守儿童"的问题尤为严重。③互动内容过于单一：父母单纯重视子女的学习成绩。孩子的学习兴趣培养、人格完善、审美能力的发展、心理安全感的培养等诸多方面却没有得到重视。

2. **父母教养方式对于亲子关系的影响**　父母教养方式是父母教养态度和行为的集合，是父母在抚养子女的日常活动中所表现出来的一种对待孩子的固定的行为模式和行为倾向。

美国心理学家鲍姆林德（Diana Baumrind）把父母教养方式归纳为两个维度：其一是父母对待儿童的情感态度，即接受—拒绝维度；其二是父母对儿童的要求和控制程度，即控制—容许维度。根据这两个维度的不同组合，可以形成四种教养方式：权威型（接受＋控制）、专断型（拒绝＋控制）、溺爱型（接受＋容许）和忽视型（拒绝＋容许）。

3. 亲子关系问题咨询的注意事项　①亲子关系问题有可能作为一个独立的问题呈现出来，也有可能是在父母咨询孩子学习或心理问题时被咨询师发现。②亲子关系问题常常在学习阶段被发现，但其问题根源往往能够追溯到童年阶段。③亲子关系问题是父母和孩子双方互动的结果，咨询师应该注意保持中立的态度。

（二）家庭经济问题

1. 财务安全感　财务安全感是家庭经济良好的关键指标，这是指家庭对自己的财务现状有充分的信心。保障财务安全的方法主要有：①确保家庭中有相对稳定的收入；②有适度的家庭理财能力和家庭财产储备；③有效控制家庭债务在家庭可承受范围内；④彼此间信任对方的劳动能力和财务管理能力；⑤对家庭财产有合理的管理，对家庭经济风险有敏锐的觉察度；⑥有必要的"救急"渠道。

2. 咨询师需要明确的家庭经济特征

（1）家庭财富的主要创造者：最常见的现象就是男性是家庭中的经济支柱。越是开放的社会，家庭经济越呈现出多样性。

（2）家庭财产管理类型：按照家庭财富的独立与否可分为三类：①独立型：夫妻二人的收入各自支配。②共享型：夫妻双方不管挣钱多少，都会放在一个共同的资金池中使用，这种模式在中国家庭中最常见。③灵活型：平时做到财富共享，但又适当允许双方有可自由支配的"零钱"。

3. 家庭经济问题咨询中的注意事项　在家庭经济中最有可能出现以下两方面的问题：①家庭整体的财务安全感不足。②由于家庭经济特征导致其中一方的财务安全感不足。

如果在咨询过程中发现夫妻关系不合可能与财务问题有关的，咨询师需要动态评估家庭的经济特征，以及这种特征对于夫妻双方的个人财务安全感的影响。

（三）中年家庭的性爱以及夫妻关系维系问题

1. 家庭关系维系困难　在这个阶段不容易维系家庭关系的原因有以下几个方面：①双方结合的目的已经达到，对维护关系不再像新婚阶段那么有动力；②光环消退，爱人的形象由理想变为现实；③朝夕相处，出现了审美疲劳；④生活现实压力使得双方都没有太多时间去照顾自己的形象以及关心对方的心理感受；⑤夫妻二人个体对异性有着非常大的吸引力，当夫妻关系本身有裂隙的时候，容易使第三者介入家庭。

2. 性爱困难

（四）更年期问题

1. 更年期家庭问题的原因　核心原因是由于内分泌水平的急剧变化。女性更年期的心理状态与其性格有很大的关系。出现更年期的较强情绪变化者，往往在早年就有性格敏感、刻板、要强、苛求完美等特点。

2. 更年期家庭问题的咨询要点　咨询师首先需要评估夫妻矛盾是否因更年期的心理变化所引起，方法是纵观整个家庭历程，看双方的矛盾性质和程度是否在更年期阶段发生了变化。针对更年期的家庭问题，最重要的是咨询师需要指导夫妻放下对对方的理性评判，接纳双方的身心变化特征。

妻子自我的身心调节非常重要。不要刻意抗衡更年期阶段的身心变化，也不要强求自己达到曾经的标准，选择顺其自然地度过。

三、家庭解体阶段

(一)空巢问题

1. 空巢状态下的家庭问题　①夫妻中有一方有某些专业技术,太过重视事业而忽视关系培养,或者另一方因为身体或心态的原因没能形成合力,使得夫妻关系反而疏远。②夫妻平时将全部心血都贯注在子女身上,当子女远离后,夫妻二人体验到强大的丧失感。如果夫妻中只有一方是这种情况,则会因为思维落差而使夫妻间关系疏远。③夫妻在平时一直有关系破裂的隐患,只是为了孩子而克制自己的行为,而当孩子离开家庭的时候,即是重新暴露矛盾的时候。

2. 空巢问题的成因　①是在婚姻早期,夫妻任务分工过于刻板。②是亲子关系过于紧密。③是夫妻双方往往都有"超理性"的性格特征,多讲"理"而不讲"情",苛求完美,自我中心。

3. 空巢问题的咨询要点　咨询师要更多运用倾听、共情等技术,促进来访者倾诉,做好情绪释放。当情绪适度释放后,夫妻双方还是有能力面对现实的。

(二)丧偶问题

1. 丧偶老人的常见问题

(1)哀伤反应:丧偶本身是一种严重的丧失体验,痛苦来自两个方面:其一是从对方身上看到自己的未来结局,其二是因为对方的离去而使得自己失去了精神支持而独自面对痛苦。

库布勒·罗斯(Kubler-Ross)五阶段模式是最著名的居丧期反应模式。

第一阶段:否定与分离期(denial and isolation):典型的反应是"这不是真的,肯定弄错了"。一些老人可能短期出现妄想体验,如坚信已经故去的亲人仍然在世等。

第二阶段:愤怒期(anger):特征是"为什么是我呢"。此阶段表现出敌意、愤怒、怨恨、嫉妒等情绪。

第三阶段:讨价还价期(bargaining):此阶段的丧偶者还不能完全接受现实,还在或者试图挽回后果,或者期待奇迹的出现。

前三个阶段所经历的时间非常短,往往是在丧偶事件发生后的 72 小时内出现的应激反应。

第四阶段:抑郁期(depression):当确认亲人的去世已经成为事实,丧偶者也逐渐真实面对现实的时候,丧失感、抑郁情绪就出现了。

第五阶段:接受期(acceptance):此阶段的丧偶者已经变得很疲倦、虚弱,他们接受了现实,表现出平静、顺从。

大多数人三个月之后可以逐渐恢复正常的生活和情绪。如果悲伤或抑郁情绪持续 6 个月以上,甚至出现幻觉、妄想、情感淡漠、惊恐发作等,则被称作病理性居丧反应。

(2)离群索居:夫妻中的一方故去后,另一方渐渐孤僻、离群索居,对他人怀有厌烦、戒备和鄙视的心理,自我封闭。

丧偶老人应该尽量避免独居,一方面自己应该有意识地多参与社会活动;另一方面家人和亲友也应为丧偶老人创造条件避免客观上的长期独居。

(3)再婚问题:丧偶还意味着丧失了作为"丈夫"或"妻子"的身份,这种继发丧失会给当事人带来更深远的痛苦。所以有的丧偶老人在配偶死亡后不久就渴望再婚。然而家庭成员往往会将其简单地理解为对逝者的不忠,而没有理解和帮助丧偶老人解决实际的心理需求。

2. 丧偶问题的咨询要点 咨询师需要提供给来访者良好的陪伴和共情,鼓励来访者倾诉思念之情和表达对死亡的畏惧,对其情感鼓励其表达、予以共情,对其心理诉求予以理解和支持。咨询师可以通过让来访者在回忆与故去亲人的往日生活中,让丧失者加强自我力量,以有利于健康的方法解除悲伤。

老年人的再婚问题涉及到多方利益,但当事方一般都不会把直接利益挑明。咨询师需要在充分倾听各方意见、充分共情,建立良好的咨访关系后,分析出各自的情感需求所在,并加以协调。

老年人咨询时,咨询师需要向他本人及其家属详细了解来访者的身体情况,并做好风险告知。在咨询过程中也要密切关注其生理反应,保证安全。

第三节 婚姻家庭实际问题咨询要点

一、离婚

(一)离婚家庭常见的心理问题

随着社会发展,我国的离婚率呈现快速增长的势头。造成离婚的前五大主因分别为:婚外情、家庭暴力、性格不合、婆媳不睦和不良嗜好。

1. 离婚的心理影响 夫妻在离婚前往往会有愤怒情绪。会有不现实的思想,或可能会威胁要自杀或伤害对方。而当事实不可挽回时,有的人会产生应激反应,甚至产生自杀想法或行为。

2. 离婚对于儿童的影响 ①被动地丧失亲人的关爱;②抚养孩子的父母经济状况通常会比以前差,在工作和生活上陷入两难境界,与孩子互动的时间和精力投入都明显减少;③单亲父母一人身兼父母两个身份,在教养过程中急躁、发脾气等现象增加;④离婚之后,没有抚养权的一方父母逐渐疏远孩子;⑤离婚后抚养孩子的一方常会抱怨对方,使得孩子对爱情产生质疑。

(二)离婚家庭心理问题的咨询要点

通过倾听、共情对来访者做充分的情感支持。和来访者回顾整个婚姻经历,重新思考离婚决策,以及探讨离婚后的生活打算。

需要注意的是:离婚咨询的主旨并非"劝和",而是帮助来访者更有能量处理自己的情绪,处理离婚事务,以及对离婚与否做出更理智的决策。

二、再婚

(一)再婚家庭常见的心理问题

既往婚姻经历对再婚者的心理影响、带入新家庭的未成年子女的融入都是再婚家庭中需要重视的问题。

1. 既往婚姻对再婚者的心理影响 ①既往婚姻中的一些经验和互动模式,以及再婚者重新进入婚姻的理由都会对新的婚姻家庭产生各种不同的影响;②既往婚姻成为一个重要的参照模板,当再婚者不愉快的时候,会习惯性地用过去配偶的优点和今天配偶的缺点比较；③再婚的家庭还会和前任配偶存在经济或情感关系；④另一方也容易对配偶的前夫或前妻的存在感到威胁，从而增加对配偶忠诚度的质疑。

2. 再婚父母与带入家庭的未成年子女的关系　唐绍洪指出：当孩子成为你再婚中的一部分时，某种微妙的冲突之源就会产生。这些冲突之源包括：①认为一方总是把子女放在这种关系的首位；②因为发现配偶只想自己帮助抚养孩子而不让别人去批评或约束孩子而产生的受挫感情；③很少有人喜欢抚养别人的孩子；④孩子通常像其生父或生母，这会令继父或继母感到嫉妒；⑤孩子要求与其离婚的生父或生母相会。

（二）再婚家庭心理问题的咨询要点

1. 再婚者的自我调适　再婚夫妻双方需要带着"初心"去迎接新的婚姻生活。

2. 支持再婚者接纳对方的过往　每一个进入再婚家庭的人，都要做好充分的思想准备，与他（她）的"过去"和平相处。

3. 扮演好继父母角色　①不要奢望马上取代孩子心目中的生父母地位，相反，要鼓励或他们和自己的生父母保持联系；②顺其自然，适度允许子女对配偶的暂时不接纳。不要刻意营造全家和谐的假象；③在处理继亲子关系时，再婚夫妻间需要先进行沟通，达成共识。

三、婚外情

（一）婚外情现象的心理分析

婚外情（ultra-marriage love）是指已婚者与配偶之外的人发生恋情。婚外情从本质上涉及恋情的合法性和忠诚度等重要内涵。

在家庭内部，往往"受害者"一方会站在道德的制高点上对"婚外情"的一方大加鞭笞，有可能因为激怒对方而使得对方放弃缓和关系的努力。

婚外情的确会带来婚姻危机，但是不一定会直接导致婚姻的毁灭。

（二）婚外情的咨询

婚外情带来的家庭危机在咨询中的处理步骤如下：

1. 应急措施　应及时评估那些正在激情状态、准备仓促离婚的来访者，采取紧急措施加以阻止。

2. 让所有相关人物一同就诊。

3. 定位问题　逐渐让来访者了解到不忠行为的现实原因及其背后的潜意识动机。

4. 使所有来访者都冷静　让来访者明白任何歇斯底里的表现都只会让问题越来越糟糕。

5. 找出解决方法　帮助来访者选择行动的策略，特别是如何面对婚外情、如何面对婚姻、如何面对双方的关系等。

6. 讨论下一步行动方向　根据婚姻双方对婚姻的需求，帮助双方达成妥协。

7. 结束咨询　了解双方的担忧，决定双方如何面对今后的婚姻危机或不忠行为，确定应该做出的改变，让双方相信婚姻是可以度过危机并达到圆满的。

四、家庭暴力

（一）家庭暴力现象的心理分析

家庭暴力（domestic violence）是家庭成员中一方对其他人进行的肉体、精神和性方面的伤害。我国司法对家庭暴力的定义是"行为人以殴打、捆绑、残害、强行限制人身自由或者其他手段，给家庭成员造成一定伤害后果的行为。"家庭暴力的受害者常常是女性和儿童。

1. 历史和社会原因　由于封建夫权父权思想的根深蒂固，很多时候，丈夫对妻子、父母对孩子的体罚并不被大众视为暴力。

2. 女性的性格特征和经济原因　有的女性在心理和经济上依附于男性。而家庭经济水平下降也使男性的压力增加，殴打妻儿成为其发泄情绪的一种方式。

3. 遗传和成长经历原因　家庭暴力者的原生家庭中，人格障碍和精神疾病的发生率明显偏高。

4. 家庭暴力后的"蜜月现象"掩盖问题　家庭暴力发生后，双方进入一个暂时的"蜜月期"，从而使得社会力量放松了对暴力家庭的监督和持续支持。

（二）家庭暴力的咨询

1. 咨询早期阶段　此时的重点在稳定心理和情绪。同时，确保咨询环境的私密性非常重要。如果来访者出现应激反应，则需要为来访者提供转诊。

2. 咨询进行阶段　①帮助来访者调整认知，获得对生活的控制；②帮助来访者寻找社会支持系统，及时对家庭暴力进行干预，避免进一步的伤害；③向来访者提供科学的处置态度——"零容忍"；④要鼓励来访者树立证据意识；⑤鼓励来访者对婚姻做理智选择。

3. 咨询结束阶段　咨询师需要随访来访者，直到暴力行为得到有效控制，并且来访者重新获得了面对新生活的勇气和心理动力，咨询才算成功。

施暴者也需要接受心理治疗。如果评估施暴者可能存在精神问题，来访者有权以监护人身份要求"110""120"协助强制送施暴者住精神病院的。

五、酗酒

（一）酗酒者家庭的心理问题

1. 酗酒（excessive drinking）对家庭的影响　酒精会缓慢但不可逆地损伤大脑的认知功能。长期酗酒的人性格偏激、情绪控制不良、丧失社会和家庭责任感。酗酒者行为能力下降，从而增加了其他家庭成员特别是配偶的负担。生长在酗酒者家庭的孩子会出现各种心理、行为以及学业上的问题，并且也容易出现饮酒问题。

2. 酗酒者配偶与酗酒者的性格"搭配"　酗酒者的配偶常常呈现出隐忍、懦弱的性格。不少酗酒者的配偶在对患者饮酒的态度上表现暧昧，一方面不停抱怨患者不能承担责任，另一方面却没有勇气强制其戒酒。可能是由于配偶对常年所处的境遇感到恐惧和无力，因此对酗酒者产生的情绪依附和暴力屈服。

（二）酗酒者家庭的心理问题咨询

让酗酒者的配偶也参与到心理咨询中会增加成功治疗的可能性。聚焦酗酒问题的婚姻咨询是解决"酒精型婚姻"问题的最有效的治疗方式。

1. 酗酒者的处置原则　酒依赖本身是精神疾病的一种。根据《精神卫生法》规定，家属完全有权强制送患者戒酒。

如果患者能够自愿参加"AA戒酒协会"，对于预防复饮、缓和家庭关系都有积极的意义。

2. 帮助配偶与患者互动　配偶与患者的互动方式可能是导致患者疾病迁延不愈的重要原因。咨询师在帮助酗酒者配偶时需要对其做好如下认知矫正：①积极配合咨询，而且目标明确就是强制戒酒;②帮助配偶为患者设定好不能触碰的底线;③觉察自己想要逃避责任的意图。

六、精神疾病

(一)精神疾病患者家庭的心理问题

1. 精神疾病(mental disease)对家庭的重大影响 首先,由于精神疾病所导致的功能下降,会影响患者的劳动和人际交往能力,进而影响家庭收入和家庭交流;其次,患者的异常情绪经常会传递给配偶和孩子,使得整个家庭都笼罩在这个情绪阴霾中。

2. 精神疾病家庭成员心理咨询要点 ①提高家庭成员对于精神疾病的认知,特别要消除家庭成员对疾病及家庭现状的合理化解释。鼓励家庭成员及时送患者就医;②给予家庭成员以心理支持,鼓励家庭成员参与到患者的治疗过程中;③消除患者和其他家庭成员对于理想家庭的不现实期待,让他们基于现实条件重构家庭关系。

(二)抑郁症所致的婚姻家庭问题

1. 抑郁症与家庭问题的相互关系 婚姻问题和抑郁症之间可以互为因果。抑郁症对家庭最大的伤害在于影响到孩子的健康成长——一个有抑郁症的母亲很难做一个温和的、包容的母亲;而抑郁症的父亲会导致青春期阶段的孩子丧失融入社会和挑战挫折的勇气。

2. 如何在家庭层面处理抑郁症问题 咨询师在面对抑郁症患者时,需要评估家庭环境中对患者康复的有利和不利因素,鼓励家庭成员一同参与到干预中,提高对疾病的认知,培养既对患者康复有利又不伤害到其他成员的家庭互动模式。

发掘婚姻中的支持性因素非常重要。其中,常见的支持性因素包括:①内聚力(夫妻或家庭成员在一起从事愉快活动的时间);②对全部表达的接受;③配偶的援助;④自我支持;⑤配偶的可依赖性;⑥亲密感与坦白。

(三)焦虑症所致的婚姻家庭问题

1. 焦虑症与家庭问题的相互关系 一个焦虑的患者其配偶及孩子也常常会有强烈的紧张不安感,容易出现生理和心理问题。而焦虑症患者会渴望将诸事控制在稳定的局面,墨守成规,害怕挑战。

2. 如何在家庭层面处理焦虑症问题 由于婚姻中一方或双方的焦虑症所致的婚姻问题,除了聚焦于患者本人焦虑症的药物和个体心理治疗外,也应接受聚焦于婚姻关系的心理咨询。

习 题

一、名词解释

1. 婚姻家庭心理咨询
2. 家谱图
3. 去诊断
4. 重新建构
5. 家庭生命周期
6. 家庭财务安全感

7. 家庭暴力

8. 婚外情

二、单选题

1. 关于婚姻家庭心理问题的理解,有学者提出了代际传递的观点,认为家庭成员出现的问题会借着与其他家人的联结关系而持续下去。这个学派是
   A. 策略派家庭治疗　　　　　　　　B. 萨提亚的经验性家庭治疗
   C. 客体关系理论　　　　　　　　　D. 鲍恩的家庭系统治疗学派

2. "一个真实的母亲对婴儿所做的最好的事情就是足够敏感。"提出这个观点的学者是
   A. 鲍恩　　　　　　　　　　　　　B. 弗洛伊德
   C. 温尼科特　　　　　　　　　　　D. 萨提亚

3. 亲子关系具有的特点是
   A. 血缘性、亲密性、长期性　　　　B. 血缘性、亲情性、长期性
   C. 血缘性、亲情性、持久性　　　　D. 关爱性、抚养性、长期性

4. 关于父母教养方式,**不是**鲍姆林德所提出的分型是
   A. 权威型　　　　　　　　　　　　B. 专断型
   C. 共享型　　　　　　　　　　　　D. 忽视型

5. 关于家庭财产管理类型,**不存在**的分型是
   A. 独立型　　　　　　　　　　　　B. 共享型
   C. 平衡型　　　　　　　　　　　　D. 灵活型

6. 更年期家庭问题的核心原因是
   A. 人老珠黄,夫妻审美疲劳　　　　B. 妻子内分泌急剧变化
   C. 生活压力大　　　　　　　　　　D. 男性很难理解女性的身心感受

二、多选题

1. 婚姻家庭心理咨询对于当代中国家庭和社会的重要意义有
   A. 促进和谐社会的发展
   B. 可以消解家庭成为的压力
   C. 帮助新时代下的家庭摆脱传统家庭观的束缚
   D. 有助于发展出多样化的家庭模式

2. 婚姻家庭心理咨询中常用的提问技术有
   A. 反馈提问　　　　　　　　　　　B. 前馈提问
   C. 循环式提问　　　　　　　　　　D. 例外提问

3. 在引起离婚的原因中,最常见的有
   A. 性格不合　　　　　　　　　　　B. 性关系障碍
   C. 婚外情　　　　　　　　　　　　D. 婆媳不睦

4. 在精神疾病家庭的心理问题咨询中,咨询师需要关注
   A. 提高家庭成员对精神疾病的认知
   B. 鼓励家庭成员不要逃避自己对患者的监护和抚养义务
   C. 消除来访者对理想家庭的不现实期待

D. 帮助来访者及时送患者就医以免危害家庭安全

四、简答题

1. 简述婚姻家庭心理问题最常见表现。
2. 简述家庭系统观。
3. 简述婚姻家庭咨询的主要技术。
4. 什么是家庭责任？家庭责任有哪些特点？
5. 保障家庭财务安全的方法有哪些？
6. 咨询师在处理离婚案例中如何进行心理干预？
7. 咨询师如何帮助再婚家庭进行心理干预？
8. 当由于婚外情带来家庭危机，咨询师应如何干预？
9. 简述精神疾病家庭成员的心理咨询要点。

参 考 答 案

一、名词解释

1. **婚姻家庭心理咨询**：是在特定社会文化背景下，以科学的心理咨询理论为指导，以家庭为服务对象的心理咨询模式。其目的是协助家庭解决问题、消除异常情况、调整不良关系，发挥正常、积极的家庭功能，促进家庭关系的和谐，并有助于每个家庭成员的健康发展。

2. **家谱图**：也称作家庭代际图，是指用特定的图示方式描述家庭的发展、变化过程。家谱图可以为婚姻家庭咨询收集有关的家庭信息，分析家庭结构和家庭关系模式。由于家谱图使用直观的方式来呈现家庭中的各种关系及各种有关家庭的信息，因此可以使人们对复杂的家庭关系有一个迅速而全面的了解。家谱图也是咨询师与家庭成员互动的方式。有时，家庭成员可以通过绘制家谱图的过程更清楚地了解自己家庭的内部关系，发现问题。

3. **去诊断**：去诊断是将求助者从病态标签的压抑下解放出来，解除病人角色。例如将"我是病人"改为"我表现得像个病人"，暗示有些心理行为症状并非人格结构中不可动摇的部分，求助者对于症状仍具有影响力。

4. **重新建构**：重新建构是指对当前的症状，系统从积极的方面重新进行描述，这个观点从家庭困境所具有的积极方面出发，并将家庭困境作为一个与背景相关联的现象来加以重新定义。

5. **家庭生命周期**：是指一个家庭依照一定的轨迹，从诞生、发展、分化，直至消亡的运动过程。在这个过程中，家庭特征以及其中各个成员间的相互关系也在发生着动态的变化。

6. **家庭财务安全感**：家庭财务安全感是指家庭对自己的财务现状有充分的信心。这是家庭经济良好的关键指标。这个指标既有现实的物质基础，也包含有自身的心理建设。

7. **家庭暴力**：是家庭成员中一方对其他人进行的肉体、精神和性方面的伤害。

8. **婚外情**：是指已婚者与配偶之外的人发生恋情，很多时候，这个词与"婚外恋"是相通的。婚外情从本质上讲涉及恋情的合法性和忠诚度等重要内涵。

二、单选题

1. D   2. C   3. A   4. C   5. C   6. B

三、多选题

1. ABCD   2. BCD   3. ACD   4. AC

四、简答题

1. 简述婚姻家庭心理问题最常见表现。

答:(1)婚姻关系失和:是最早也是最直接表现出来的异常现象。当事人首先会感到个体的被爱感、婚姻信任感和家庭安全感下降,对对方失去信任,甚至开始否定爱情和婚姻的安全属性。同时,也不再感到家庭是生活困境中的避风港,配偶是自己有难处时值得信赖和依靠的人。随之,家庭成员间的沟通逐渐出现异常:原来彼此信任、坦诚、开放的沟通变成对对方失去沟通欲望和耐心,各自封闭内心,不再与对方交流思想和感受。由于彼此信息交流不畅,导致双方的信任感和对婚姻生活的掌控感更进一步下降,最终导致婚姻关系淡化,爱情的关系唯一性和排他性的特点消失。此时,配偶关系仅成为法律意义上的概念。

(2)性爱质量下降:当婚姻家庭出现心理问题时,往往会伴随有性爱质量的迅速下降、主要表现在性生活频度下降甚至消失,过性生活时丧失快感,有敷衍了事之感,对对方的性能力感到不满,过性生活的意愿下降等。

(3)家庭成员出现心理健康问题:当婚姻家庭关系出现问题时,往往在其中的一个或数个个体的心理健康水平会出现异常,例如频繁甚至持续出现焦虑、抑郁情绪,强迫症状,睡眠障碍,成年人的工作质量下降,孩子的学习质量下降等。严重者甚至以个体严重的精神疾病表现出来。

(4)家庭教育出现问题:当婚姻关系不合时,家庭教育的效率也会随之下降。因夫妻关系不和导致家庭生活不稳定、家庭暴力、婚外恋、分居、离婚、或孩子被迫寄养在祖辈家中等情况,都会对孩子的心理带来严重的创伤,导致其世界观出现扭曲,继而出现学业下降、情绪和心理障碍、品行障碍等异常表现。

2. 简述家庭系统观。

答:家庭系统观将个体所处的家庭看成一个系统,从家庭系统的结构和功能出发,在家庭成员的互动中来理解个体的行为意义,进而发掘支持个体改变的系统力量。任何家庭治疗学派都将家庭系统作为最核心的概念。

家庭作为一个系统,并不是所有成员的简单相加,而是依靠各成员间的互动以及家庭成员行为对整个家庭系统的反作用所组成。家庭成员依据自己在家庭中的辈分、性别和功能与其他成员的连接又形成了家庭中的亚系统,使家庭保持一种较为稳固的结构而行使一定功能。由于成员特性和他们之间联系的多样性,一个个体可以同时属于不同的亚系统并有不同的身份,家庭系统以个人和亚系统为组成单元,它们需要遵循界限和家庭规则来使家庭功能得以运行。界限是各亚系统间范围的划分,它决定了某个家庭成员属于何种亚系统,并在其中处于何种位置。同时家庭又是通过一定的规则进行管理的系统,家庭规则对家庭成员之间互动方式作了规定。家庭成员正是在这些规定下既完成了个体的个性发展,也使家庭系统的功能得以实现。

3. 简述婚姻家庭咨询的主要技术。

答：①倾听与共情技术；②提问技术；③家谱图；④去诊断与重新建构。

4. 什么是家庭责任？家庭责任具有哪些特点？

答：所谓的家庭责任，可以理解为一个人为了维护家庭系统的正常运转而做出的自己的努力，具体表现在个体履行一部分家庭运转所必须开展的事务，为家庭带来物质或精神上的支持。

家庭责任存在以下几个特点：

（1）普遍性：家庭责任并非针对具体哪个人，而是所有的家庭成员（包括最弱小的孩子）均存在家庭责任。而且家庭责任包含在家庭生活中的任何时候。

（2）分工性：在维持数年稳定的家庭关系中，我们往往会看到各个家庭成员间会达成某种默契的分工，例如谁主外谁主内、谁做饭谁刷碗等。

（3）持续性：家庭责任并非凭借兴趣满足一时之快，而是需要长期维持，有时未必有乐趣感存在。

（4）弹性：健康的家庭关系中，各个家庭成员的责任虽然有分工，但是也有一定弹性，如其中一个成员因为某种原因不能履行责任时，其他的成员会慢慢调整加以弥补。

（5）家庭责任与个体自由的相对性：家庭责任是社会超我的体现，往往会在一定程度上与个体本我的需求有一定对立，具体表现在每个家庭成员都不可能在家庭中完全地随心所欲。

5. 保障家庭财务安全的方法有哪些？

答：保障财务安全的方法主要有以下几个方面：

（1）确保家庭中有相对稳定的收入——如至少夫妻一方有稳定的工作或其他合法经济来源。

（2）有适度的家庭理财能力和家庭财产储备。

（3）有效控制家庭债务在家庭可承受范围内。

（4）彼此间信任对方的劳动能力和财务管理能力，特别是在出现短时间的经济困难时，更应该彼此信任对方而不方寸大乱。

（5）对家庭财产有合理的管理，对家庭经济风险有敏锐的觉察度，避免挥霍无度或坐吃山空。

（6）有必要的"救急"渠道，当短期出现家庭经济危机或需要大量资金办事时，能有可靠的亲友给予救济和资助，或者有一定的抵押物来向银行申请贷款。

6. 咨询师在处理离婚案例中如何进行心理干预？

答：咨询师在对离婚双方进行心理干预时，需要注意以下几个原则：

（1）离婚是一种应激性生活事件，离婚双方往往更多关注到对方的是非对错，而咨询师要注意将双方的关注视角引导到情感体验上。咨询师应通过倾听、共情对来访者做充分的情感支持。

（2）咨询师也可以和来访者回顾整个婚姻经历，重新思考离婚决策，以及探讨离婚后的生活打算。这可以帮助来访者对自己可能是冲动性决策做出更加深入的反思。

（3）需要注意的是：离婚咨询的主旨并非"劝和"，而是帮助来访者更有能量处理自己的情绪，处理离婚事务，以及对离婚与否做出更理智的决策。

（4）如果发现离婚家庭中存在诸如抑郁、焦虑、亲子关系和儿童行为问题等，可以通过系统的家庭干预，帮助家庭成员发展出建立更强关系的技能，从而增强家庭的复原力。

7. 咨询师如何帮助再婚家庭进行心理干预？

答：咨询师需要针对具体问题，帮助来访者做如下处理：

（1）再婚者的自我调适：再婚的夫妻双方都需要调整好自己的心态，恢复心理平衡，尽量不要把自己过去的婚姻生活经历和感受带到新的婚姻中。即所谓带着"初心"去迎接新的婚姻生活。当然，咨询师可以提醒来访者对过去的婚姻失败的经历做建设性回顾，总结经验教训，以利于维护新的婚姻关系。

（2）支持再婚者接纳对方的过往：咨询师需要提醒来访者这样一个原则：每一个进入再婚家庭的人，都要做好充分的思想准备，与他（她）的"过去"和平相处。咨询师需要帮助来访者在咨询环境中释放对配偶的不满情绪，并且为来访者提供更多的分析，促进来访者领悟。

（3）扮演好继父母角色：咨询师需要为来访者提供如下建议：①不要奢望马上取代孩子心目中的生父母地位，相反，要鼓励或他们和自己的生父母保持联系；②顺其自然，适度允许子女对配偶的暂时不接纳。不要刻意营造全家和谐的假象，特别是不要刻意督促或威胁自己子女和继父母保持良好关系；③在处理继亲子关系时，再婚夫妻间需要先进行沟通，达成共识。彼此约定对所有子女一视同仁，鼓励孩子表达，增加相互了解，通过共同娱乐活动等方式，增加彼此的亲情。

8. 当由于婚外情带来家庭危机，咨询师应如何干预？

答：婚外情带来的家庭危机在咨询中的处理步骤如下：

（1）应急措施：评估哪些正在企图通过自杀、他杀、仓促离婚的来访者，应采取紧急措施阻止。并让他们明白治疗师有信心帮助他们度过危机。

（2）让所有当事人一同就诊：提供一个平和、安全的场所，让婚姻双方一同来探到底发生了什么。

（3）定位问题：使来访者了解为什么不忠的一方会在一定情况下做出不忠的行为。逐渐让当事人了解到不忠行为的现实原因及其背后的潜意识动机。

（4）使所有当事人都冷静：让当事人明白任何歇斯底里的表现都是不必要的。在采取行动前，应该考虑行动的策略。咨询师需要帮助来访者培养这样的信心——人们是可以耐受不忠行为的伤害，并且可以度过这样的风波。

（5）找出解决方法：帮助来访者选择行动的策略，特别是如何面对婚外情、如何面对婚姻、如何面对双方的关系等。咨询师应该让双方甚至包括婚外情的第三者都意识到自己有权选择自己的生活。

（6）讨论下一步抵制的因素：根据婚姻双方对婚姻的需求，帮助双方达成妥协。

（7）结束治疗：了解双方的担忧，决定双方如何面对今后的婚姻危机或不忠行为，确定应该做出的改变，让双方相信婚姻是可以度过危机并达到圆满的。

9. 简述精神疾病家庭成员的心理咨询要点。

答：咨询师要熟悉各类精神疾病的相关知识，并掌握《精神卫生法》中关于精神疾病转诊的相关规定。在咨询过程中需要关注以下几个方面：

（1）提高家庭成员对于精神疾病的认知，特别要消除家庭成员对疾病及家庭现状的合理化解释，如认为是患者的自己"不争气、人品差、命不好"等。鼓励家庭成员及时送患者就医。

（2）给予家庭成员以心理支持，如倾听家属在护理过程中的艰辛，鼓励家庭成员参与到患者的治疗过程中。

（3）消除患者和其他家庭成员对于理想家庭的不现实期待，让他们基于现实条件重构家庭关系。

（武雅学）

第十章　不同年龄阶段的心理咨询

学 习 要 求

掌握：
1. 与儿童沟通技术。
2. 常见的儿童特别问题的处理方法。
3. 考试焦虑常用的心理咨询和干预方法。
4. 体像障碍的概念和心理咨询。
5. 青少年异性交往及"早恋"对待。
6. 与青少年建立咨询关系的技术要点。
7. 夫妻咨询的概念和实质。
8. 中年期生涯咨询的技术要点。
9. 老年退休问题的心理咨询与指导。
10. 老年心理咨询的技术要点。

熟悉：
1. 儿童期主要心理问题。
2. 青少年的情绪行为问题。
3. 中年压力。
4. 老年期心理障碍。

了解：
不同年龄阶段人群的主要心理特点。

重 点 内 容

第一节　儿童期心理咨询

一、主要心理特点

（一）童心

儿童最大的心理特点就是具有一颗童心，透过童心看到一个世界，也用童心去理解世

界,他们的行为则是童心的外现。具体来说,童心大致有以下五个特点:

1. **灵性的感受** 儿童是天生的"泛灵论"者,年龄越小越是如此。儿童处在"自我中心期",完全以自己的感受为标准去推导外界。儿童自己有灵性的感受,所以在他们的眼中,一切都是有灵性的,没有区别。完全将自己的内心投射到所接触的事物中去,创设出一个我们成人很难理解的,对他们来说却是非常真实的世界。

2. **好奇的探究** 对儿童来说,眼前的一切都充满了神奇,都要去探究,都想去摸一摸、拿一拿、动一动。他们总在试探着去认识世界,弄清究竟。儿童的好奇心与成人的榜样和强化关系密切。

3. **沉迷的活动** 儿童还是天生的"行动家"。对儿童来说,只要是他们自己愿意从事的活动,总是沉迷其中。

4. **非功利的态度** 儿童也是天生的"非功利主义者"。他们在各种自发的活动中,目的就在于活动的本身,在于活动的过程,没有功利的考虑。

5. **处在当下** 自完形治疗理论诞生以来,"活在当下"渐渐成了健康生活的一个重要指标。殊不知,对儿童来说非常简单、非常容易,因为本来如此,他们总是处在当下,他们的感受和行为都是即时性的,总是和当时的环境与当时的感觉连在一起。

(二)成人羡慕

对儿童从来说,成人就是一个无所不能的超人,由此产生成人羡慕。成人羡慕后面的动力是希望能掌控环境、获得自由的需要。

1. **模仿和认同成人角色** 儿童会在各种游戏中模仿成人的角色,并且极其投入,从中满足做成人的愿望,感受自己的力量,获得一种控制感。与此同时,儿童会对父母、老师和其他自己喜欢的成人产生较强的认同感,通过对成人个性品质的效仿,增加自我"强大感"的意识。认同带给儿童以榜样的力量和发展的动力,对儿童性别意识和道德感的发展具有重要影响。

2. **成人依赖与服从** 在儿童眼中,力大无比的成人对他们来说都是权威,只有服从;另外,限于自身的心身力量,他们又离不开成人的照顾和保护,需要从成人那里获得安全和温暖,由此又特别依赖成人。

3. **自由成人假设**

(三)两极性思维与行动性思维

儿童时期思维的基本特征是以形象思维为主,在发展中逐渐转化为抽象逻辑思维为主。儿童的思维是两极性的,进入小学改变也不是很大。在他们的头脑中,事物总有一个单线的因果关系,非黑即白、非好即坏。不要老师教,他们也会无师自通地用"因为……,所以……"造句来构造世界。

儿童思维的另一个特点是行动性,思维总是和行动联系在一起,这也是他们喜欢拆卸东西的一个原因。他们若想搞清一个事情,总离不开动作。

(四)情绪情感的动因与调节

儿童最初的情绪反应是与生理需要相联系的,随着年龄的增长,活动和接触的范围扩大,儿童自我的情绪体验由与生理需要相联系的情绪体验(愉快、愤怒)向社会性情感体验(自尊、委屈、羞愧等)不断深化、发展。

对3岁以前的婴儿来说,情绪的内容多与个体保存本能、安全感的获取和其他生理需要有关,这个时期的儿童如果受到惊吓或者安全感没有得到满足,会对儿童的心理发展产生影响。此外,随着引起情绪反应的社会性动因不断增多,幼儿阶段开始,自尊感、荣誉感和道德感等社会性情感体验逐渐得到发展。自尊感是最值得重视的幼儿自我情绪体验,儿童在3岁左右产生自尊感的萌芽,到童年期,自尊感具有稳定性。父母的教养方式和同伴关系等因素会对儿童的自尊水平产生影响,而儿童自尊水平的高低又与以后的情绪发展和适应性有一定的相关性。

儿童情绪的自我调节能力较差,婴幼儿期的儿童情绪稳定性较差,善变、易受暗示,容易受外界事物的影响和支配,随着年龄的增长,儿童控制和调节自己情绪情感的能力会逐渐加强。

(五)语言限制

儿童虽然看上去能说会道,但对语言符号的象征意义理解有限。由于一般知识的缺乏和认知能力的局限,使儿童难以通过相关话语发展会话主题和维持长时间的会话。说儿童的语言限制是用成人的标准,如果我们能够理解儿童的语言,就会很容易发现他们非常丰富的内心世界。对儿童咨询的研究发现,游戏、活动、行为产品(如涂鸦)等都是儿童独特的语言。

(六)亲子和同伴关系对儿童心理的影响

婴儿期是依赖和控制的平衡期,婴儿处处依赖父母,父母紧紧地控制着儿童的行为,亲子交往的质量和安全的亲子依恋关系是健康自我发展的重要条件,安全型依恋的儿童社会技能发展得更好,往往享有信任而持久的人际关系,并具有良好的与他人分享感受的能力,更容易适应新的环境。幼儿期的儿童开始出现反抗父母的控制,要求行为活动的自主和实现自我意志,亲子关系的特点从父母对其行为的单方面控制逐渐转变为父母与儿童一起做决定,同时对儿童的决定给予监督和指导。亲子关系逐渐转变为平等、互相尊重的合作关系,有利于儿童独立性的发展。

儿童期儿童的交往对象从以父母为主逐渐转移到以同龄伙伴为主,同伴关系有利于儿童社会认知、社会交往技能的发展和健康人格的形成,并对儿童的学校生活和学习产生影响。

二、主要心理问题

普鲁特和布朗(Prout & Brown)综合一些研究认为:儿童的心理障碍基本上是一个发展的问题,"除了一些极严重的精神问题或行为外,许多看似问题的行为其实只是正常发展过程中的偏离。成人身上被当作病态的行为对儿童或青少年却未必是不正常的。"这是一个极具启发性意义的看法,在发展或成长过程中看待儿童的心理问题,从他们自身发展阶段的价值中看待他们产生的这样或那样的心理困扰,这些问题就成了一个成长性的课题。

(一)儿童行为问题和情绪问题

儿童行为问题主要表现为躯体攻击、言语攻击,破坏行为,不负责任、不服从或恶劣人际关系等一系列的问题。具有这类问题的儿童可能由于未能在成长中学会自我控制,或者在早期家庭中学会了不同的行为规范,往往很难遵守适合于他们的社会行为规则和规范。儿童情绪问题主要表现为恐惧、抑郁和害羞,通常比行为问题持续短暂、表现温和。许多研究发现,大多数具有行为问题的儿童,很大程度上同时具有情绪问题。

(二)注意缺陷多动障碍

注意缺陷多动障碍(attention deficit hyperactivity disorder, ADHD),就是通常所说的儿

童多动综合征(hyperkinetic syndrome)。主要表现为与年龄不相称的注意力易分散,注意广度缩小,不分场合的过度活动和情绪冲动,并伴有认知障碍和学习困难,智力正常或接近正常。约5%的儿童患有ADHD,家长们可能在儿童处于婴儿期就注意到症状,但大多数儿童直到4岁才能诊断为ADHD,学龄期儿童症状明显。有这种障碍的儿童在课堂上常常违反纪律和袭扰他人,但他们自己是很难自控的,因此不能简单地将他们的行为看作是品德问题。

(三)学习障碍

学习障碍(learning disorder)在DSM-5中被称为特定学习障碍,是指儿童在学龄早期,同等教育条件下,出现学校技能的获得与发展障碍。包括阅读、计算、书写的问题,远低于年级平均水平。除学习不良外,学习障碍比较常见的表现有:

1. 注意力不集中,做事磨蹭,有头无尾,缺乏时间观念和任务感;社会适应技能缺陷,凡事都要依赖别人;缺乏良好的学习习惯与学习方法。

2. 缺乏学习兴趣,缺乏好奇心,对人对事缺乏兴趣;或学习兴趣肤浅、范围狭窄、兴趣不能稳定持久。

3. 缺乏学习动机或学习动机多停留在短暂、浮浅的消极水平上,具有游移摇摆的特点,缺乏强大而稳固的动机支持。

4. 学习态度不良,目的不明确,呈现一种漫无目的的学习倾向;缺乏学习热情和自觉性;自制性和坚持性差。

5. 活动过度,问题行为、违纪行为多、自我控制力差,不易与同学建立良好人际关系;寻求反面心理补偿,出现逆反心理及情绪对抗。

6. 自我评价差,容易感到挫折、忧郁、焦虑、窒息感、压抑感,易自卑及封闭。

三、咨询的技术要点

(一)儿童咨询的独特性

儿童心理咨询的咨询关系和过程具有不同于成人的特点,主要表现在以下几个方面:

1. **语言发展水平和能力** 限于语言和认知的发展水平,儿童无论在通过语言表达自己和理解他人方面都有困难。在成人咨询中最常见的以"谈话"为主要形式的咨询,在儿童那里就会受到限制。所以,在儿童心理咨询中一个特别的课题就是充分运用非语言技术。

2. **咨询动机与领悟能力**

3. **环境的控制**

(二)与儿童的沟通

对于儿童的心理咨询,我们要了解孩子的行为,最好是从孩子本身的参照架构着眼,看清楚孩子和孩子的世界,就如同这个独特的个体看待自己和他的世界一样。儿童不仅言语能力受到限制,并且自我及自我概念还有待进入青春期后的主观化建构。这时,他们是不可能像成人那样用语言符号来表征和传达对自己的经验世界的感受和情绪的。因此以下几种方式就成为与儿童沟通的重要渠道:

1. **游戏** 游戏是每个孩子喜闻乐见的活动方式,是一种与儿童沟通的有效方式。儿童可以通过游戏,来表达其丰富的内心世界。重要的情绪经验通过游戏能被表达和重新赋予意义。通过游戏,还可以将现实中无法处理、控制的情景改变为象征性的、可控制的。在游戏中,儿童可以宣泄情绪,学习责任和规则,也可以重新体验挫折;在游戏中,儿童可以有身体的接触,可以用社会能够接纳的方式表现其进攻性,同时可以学习如何与人相处;游戏可以为儿童的想象力插上翅膀,也有助于其人格特质的形成。针对儿童发展起来的游戏治疗,是一种较为适合儿童的心理咨询模式。

2. 绘画　绘画是儿童表达自己愿望的语言和符号,也是儿童非常喜欢的动作游戏。在儿童那里,相对于言语活动,绘画是他们自我探索、自我揭露和自我实现的主要而又特殊的途径,是他们的重要语言。

3. 其他方式　儿童在一般的体育运动、舞蹈,音乐、表演、讲故事等活动中,都能非常投入,并且将他们内在的愿望、需要、情绪、想法等投射其中;在这些活动中展现自己、表达自己,与别人互动。

（三）家庭的引入和以父母作为咨询对象

引入家庭是对儿童咨询的一个较好途径。由于儿童对环境的依赖要大大高于成人,家庭的引入可以从协调家庭系统的角度解决儿童的问题,而不单单将儿童作为咨询的对象或问题的所在,从而更有效地解决儿童的问题。另外,家庭的引入还对咨询师处理好来访者和父母的关系带来帮助,并且可以调动父母的资源协助儿童改变。

孩子的问题往往是一个家庭系统问题的表现,引入家庭治疗是一个方面,有时直接将父母作为咨询对象也是很有必要的。

（四）几个特别问题的处理

1. 攻击行为　攻击行为又称侵犯行为,是指针对他人的敌视、伤害或破坏性行为。对于攻击行为的矫治可采用以下多种方法:

（1）榜样示范。

（2）家庭咨询。

（3）行为矫正。

（4）问题解决技巧训练:具有攻击行为的儿童通常存在认知缺陷,例如交流技巧、解决问题的技巧、冲动和情绪控制等方面的技巧等。

（5）环境支持。

（6）培养孩子丰富深厚的思想情感。

2. 欺侮行为　欺侮是一种特殊形式的攻击行为,是指强势个体对弱势个体重复实施的故意攻击行为。小学儿童的欺侮行为的发生率较高,严重影响儿童的身心健康和发展。

针对欺侮行为,应该通过宣传等手段,提高学生,教师、家长对欺侮行为的认识,了解其所产生的严重后果和可能要承担的法律责任;加强对欺侮事件易发地点的监控,为受欺侮者提供保护;及时进行有效的心理干预和疏导,减少欺侮行为给受欺侮儿童带来的心理创伤。同时,通过角色扮演、自控能力训练和移情训练等方法对欺侮者进行攻击行为的心理矫治。

3. 害怕和恐惧　对于儿童的害怕和恐惧症状常采用以下方法进行矫治:

（1）行为矫正。

（2）认知咨询。

（3）生物反馈疗法。

此外,对于年幼儿童的游戏和音乐咨询、对于严重焦虑和恐惧儿童的药物咨询也是可选的方法。

4. 儿童注意缺陷多动障碍　对已经被精神科医生诊断为注意缺陷多动障碍的儿童,咨询师可以采取适当的咨询措施,以协助他们度过这一困难阶段,防止由此而带来的负性影响,从而获得较好的发展。

（1）环境支持。

（2）行为矫正:用行为矫正的原理,在生活、教育训练中,当儿童适当行为出现时给予不同方式的强化;当破坏性等不适当行为出现时,给予消极反馈。

（3）认知行为干预:利用自我指导训练法,训练儿童的自我控制、自我指导、多加思考和提高解决问题的能力。

（4）疏泄疗法:一是情绪疏泄,二是精力疏泄。对他们过多的精力要给予宣泄的机会,可指导他们参加跑步、踢球等有系统程式的体育训练,同时要劝止一些攻击性行为。

5. 学习障碍　对学习障碍儿童的矫治,可以参考以下方法:

（1）行为矫正。

（2）认知行为干预:认知行为干预对学习障碍儿童进行认知策略、自我控制和自我指导训练,帮助学习障碍儿童形成主动的、自我调控型的学习风格,提高学习策略的使用水平。

（3）知觉器官和心像介入策略。

（4）情感介入策略。

（5）人际关系的介入策略。

第二节　青春期 - 青年前期心理咨询

一、主要心理特点

（一）青春期是个体成长的过渡期

这一时期一个最大的特点就是,要从进入青春期到完成青春期过渡,以一个崭新的面貌去建立自己的人生之路。

1. 从生理现象看青春期　青春期首先是一种生理现象,是指人在生长发育过程中出现的以性成熟为主的一系列身体形态、生理功能、内分泌的急剧变化阶段。青春期生理方面的急剧变化是青春期其他变化的生物学基础。

2. 从心理现象看青春期　青春期同时又是一种心理现象。青春期生理上的急剧变化,给青少年的心理活动带来了巨大影响,身心发展迅速而不平衡的特点,使青春期个体的心理活动常常处于矛盾和冲突状态,容易产生各种危机。

（二）发现和确立自我同一性

自我同一性的概念由艾里克森提出,指一种关于自己是谁、在社会上有何地位、将来会怎样等稳定的自我形象和自我历程的体验。青少年期是自我同一性形成的关键期,确立自我同一性和防止社会角色的混乱是这一时期的基本发展任务。

（三）性别觉醒

性别觉醒是自我概念形成的一个重要部分,其心理意义要大大高于生理意义。总体上说,青少年的性别觉醒表现在三个方面:第一,性别角色意识形成;第二,性别角色的自我塑造;第三,情窦初开。

（四）思维监控能力的迅速发展

青少年思维发展的基本模式是由形象思维、抽象思维向辩证逻辑思维过度,创造性也得到了快速发展,其中一个非常显著的特点是思维监控能力的迅速发展。

二、主要心理问题

(一)青少年的情绪行为问题

从咨询的角度去看青少年的心理问题,除了早期家庭影响以外,这一时期重要的发展任务以及由此带来的发展压力,是咨询师需要考虑的。克普兰德(Copeland)认为,青少年对发展压力的反应可能表现出某些情绪状态和行为:①高敏感性;②情绪波动;③冲动行为;④行为抑制。

(二)考试焦虑

考试焦虑(test anxiety)是个体由于面临考试而产生的一种特征性的心理反应,是在应试情境刺激下,受个人认知评价、人格特征和身心因素的影响,产生的以对考试成败的担忧和情绪紧张为主要特征的心理反应状态。学习是青少年期的主要任务,面对升学等各方面的学习压力,在外部环境的客观因素和学生自身主观因素的相互作用下,考试焦虑问题已经十分普遍和严重。考试焦虑威胁着青少年的身心健康和发展,应重视对考试焦虑的干预,常用心理咨询和干预方法包括:①心理教育;②认知行为治疗;③放松训练:包括呼吸放松训练、肌肉放松训练、意向放松训练、音乐放松训练、正念放松训练等;④系统脱敏;⑤体育锻炼。

(三)体像障碍

体像障碍(body image disturbance)是因自我身体意象带来的心理困扰,往往出于对自己的外貌特征的不满、担忧,进而使整个自我概念受损,影响生活和适应的一种状况。身体关注是青少年自我意识觉醒的一个显著特点,身体形象在他们的心目中非常重要。

体像障碍的心理咨询主要包括:

1. 心理教育

2. 支持性心理咨询

3. 认知治疗　让来访者认识到虽然困扰是真实的,但并不存在器质性病变,对生命、健康不会带来威胁,学会与症状共存;帮助他们认识自己的困扰,分析引发困扰的因素;鼓励来访者识别自己的错误认知和不适当的思维,用准确的中性言语去描述自己的"缺陷",避免用笼统、充满情感的语言去描述,重建正确的问题概念和对待问题的态度;通过认知性家庭作业,调查总结别人眼中的自己与自己眼中的自己进行比较等多种方式,去重建内在的自己。

4. 家庭治疗

(四)性心理问题

个体发展到了青少年阶段,才真正开始对性和两性关系有自主地感知、觉察和体验,也是因为是人生的第一回,由此产生的心理困扰也就成了青少年的一个突出问题。主要表现为手淫、性功能和性行为、异性交往和早恋等问题的困扰。

1. 手淫问题

2. 性功能、性行为问题

3. 青少年异性交往及"早恋"对待　青少年对特定异性同伴的好感、爱慕是性意识发展的必然结果。青少年两性交往的咨询与辅导主要包括:

(1)青少年性别角色意识的辅导。

(2)正确认识青少年的两性交往:青少年两性交往是正常的情感和心理发展的需要,是进行社会适应和自我完善的重要途径,应该得到尊重和鼓励。

（3）正确对待"早恋"。

（4）走进青少年的心灵,做他们的参谋。

（5）终止"早恋"的策略:当"早恋"给青少年带来很大的苦恼,影响其正常的学习生活时,应让青少年掌握终止恋爱的策略:①冷却法;②搁置法;③转移法。

（五）生涯发展

从生涯发展阶段上看,青少年期跨越了"成长期"中的"能力期"（13~14岁）,延伸至"探索期"的"试探期"（15~17岁）。在能力期,青少年对于未来考虑的主要是能力及工作条件,以及如何发展自我形象,并且了解工作意义。在试探期,青少年在思考生涯问题时,重要考虑的是需要、兴趣、能力及机会,并在学业、讨论、活动和工作中加以尝试。

17、18岁开始,青少年进入了转型期,现实状况在生涯抉择上占了很重要的位置。这是一个人一生中一次重要的转型期,顺利度过这一时期,可以使得他们在即将到来的现实抉择期更有效能。

三、咨询的技术要点

（一）咨询关系

韦纳（Weiner）指出迅速与青少年建立咨询关系对于青少年心理咨询取得成功是非常关键的,其重要性远远超过对其他年龄群体的心理咨询。青少年有对成人拒绝的一面,咨询关系的建立成为一个特别问题。

1. 处理非自愿的来访者　由于接受咨询的青少年大多是从父母老师的视角出发认为他们需要咨询,自愿前来的不是很多。咨询师对他们的尊重和接纳尤其重要,尤其要尊重青少年的话语权,以青少年的话语系统去与他们沟通,才能建立起有效的工作联盟。要尽量使用青少年可了解的言辞沟通,消除咨询可能影响其独立性的顾虑,应该避免出现长时间的沉默、非支持性的反应或对他们所提问题作冗长的回答等。咨询师尤其要了解当前青少年的价值观、流行风尚、口头禅等,并对与青少年社会和情绪发展水平相关的压力保持敏感,争取他们的合作与协助。要避免以成人的文化价值观念去衡量青少年,对他们进行压制性的说教或拼命讲道理;要以青少年内心世界的架构和参照系达到对他们共情的理解。

2. 权威认同　权威认同是青少年自我同一性形成过程中要解决的一个重要问题。对青少年来说,在对权威认同的同时保有自己的独立性,能作为一个独立的人存在和决策规划自己的将来,就较好地完成了这方面的发展任务。无论咨询师自己的观点如何,在咨询过程中咨询师通常会被当作权威的角色来对待。咨询师需要考虑到青少年在权威认同方面的特点和任务,为青少年提供一个良好的与权威互动的常模,有利于他们积极的权威认同模式的形成。

3. 责任承担　在咨询关系中的责任承担就是要将青少年应承担的责任交还他们,具体来说可从以下几方面着手:①在咨询开始时就要完成关于心理咨询的相关说明,让青少年认识到咨询的宗旨是助人自助,从而将他们引入咨询,明确他们应承担的责任;②对青少年知情权的尊重;③咨询目标和技术的共同确定。

当然,咨询师必须努力保持青少年独立与依赖的平衡,既不将青少年当孩子,也不将他们当作可以完全自由地作决定的成人看待。

（二）家庭治疗和学校心理咨询

1. 家庭治疗的应用　家庭治疗（family therapy）是以整个家庭为对象的一种心理咨询方法或模式。由于青少年的问题和家庭牵连更加密切，家庭治疗在解决青少年问题上具有特别的适应性和有效性。青少年咨询师最好能学习和掌握家庭治疗，应用于实际的咨询之中。

2. 学校心理咨询　除了少数严重心理障碍外，青少年咨询工作大多在可以在学校里进行。即使咨询师不在学校里服务，和学校心理咨询人员合作对解决青少年的心理问题也大有裨益。

第三节　青年后期 - 成年期心理咨询

一、主要生理和心理特点

（一）生理变化

这一时期介于青年前期和老年期之间，是生理成熟的延续阶段，又是生理功能从旺盛逐渐走向退化的转变期。

1. 身体变化

2. 更年期　咨询师需要意识到，更年期不仅仅是生理问题，同时也是心理问题和文化观念问题。只要中年期个体对更年期有正确的认知，积极主动的进行生理和心理调适，必要时接受专业的帮助，就能够达到身心平衡，顺利度过更年期。

（二）心理变化

1. 认知能力的变化

2. 人格特征　这一时期的人格相对稳定，变化主要表现在倾向性上。按照荣格的理论，人到中年，特别是进入中年后期更多地表现出内倾性的特点，反思和内省成为中年期心理活动的一个重要特色。此外，中年期个体的性别角色进入整合阶段，向着男女同化的"完美人格"的境界发展。

3. 社会角色及心理效应

二、主要心理问题

（一）中年期的发展任务

同其他发展阶段一样，中年期也有其特定的发展任务。而人生每一时期的发展任务，也意味着个体要面临的生存压力和需求。较好的完成发展任务是促进个体发展和减少心理问题发生的重要前提。综合学者们的看法，中年期发展的任务主要体现在：①家庭、社会和个人责任的承担；②稳定与发展家庭和事业；③寻求新的突破；④维护生活的整全。艾里克森认为，成人在发展中要面临和处理的内心冲突是：亲密感 - 孤独感、繁殖感 - 停滞感，而交往的范围和要应对的人际关系问题也是一生中最大最多的。

（二）中年压力

从中年期发展任务和要面临的冲突可以看出，通常情况下，这时期是个体一生中的心身负荷最为沉重的时期，许多中年人会感受到非常巨大的压力。

1. 婚姻家庭

2. **生涯转型或危机**　生涯转型（career transition）是指从一个生涯阶段到另一个生涯阶段的变动，转型可以很平稳或很顺利，个人的经验不需要有太突出的变化。生涯危机（career crisis）是指于生涯阶段的变动时必须发展出新的方案，以应对突发问题的困境。当一个人面临生涯转型时，因个人情况而异，也可能就是一种生涯危机。

3. 健康问题的焦虑

4. 个体内在冲突

5. 社会变迁的压力

6. 心理疲劳

三、咨询的技术要点

（一）夫妻咨询

夫妻关系问题是来访者常见的苦恼的来源，进行夫妻咨询往往比个别咨询有更高的效率。夫妻咨询是将问题聚焦于夫妻间的人际关系，应用多种心理治疗理论和技术对夫妻关系进行调适，降低夫妻冲突，使夫妻双方互动改善的咨询和治疗方法。

1. **引发夫妻冲突的主要因素**

2. **夫妻咨询中的一些问题**　在夫妻咨询中需要特别注意的一些问题包括以下几个方面：①夫妻咨询的实质：从关系中寻找问题产生的原因，会从夫妻互动反应模式入手，将其放在家庭或社会系统背景下，分析夫妻关系影响因素，对夫妻关系做出调整，重建夫妻动力系统，帮助其达到新的平衡，进而促进问题的解决。②模式的综合性：不同咨询派别对夫妻问题的关注点有所不同，有的关注过去、有的关注个人原生家庭的影响、有的强调此时此地沟通的改善、有的聚焦于具体问题的解决等。③与中年期挑战和压力相关联。④解决途径："重新定义"被认为是一个较为有效的解决途径。⑤咨询师的年龄和阅历：不同年龄和阅历的咨询师在中年夫妻咨询中都有优势和限制。但是，只有具备相当婚姻经历的咨询师才能做夫妻关系咨询的看法是错误的。

3. **心理障碍的夫妻咨询**　夫妻关系对人的影响非常巨大，许多研究发现中年期心理障碍和夫妻亲密关系有关。

（二）中年期生涯咨询

1. **生涯转型与危机**　当一个人面临转型时无法做到很好的应对，这次转型就可能成为一种生涯危机。如何面对生涯转型和危机，是成人生活中的重要课题。

斯克劳斯伯格（Schlossberg）提出了转型的四种类型：①预期型；②非预期型；③长期困扰型；④非事件型。

霍普森和亚当斯（Hopson 和 Adams）提出的转型类型：①自愿转型；②非自愿转型。

2. **生涯事件（career events）**　引发生涯转型或生涯危机的事件称作生涯事件，通常有以下几种类型：①标准角色转型事件；②非标准事件；③持续性的职业问题。

3. **处理转型和危机的模式**　霍普森和亚当斯提出的成人生涯转型的模式，被大多数心理学家认可和运用。

（1）生涯转型期的因应技能：布拉默和亚伯拉吉发展出一个基本的因应技能模式，以帮助成人处理转型期的生涯危机：①认知与回应技能；②评估、发展与利用外在支持系统技能；③评估、发展与利用内在支持系统技能；④减少情绪与生理苦恼技能；⑤规划与执行改变技能。

这些技能通常在帮助处于生涯转型期的人能真实感受目前的状况,以在危机到来之前,有充足的时间做好未来规划。以及帮助那些常常感到对生涯变化无力回应的人,能理性的回应生命中发生的变化。通常,生涯咨询师采用团体的方式介绍和训练参与者。

(2)转型期生涯咨询的主要内容:朱克(Zunker, 1996)介绍了成人转型期生涯咨询的七个主要内容,并认为根据这些内容分别设计咨询方案,可构成一个成人转型期生涯咨询的较为完整的体系:①经验确认;②兴趣确认;③技巧确认;④生活风格确认;⑤教育与训练规划;⑥职业规划;⑦终生学习规划。

除了对这一时期个体的特别问题进行关注外,还应该帮助这一时期的个体掌握一些压力管理和应对策略,更好的应对来源于方方面面的压力,保持健康的身心状态。

第四节　老年心理咨询

一、主要生理和心理特点

(一)生理状况

进入老年期,身体的各个器官系统,包括神经系统、呼吸系统、循环系统、消化系统、泌尿生殖系统、骨骼肌肉系统等都会发生一些衰老现象,生理功能趋于退化,效用减低。

(二)心理状况

1. 认知能力　老年期的认知活动较为复杂,认知能力的变化具有一定的个体差异性。总体来说,老年期的认知能力呈现出减退性变化的趋势,但是某些高级认知能力如晶体智力、思维等方面还保持着一定的发展。

2. 情绪和情感　老年期的个体,由于生理、心理功能的退化以及社会角色和地位的变化,在外貌、配偶、健康、专业、社会地位等方面的丧失的影响下,容易产生衰老无用感、孤独感、疑虑感、忧郁感等消极情绪情感。除消极情绪情感外,老年人同时具有轻松感、幸福感、满足感等积极的情绪情感。

3. 性格与态度　老年人在个性方面会将本来的性格特点增强。有些人随着脑功能的减退,变得比较谨慎,固执;有的甚至变得比较容易疑惑,不相信别人,采取防范的态度。老年人更倾向于拘泥刻板的行为,他们经验丰富,也注重自己的经验,并希望子女接受自己的经验。需要强调的是,老年期个体的个性虽然发生了某些变化,但个性的基本方面是持续稳定的,并且稳定多于变化。

4. 社会角色及心理效应　老年人要经历一些社会角色上的改变,工作变得越来越不重要,休闲活动,家庭、家人以及社区服务变得越来越重要。退休以后生活的重点在于个人的居所、朋友以及空闲时间的利用等。

从社会到家庭的角色改变,带来老人的一个重要人生适应和发展问题,伴随着生理和心理功能的衰退,这种适应和发展本身成为老人的一个重要压力源。

二、主要心理问题

(一)老年期的发展任务

哈维格斯特提出了老年期的六项发展任务:①能适应逐渐削弱的身体力量和健康状

况;②适应退休生活;③接受配偶的死亡;④加入同年龄组(老人社会);⑤承担社会与公民义务;⑥保持满意的物质生活。

艾里克森则指出,老年期要面临内心冲突是:完善感—失败、绝望感。

美国心理学家佩克(Peck,1968)拓展了艾里克森的老年心理社会危机的概念,强调老年人对生活事件的适应能力,主张从提高老年人认知与应对老龄化带来的任务或挑战的角度来促进老年心理社会的发展。

(二)角色改变的焦虑

1. 社会角色的改变

2. 家庭角色的改变

(三)退休的心理适应

退休是老年人要面对的一个重大的生活事件,会带来社会地位、经济收入等方面的变化和一系列的适应问题。能否正确认识和适应这一变化,直接关系着老年人的身心健康和主观幸福感的获得。心理咨询师可以从如下几个方面对退休问题给予老年人咨询和指导:①积极接纳老年人因退休适应问题而带来的各种负性的情绪情感,提供情感上的支持;②帮助老年人建立对退休生活的正确认知;③帮助他们重新看待和评价自我价值和能力,改变把职业成就当成自我价值体现的唯一来源的情况;④鼓励老年人通过发展家庭角色和工作以外的其他社会角色等获得满足感和成就感,分化对工作角色的专注;⑤提高老年人对老年期身心变化的认识,对未来生活中可能遇到的除退休以外的其他生活事件做好一定的心理准备,积极面对和主动适应,从而减少各种心理社会危机事件对退休适应和身心健康的影响。

(四)最后一次心理诞生

詹姆斯·卢格指出,人生中有三次大的心理诞生:①婴儿的心理诞生,标志是同与母亲融为一体的状态分离,继而产生并形成特征的个性化;②青春期的心理诞生,出现于儿童期的猛烈断裂,与家庭和同辈群体的差异拉大,导致对自我同一性的寻求;③老年期的心理诞生,要面临人生的最后一个实实在在的现实,接受自己死亡的命运。卢格进一步指出,人生的最后一次心理诞生包括同自我的基本分离,由此与更多的人形成更紧密的整体联系——同整个人类联结起来——同时又保持自我的存在,因而继续指引自己成长和临死的过程。

(五)老年期心理障碍

1. 阿尔茨海默病 阿尔茨海默病(Alzheimer's disease,AD),是一种病因未明的进行性中枢神经系统退行性疾病,以不断进展的记忆障碍、全面智能减退、个性改变以及精神行为异常为主要临床表现,是老年期痴呆的常见类型。目前,针对阿尔茨海默病尚无特效疗法,因此针对该病的早期预防和干预就显得尤为重要,具体措施有:经常动手动脑;积极活跃的老年社交,多和他人交流沟通情感;减少心理应激,提高心理健康水平;积极参加文体活动;合理膳食、适当补充卵磷脂;自觉防治高血压、动脉粥样硬化等与老年性痴呆直接或间接相关的疾病;如果出现阿尔茨海默病的早期症状,及时就医寻求帮助,家属应配合医护人员对早期患者进行认知等方面的康复训练和心理辅导。

2. 焦虑症 焦虑症是最常见的老年期心理问题之一。老年人表现出焦虑的情况时,首先要排除是否是由躯体疾病或药物性原因所致,如患有甲状腺功能增高的情况,脑部血液循环欠佳等躯体因素或是受药物副作用而发生的结果等。

3. **抑郁症**　抑郁症是老年期常见的心理障碍。老年人抑郁的特点是：诉说自己心情忧郁的情况比较少，诉说身体不适比较多，因而容易与疑病症和躯体化障碍混淆；他们还会诉说睡眠不好，胃口不佳，便秘等。如果对平时喜欢的嗜好突然失去了兴趣，服用的药不肯服用，不在乎自己的身体健康，也可能是情绪低落的表现。如果平时不喝酒而突然喝起酒来也要引起关注。如果开始整理自己的物品，向家人做一些事务安排的交代，则要注意他们自杀的可能性。

4. **躯体形式障碍**　躯体形式障碍是仅表现躯体症状的心理障碍，这些躯体症状又不是躯体疾病的表现。躯体形式障碍有几个核心特征：第一，来访者的障碍以及对护理的需求是真实的，不可轻视；第二，来访者不会像诈病那样自觉地或有意识地结束症状；第三，躯体形式障碍的来访者选择了"患病角色"，这样因疾病获得了精神解脱或得到了他人更多的关注和关心。

5. **失眠症**　失眠症是指睡眠启动和睡眠维持障碍，有多种表现形式，包括入睡困难、早醒、睡眠不实、醒后再睡困难，睡眠感缺失等。失眠症在老年期比较常见，失眠可引起焦虑、抑郁等情绪，并对社会功能产生一定的影响。老年人出现失眠症，最主要的处理措施是教育和认知行为干预，必要时同时接受药物治疗。常见教育和认知行为干预方法包括：睡眠卫生的教育；睡眠限制疗法；刺激控制疗法；认知行为疗法和放松训练等。

三、咨询的技术要点

根据老年期的特点和生活状况，老年心理咨询要注意以下一些方面：

（一）建立生活技巧

老年人身心的发展特点决定了他们在飞速变化的社会中适应性的降低。因此，对于老年人的咨询，帮助他们建立生活技巧是非常具体而有效的帮助。这样可以缓解老年人因生活适应问题导致的焦虑、紧张等情绪，提高他们照顾自己的自信心。

（二）建立支持团体

支持团体可以帮助老人面对变化，克服孤独感，重新寻找自己的价值和生活的意义，从而更加充实快乐地生活。参加团体的老人常常有共同的问题，在团体中以一种"经验分享历程"的团体讨论方式，能够起到去独特化的作用，宣泄情绪，分享自己应对老年期到来的思想、态度和经验，彼此都能够感受到支持。

（三）生命回顾

生命回顾可以强化老年人生活的价值感。老人的脑子里充满的是过去的事情，他们喜欢回忆过去的事情，特别是有印象的好事或坏事，靠谈过去的事情来填充目前的精神活动，因此咨询时可利用老人的这一特点。老人通过在生命逝去前的回忆，梳理一生的经历，享受、体验成功，从而使自己体验到充实感。遇到对于自己人生不满意的老年人，可以帮助他们进行意义换框，以另一视角看待自己走过的生命历程。

（四）支持性咨询

从人生发展的过程看，婴幼儿与老人特别需要支持与协助。婴幼儿的自我功能尚未成熟，而老年人的自我功能开始逐渐衰退，对挫折的处理能力已经逐渐减少。因此，对老年人的心理咨询多是支持性的。支持性咨询的实施，关键在于能与老人建立良好的关系，能以高水平的同感来体会他们的处境，并且以"职业性"的立场关怀他们的困难，让他们感到咨询师关心他们，自己可以信任咨询师，并可依靠咨询师来解决困难。当然，咨询师也不能只是支持而失掉调节性的判断。成功的咨询师要能评估他们的自我能力，判断所需的支持程度，适当的供给帮助。要能运用他们的潜在能力，自行痊愈，不能过分的保护，让他们过分依赖咨询师。

（五）沟通技巧

与老年人沟通时，我们要细致地观察和捕捉他们的表情和行为变化。如果老人总是吞吞吐吐、欲言又止，或者总是提别人的故事或者自己以前的经历，那就说明他们可能对目前的状况有些意见但又不愿意提及。此时，我们不妨主动询问，通过问问题、举例子等方法，替老人把心里的话说出来。

技 术 要 点

以案例或对话的形式对本章节内容进行展示，并在案例中对所用技术进行标注。

案例分析（一）：其实我不想成为一个坏女孩

小美（化名），女，10岁，小学五年级学生，由父母带她来门诊就诊咨询。家人诉说小美近两年总说谎，偶尔还偷着拿家里钱出去买东西，问她拿钱干吗了，她也不说，和父母沟通特别差。在学校，老师反应小美上课经常走神儿，学习成绩不好，经常违反纪律。小美表情略显忧郁、迷茫，说她心情特别糟糕，感觉没有得到父母的爱，没人关心她。

咨询师：你好，漂亮的小姑娘，很高兴认识你。

来访者：你好。

咨询师：虽然第一见到你，但是通过你的表情能看得出来，你一定是个聪明、机灵的小女孩儿。

来访者：嗯？你怎么知道？以前还真有人这么说过我。（表情不那么紧张了，而且略带了点喜悦和骄傲）

咨询师：那聪明的小女孩儿，你平时喜欢做什么啊，或者什么东西做得特别好？

来访者：我从小就喜欢给娃娃做衣服，原来我感觉我长大能当个服装设计师。

咨询师：真棒！你将来要真成为设计师了，到时候是不是可能我穿的某件衣服就是出自你的设计啊。

来访者：希望能吧。哎！（略带忧郁的表情）

咨询师：怎么叹气呢？有什么不开心的事儿吗？说出来可能我可以帮你分担。

来访者：我感觉我当不了设计师了，爸爸冲我发脾气的时候说过，我不好好学习，将来就去捡垃圾好了。我也感觉自己什么都做不好。

咨询师：哦，爸爸经常对你发脾气吗？

来访者：嗯，他工作特别忙，我一做错事情的时候就会大声吼我，我就特别害怕。尤其他心情不好的时候，我就更不敢和他说话了。有的时候他还说我没有用，什么都干不好。

咨询师：啊，我能体会得到，当爸爸那么说的时候，你一定非常难过。

来访者：嗯，可是那有什么办法？（非常无助的表情）

咨询师：那妈妈呢？和妈妈的关系好吗？

来访者：在我的印象里，妈妈的脾气也不好，很少陪我，也没有耐心，有的时候会和爸爸一起批评我。只不过没爸爸那么凶。

咨询师：我非常能体会到你的心情（同情和关注的表情）。他们通常什么情况下会和你发脾气,有原因吗?

来访者:嗯,有的时候我在学校上课不听讲,老师告诉他们后,他们会不停的批评我。有的时候我拿家里的钱,他们知道后会更加凶的批评我。还有就是他们心情不好的时候,也对我说话口气不好。让我做什么,总是命令的口气,我很难受。

咨询师:他们批评你或者对你发脾气的时候,你一定很难过吧,会和他们反抗或者争论吗?

来访者:刚开始的时候会,可是也没用,就不反抗了。和妈妈说过让她对我温柔点,可是妈妈说我事儿多,说她小的时候姥爷对她更凶,她也长大了,也没我这么多问题。爸爸太凶,我不敢和他争辩。所以时间长了,他们说我,我就听着,也不反抗,也不照着做,上课我也不听课,看他们怎么办?

咨询师:哦,这种不好的心情总憋在心里可对身体不好,你自己有办法来让自己心情好点吗?比如会把脾气发泄到玩具或者小动物身上?

来访者:我家有个小狗狗,可是我可不敢对它发脾气,妈妈会打我。爸爸妈妈凶,我就想多交些小伙伴,为了让小伙伴对我好,我会从家里拿钱给小伙伴们买吃的。

咨询师:哦,每次拿钱都会告诉爸爸妈妈吗?

来访者:不敢,害怕他们不同意,会更批评我。

咨询师:哦,也就是说如果爸爸、妈妈平时说话对你的态度好一点,你有什么事或者要求就可以直接和他们说了,而并不是真的想不告诉他们就拿家里的钱,对吗?

来访者:嗯,可是我感觉从小到大,他们都对我那么凶,尤其是爸爸。他们怎么可能对我说话温柔呢?我特别伤心,也挺恨他们的。

咨询师:爸爸妈妈除了对你态度不好,有什么做得好的地方吗?

(来访者沉默)

咨询师:好,那既然他们哪里都不好,你也恨他们。假设现在让他们都消失了,你再也见不到他们了,你就听不到他们唠叨和批评了,你自由了,好不好?

来访者:(眼里含着泪花)不好。我不想没爸爸,妈妈。我知道他们也很辛苦,赚钱养家,我就是想让他们对我好点。

咨询师:哦,我知道了,你是一个非常善良的小女孩,也是一个非常懂事的好孩子。我会和你父母沟通,让他们更理解一点好不好。

来访者:嗯。

咨询师:那我们是用不听课来接着对抗他们,将来做一个辛苦的工作填饱肚子呢,还是好好学习,争取当一个服装设计师呢?

来访者:还是设计师吧。

咨询师:嗯,你那么喜欢给娃娃做衣服,还做得那么好,我认为只要你努力,你当服装设计师的梦想会实现的。爸爸之所以说你没用,可能更多的是气话,是不是他也希望你更好?只是他不会表达。

来访者:可能吧。

咨询师:你和其他小朋友相比,你已经很棒了,很多小孩子像你这么大,对于将来想做什么,都没有什么明确的想法,而你已经有啦。只要你稍微努力下,就会实现你的梦想的。

来访者:嗯,我想我能(露着微笑)

咨询师:很高兴认识你,期待有一天能穿上你设计的服装。

来访者:谢谢您。

案例点评：

本咨询案例父母呈现出的是一个各种问题的"坏"女孩的形象，咨询师面对儿童咨询的问题，最重要的是和孩子建立好的信任和互动的关系，站在孩子的视角看待孩子的问题。在这个案例咨询过程中，咨询师非常细致的观察和捕捉到孩子表情的变化，给予积极的回应，通过孩子的兴趣、爱好入手，进而获得孩子的信任，进行顺其自然的对话，了解孩子问题背后的因素。对孩子的问题进行澄清，并给予积极的共情，利用孩子的优点，调动她寻求改变的动机，重新建立寻求改变的信心。

需要看到的是，本案例中孩子的问题，不仅仅是孩子的问题，更重要的是来源于父母的教养方式和不良的家庭沟通、互动模式。对于儿童，自尊心和自信心的建立和培养，很大一部分源于成人和外界的评价，并非常在意外界的评价，来形成和完善自我概念。父母、老师不当的教育方式和言语、行为，极有可能对儿童的自信心和自尊感的形成带来伤害，影响儿童良好个性的形成。所以本案例引入家庭治疗是十分必要和重要的，通过家庭治疗，让父母更能理解孩子的问题和心身发展特点，形成良好的家庭互动模式，对孩子不要轻易扣一个"坏孩子""没有用"的帽子，理解、关心和积极关注孩子的需要，对于改变孩子的不良行为是非常重要的。同时，应该重视儿童同伴交往需要的满足，给予积极的引导。

案例分析（二）：不堪压力的高三女生

来访者，女，18岁，某高中三年级学生。整个高中阶段学习一直很好，两个月前，因一次模拟考试没考好，之后出现焦虑、忧心忡忡，复习也没有效率，以后有几次平时测试的时候总是紧张，不停地看前面做过的题，害怕自己做不对，以至于有的时候考试结束了，题还没答完。近一个月来，情绪更加低落，一提到考试的事情就担心，感觉脑子反应也不像原来那么快了，睡眠不好，食欲也不好，偶尔还出现晨起呕吐的现象。由父亲陪同下来门诊咨询。

咨询师：你好，很高兴认识你。

来访者：您好。

咨询师：你现在是在上学，还是？

来访者：我是学生，现在高中三年级。

咨询师：那一定很累吧，我看你脸色不大好，眼睛也有些红血丝，嘴唇也干裂了，最近饮食和睡眠不好吗？

来访者：嗯，最近总失眠，胃口也不好，吃东西很少。

咨询师：哦，发生了什么事吗？

来访者：嗯，因为我现在是高三嘛，前段时间一次模拟考试，得的分数挺低的，就上火了，不能原谅自己这么差，然后就心烦，总想那次考试的事，复习也静不下心。接着下次考试就特别期待能考好，结果考试的时候总担心自己答过的题不对，即使感觉答的是对的，也要把上一道题检查了一遍后，才能安心做下一道，结果时间更不够了，成绩下来，更差。每天都睡不好，总是各种担心，总也高兴不起来。

咨询师：都担心什么呢？

来访者：马上就高考了，担心自己考不上理想的大学怎么办？担心父母和别人的评价。

咨询师：我能体会得到你的担心。你没考好，父母或者同学有过对你的负性评价吗？

来访者：那倒没有，不过看着我爸爸每天都不怎么去上班，围着我转，总是关心我学习

的事，看着他表情总是那么焦虑，我就感觉对不起他。（咨询师观察来访者爸爸的面部表情，的确有些焦虑）

咨询师：哦，爸爸会对你将来考什么学校有明确的要求吗？

来访者：到没说过，只是我自己要求很高。感觉爸爸也特别期待我考个好学校。

咨询师：哦，那你平时成绩怎么样啊？

来访者：我初中的时候一直都是我们那个学校的前几名，到高中后，成绩也排在班级的前面，一般的时候模拟考试都能打到650分左右，就前几天一下子考到了590分，就崩溃了。

咨询师：那你学习还真是不错啊。那次模拟考试没考好，自己总结什么原因了吗，是会的没答对，还是有的根本就不会呢。

来访者：我也不知道什么原因，感觉考试的时候题都会啊，可是卷子下来了，有些题就是做错了，然后仔细看看作错的题，都是自己会的。然后就开始担心下一次在考试做错了怎么办，然后在平时测试的时候，尤其数学等需要计算的题，就会去重复验证答案，有几次都没能答完题。

咨询师：模拟考试的时候答得不好，是因为自己太紧张吗？

来访者：那次考试没感觉出太紧张，但是以后测试的时候就有些心慌，总害怕出错，而且下一次模拟考试就要开始了，要是再考不好怎么办？

咨询师：你看你平时学习一直都很好，就那一次考试出问题了，而且做错的题你还都会，说明你的绝对实力还是很强的，感觉你那一次考试就是一次偶然事件。你说呢？

来访者：嗯，也许是吧。

咨询师：考试成绩的取得，一个是你平时的能力水平，另一个就是临场发挥。所以成绩的取得绝大部分取决于我们平时的努力，但是也不排除偶尔我们发挥的影响。就好比一个有实力的运动员，你不可能期待他每次都确保冠军。只要把状态调整好，关键比赛发挥得好，更为重要，对吗？

来访者：嗯，我似乎明白了，我对我的实力还是有信心的。可是自从那次考试后，我总出现各种担心，睡眠也不好，情绪也不好，我也不知道怎么办了？

咨询师：哦，那我能先问问你的理想吗，具体地说将来想干嘛？考什么样的大学或者学什么专业？

来访者：我想当一个临床医生，具体什么学校我还没考虑好。

咨询师：对学校没有特殊要求吗？

来访者：现在还没有。

咨询师：那我应该祝贺你了。你看你平时模拟考试都在650分左右，这次最差的一次模拟考试还打了590多分，以你目前的成绩，实现你的目标太轻松了，考上一个医学院校的临床医学专业完全没问题。可能别的学生还在为目标拼搏冲刺的时候，你可以提前庆祝了。

来访者：（焦虑的神情瞬间缓解）听您这么说，我感觉现在轻松了好多。

咨询师：那接下来的任务很简单了，就是只等着轻松顺利地完成每次考试，包括高考就行了。

来访者：您说得似乎有道理，可是我怎么才能做轻松呢，包括怎么应对下一次模拟考试？

咨询师：我想问你平时焦虑得很明显吗？心情总是这么低吗？原来感兴趣的事情，现在还感兴趣吗？有没有感觉脑子转得比较慢，干什么都不高兴？

来访者：就是一想到要考试的时候就烦，不经常有，但是偶尔也看不进去书。感觉自己心情最近两个月一直都不好，除了必须学习外，其他的什么事都不想做，也没什么高兴的事。

咨询师：你这是因为那次一次意外考试失败，引起的焦虑和抑郁情绪。这种情绪除了会影响你的考试外，一定感觉很痛苦吧？

来访者：嗯，您说得太对了，特别难受，有的时候吃饭也没胃口，睡眠也不好。

咨询师：如果我告诉你一些办法，能缓解你的不适，你愿意做吗？

来访者：当然愿意。

咨询师：那好，现在我带领你做一个叫身体扫描的正念放松训练，可以让你的身心放松，缓解你的紧张状态，还能改善你的睡眠。（打开音频设备，播放身体扫描训练音频，指导来访者按照要求练习）现在感觉怎么样？

来访者：感觉放松了很多。

咨询师：是的，这个可以每天睡觉前练习一次，焦虑和睡眠都会有所改善。除此以外，还建议根据自己的身体情况，每天进行30分钟运动，比如跑步，或者快走等。因为你除了焦虑外，情绪还有点低，抑郁情绪会让你做什么没动力，还会影响你思维反应的速度。而运动是除了药物治疗以外，非常好的缓解焦虑和抑郁情绪的办法。还能增加你的食欲，使你有充沛的体力和精力应对考试。

来访者：我记住了，我能做到。可是我还是担心万一下次考试再答不完题怎么办？

咨询师：哦，你之所以有各种担心，都是源于你的焦虑紧张的情绪，等你的焦虑水平降下来后，这种情况自然就会缓解。况且，刚才我们已经探讨过，以你最不好的一次模拟考试的成绩看，你都能轻松实现你的高考目标。所以我们不妨把每次考试当成一次体验和经历。既然成绩已经能达到目标的要求，下次我们就别太关注成绩了，我们用答题时间来衡量我们的进步怎么样？

来访者：可以啊，具体怎么做？

咨询师：就是每个会的题，答题的时候认真答题，最后考试如果剩下时间后我们再来检查答过的题和答不太会的题。然后我们用考试用时多长时间来衡量我们的进步水平，一般能提前几分钟就非常好了。

来访者：我清楚了，谢谢您。

咨询师：不客气。同时，嘱咐来访者的父亲做好自己本职工作，回归自己的角色，不要再过度关注孩子的成绩，孩子学习的事情尽量由孩子自己来安排，只需要尽量按照孩子的要求做好后勤保障就可以了。

案例点评：

学习是青年期的主要任务和主导活动，面对各种考试和压力，很多人都会产生焦虑。过度的焦虑和担心，就会影响考试的发挥，还可能继发各种生理和心理问题。本案例，咨询师从对来访者细微表情的观察开始引入，对来访者因考试产生的各种担心和情绪问题，给予积极的关注和共情。通过开放式提问，澄清导致来访者模拟考试失败以及各种担心和情绪问题的原因。全面了解来访者的学习情况，进行认知干预，使来访者对考试结果的偶然性有了一定的认识，重新树立了信心。同时，巧妙地利用来访者的学业期待和目前的学习成绩的关系，降低来访者不必要的担心和焦虑水平。

来访者因考试问题而产生各种情绪问题时，可能会带来各种生理和心理问题，一定要引起咨询师的重视。此时，在咨询过程中，详细的临床访谈和评估非常重要。本案例咨询师通过全面而细致的临床访谈，评估来访者存在一定的焦虑和抑郁情绪，咨询师通过动机面询的方式，调动来访者试图改变的动机和动力，并给予身体扫描放松训练和运动两种非常简单、有效的方式，指导来访者进行训练。根据来访者的学习成绩和所担心的问题，对来访者进行应试策略的指导，让来访者用"答题时间"来衡量自己的进步与否，而不是聚焦于考试成绩。既成功地转移了来访者的主要冲突，又解决了来访者怕答不完卷子的担心，进一步降低了来访者的焦虑。最后，根据对来访者父亲的观察和来访者的描述，建议来访者的父亲回归自己的角色，不过多关心来访者的学习情况，也会给来访者创造一个轻松的氛围。可喜的是，两周后随访，来访者的模拟考试成绩重新回到了 640 多分的正常水平，高考以高于模拟考试的成绩被某重点医科大学录取。

案例分析（三）：在苦闷中挣扎的中年男人

来访者，男，43 岁，高中文化，农民。最近半年来感觉日子过得没啥劲，对什么东西都不感兴趣，成天闷闷不乐。觉得爱人不理解他，偶尔说话讽刺他，好像瞧不起他，夫妻关系也很紧张。有的时候想结束婚姻，又很不舍，陷入痛苦的挣扎中，偶尔出现极度的情绪失控，冲动行为。由妻子陪同来门诊咨询。

咨询师：你好，很高兴认识你。

来访者：您好。

咨询师：能问下，您是从事什么工作的吗？

来访者：农民，种地的。

咨询师：现在种地是不是不像原来那么辛苦了，都采用大型机械进行耕种了吧。

来访者：是的，都用机械，一年也就忙几个月。

咨询师：真好，你家种的玉米还是水稻啊，收成怎么样？

来访者：种的水稻，家里地不少，收入还不错。

咨询师：新时代的农村致富能手。

来访者：（表情由开始的紧张变得自然）过奖了，谈不上，日子过得还算过得去。

咨询师：日子富裕了，是不是心理美滋滋的。

来访者：要是那样就好了。原来日子过得不富裕，但是有奔头儿，现在条件好了，反而感觉没啥奔头儿了，对什么事都感觉没兴趣，高兴不起来，就剩下闹心了。（用略带不满的眼神看了妻子一眼）

咨询师：啊，为什么这么说？您是希望单独和我聊聊，还是妻子在这也可以？

来访者：她在这也行。（妻子默默地坐在另一边，表情略显焦虑和担心）

咨询师：好，那能说说您的困扰吗？

来访者：哎！你说我成天不抽烟，不喝酒，不打麻将，家里的种地的收入都让她（妻子）保管，她有什么瞧不起我的。

咨询师：是啊，我也觉得像你这样靠谱的男的真不多。说妻子瞧不起你，你是怎么感觉得到的呢？她对你说过吗？

来访者：没对我说过，但是我感觉得到。有的时候我的衣服放在床上，她就给我堆在一边，说上面有味，难闻。家里卖粮食的钱，每次都不经过我手，直接她管着。还有，她还曾经当着别人的面，说我脾气不好，让别人少和我来往，让我特别没面子。

咨询师：你对这些事情不满意，和你妻子沟通过吗？

来访者：说过，但是基本上一说就吵架，她嗓门还特别大，后来也懒得和他说了。

咨询师：你们之间现在关系怎么样？

来访者：不怎么好吧，已经好几个月没在一个床睡了。这种日子太折磨人了。觉得生活没有啥意思，心情特别糟，有的时候实在烦的不行了，就自己找个没人的地方待一会儿。

咨询师：你们结婚几年了，一直感情不好，还是最近才这样的？

来访者：结婚十多年了，结婚开始的时候，感情一直挺好的，我怕她累，基本上地里的活都是我自己主动干，她在家做饭，照顾孩子，家里的钱也都让她管着。你说，现在老人、孩子都挺好，家里经济条件也不错，反而我们的关系却不好了。尤其最近半年来，总是争吵，冷战，有的时候真想放弃这段婚姻。

咨询师：那究竟是什么原因导致你们的关系成现在这样了呢？

来访者：也没什么特别的原因，就是半年前，我发现她没事总是玩手机，我说过她几次，她就不高兴了。

咨询师：现在很多人没事玩手机，这有什么问题吗？

来访者：她总和别人用手机聊天。有几次我想看她都和谁聊，她不让，还把手机设置成密码。您说，是不是有问题，没问题为啥不给看，还设置密码。

咨询师：啊，这会有什么问题吗？你有什么担心吗？

来访者：我就担心她和男的聊天，她对我态度不好，瞧不起我，是不是也是因为外边有喜欢的人了。

咨询师：你是发现什么了，还是猜测？

来访者：没发现什么，但是她越不让我看她的手机，我就越感觉不对劲儿。

咨询师：通过你对你们婚姻和情感经历的描述，能看得出来，您特别在乎您的妻子，对吗？

来访者：是的，我特别喜欢她，也是我追求的她，所以结婚之后，什么事都让着她。

咨询师：所以即使自己很痛苦，也不想轻易放弃这段婚姻，对吗？

来访者：是的，人毕竟是由感情的，怎么能说放弃就放弃，可是我也是男人，我也有尊严，真是越挣扎越痛苦。

咨询师：我能体会到你的苦恼，在你们关系紧张的这段时间，你的妻子快乐吗？

来访者：我也不太知道，可能她也过得不开心吧。

咨询师：让我们来听听您爱人的心声好不好？

来访者：嗯。

咨询师：您好，刚才您爱人说了这么多了，您是怎么看的。

来访者妻子：哦，的确我们原来感情很好的。可是感情再好，也不能什么都不让我干啊。我成天照顾孩子，洗衣服做饭，精打细算经营这个家，我也很辛苦。我也是成人，我也需要有我的朋友，也需要有我自己的隐私。我和朋友聊天，他总疑神疑鬼的想看我的手机。他越这样，我越不想让他看。

咨询师：啊，会因为这个问题总吵架吗？

来访者妻子：嗯，我特别瞧不起他那"小心眼"，还不信任我，我就特别生气，也不想多搭理他。有的时候故意气他，可能伤害到了他的自尊心了吧。

咨询师：他的"小心眼"，除了给你带来烦恼，让你很生气外，是不是也说明他特别在乎你。结婚这么多年，还这么在乎自己的爱人，真的也很难得。

来访者妻子：哎，其实他对我还真是挺好的，人也挺老实的。可是他这么疑心，我真的也快承受不了。看到他情绪这么不好，我也挺着急的，尤其他有几次生气了特别冲动，差点做傻事。他要是有啥事，我们这个家可怎么办，您一定要帮帮他。

咨询师：能感觉得到，虽然平时吵得很凶，内心深处你还是很爱他的。只是你可能在满足自己独立自主的需要的时候，没太关注他的感受，也不知道怎么沟通。

来访者妻子：嗯。

咨询师：听到您的妻子这么说，您现在有什么感受。

来访者：可能我有的地方的确做的有点过火，我的疑心，伤害了她和我们的感情。听到她说得那些话，感觉对她来说，我还是很重要的。

咨询师：恩。有时候有没有这种感觉，就是越想把感情抓地越紧，感觉越抓不住，甚至更加不安。

来访者：恩，我现在就是感觉特别无助。

咨询师：那就彼此留有一定的空间，尊重、信任，遇到问题做好沟通，才会减少和处理好婚姻中的矛盾，对吧？

来访者：嗯。

咨询师：我相信你，一定能更加自信的承担起自己的角色，和妻子共同来决策家里的问题，更加大气的包容和理解婚姻中遇到的问题。

来访者：我会的，谢谢您！

案例点评：

婚姻家庭问题是中年压力的主要来源之一。而夫妻关系在婚姻家庭中，又扮演了十分重要的角色。本案例中来访者的情绪问题，就是来源于紧张的夫妻关系。

咨询师通过与来访者非常自然的贴切生活的对话，逐渐引出来访者的情绪问题和背后的原因。通过对话，评估夫妻关系的现况，并澄清引起夫妻关系紧张的原因。通过引导来访者回顾情感和婚姻的经历，巧妙地起到了在来访者和其妻子之间分享和沟通的作用，增加了彼此的信任和了解，调动了夫妻双方彼此寻求改变的动机。本案例的咨询过程中，咨询师并没有把视角聚焦于来访者情绪问题的直接解决，而是以问题产生的原因为导向，从夫妻互动入手，分析并澄清夫妻关系的影响因素，改变不良认知，为夫妻关系的调整进行策略指导，重建夫妻动力系统，帮助其达致新的平衡。进而解决来访者的苦恼。

案例分析（四）：退休生活困扰的老年人

来访者，男，61岁，大学文化，某单位退休干部。退休之后的近半年来，总是和家人无故发脾气，心烦，总爱回忆工作上的事，偶尔唉声叹气，郁郁寡欢，经常主诉各种身体不适，去医院检查也没什么问题，睡眠也没原来好，经常失眠。来门诊咨询寻求帮助。

咨询师：您好，能说说您的困扰吗？

来访者：哎，岁数大了，不中用了。不是这块儿不舒服就是那块儿不舒服，睡眠也不好。

咨询师：嗯？您多大岁数啊。

来访者：都 61 了。

咨询师：您看着一点不像 60 多岁的人，和您不熟悉的人，一看您就像 50 多吧。

来访者：（略带有微笑的表情）是吗？你可真会说话。

咨询师：哪有，我说的可是我对您的真实的感觉。您都哪里不舒服啊，做过检查吗？

来访者：有的时候心慌，做心电图也没发现有啥问题。后背和腿也不舒服，偶尔感觉酸痛，医生看了也说没什么事。可是就是感觉特别疲劳，总也不解乏。

咨询师：啊，您这种情况出现多长时间了。

来访者：差不多半年了吧，就从退休后吧。

咨询师：一看您就非常有气质，退休前是做什么工作的啊。

来访者：我年轻的时候，可是单位里的技术骨干，我们单位的很多创新项目都是我负责攻关的，还申请了好几个专利。后来，做管理工作，真是把单位当家了。不是和你吹啊，原来我们单位效益不好，也没啥名气。后来我和其他领导一起带领大家，使我们单位的经济效益和社会效益提高的非常多。（比刚来的时候情绪高了很多）

咨询师：您真厉害，一定非常受到你们单位的同事尊敬吧。

来访者：那倒是。大家还是非常感激我的，见面老远就打招呼，大事小情的都愿意让我给参谋下，感觉特别有成就感。现在不行了啊！（表情略显失落）

咨询师：现在怎么了呢？

来访者：退休了，认识和关注我的人也越来越少了，感觉对单位和社会来说，自己也没那么大用了。想想以前和现在，有的时候心特别烦，总控制不住地发脾气。觉得做什么事都没多大意义，也没啥高兴的事儿。

咨询师：您是一辈子都以事业为主，把单位当家了。突然间退休，有点不适应，是吗？

来访者：哎，是有点舍不得，毕竟忙活大半辈子了，突然空下来，挺失落的。可是人总得退休，是不？

咨询师：您这句话说得太好了，包括您在内，很多人在人生的某个阶段都要经历退休这个阶段。但是，我感觉虽然您退休了，回忆过去的工作，您还是在你们单位的发展过程中，留下了很多历史的价值，也培育了良好的发展前景和文化。

来访者：嗯，那倒是。

咨询师：退休了，您每天都在家干嘛呢？

来访者：哎，这半年也没干啥，心烦，啥也干不进去，也没啥心情。

咨询师：您心情不好，做什么事都没意思，觉得哪都不舒服，这些情况会持续性的超过两周吗？

来访者：嗯，得有几个月了。

咨询师：那可挺难受的（面部表情流露出关切的共情），那您有没有偶尔做什么事的时候能让自己心情好点。

来访者：看见我小孙子的时候，小家伙特别可爱。看到他就感觉心情好不少。

咨询师：啊，他一定很可爱，这可是很多人的天伦之乐，平时您工作忙，都没有时间好好地感受吧。现在终于有时间可以好好的体会了。

来访者：是啊！

咨询师：除了陪小孙子，还有其他事儿能让你感觉到心情会好点吗？

来访者：还有就是有的时候社区找我去给他们讲讲课。

咨询师：讲课的时候有啥感受。

来访者：看着那些老伙伴们，专心的听我讲课，感觉自己还有点用。

咨询师：本来就是吗，您那么有才华。虽然退休了，还是可以接着为社会做些贡献和服务的嘛！既然参加社区活动心情好，以后有空就多参加参加。

来访者：嗯。（来访者焦虑和低落的情绪慢慢变得舒缓）

咨询师：您平时有什么爱好吗，比如运动什么的。

来访者：原来喜欢打打门球，最近心情不好，也没怎么去。

咨询师：运动可是非常好的改善情绪的办法，而且打门球的时候还可以和老年朋友聊聊天，不也挺好吗？如果您想让自己情绪快点好起来，运动可真是一个好办法。

来访者：我当然想让自己快点好了，看着家里人跟着我操心，我也上火。

咨询师：那就在身体条件允许的情况下，无论自己想不想去运动，每天都出去走一走，玩一玩好吗？

来访者：嗯，我会按照你的建议做的。可是我这胳膊、腿还有后背一整就疼怎么办，真怕动不了。

咨询师：您做了各种检查，都没什么事儿，说明您的身体不舒服和您的焦虑、抑郁情绪有关。人焦虑了，就会对任何刺激都特别敏感，包括对身体变化的感觉上，稍微有点不舒服，就会感觉特别明显。而情绪低，再没有得到很好的改善，就会伴有各种身体的不舒服。只要您情绪好了，这些情况就会慢慢好转。

来访者：听你这么一说，我就放心了。那我睡眠也不好有什么好办法吗？

咨询师：睡眠不好也多少和您的情绪差、焦虑有一定关系，情绪好了睡眠也会改善。我这里有关于改善睡眠的"身体扫描"的放松训练（咨询师指导来访者进行一次放松训练），您可以睡觉前听听，对改善睡眠很有好处。

来访者：谢谢你。

咨询师：现在您是不是感觉心情比刚来的时候好点了？还有什么困扰吗？

来访者：嗯，感觉轻松了不少。以后有的话我再过来咨询你。

咨询师：好。

案例点评：

退休是人生某个阶段必然要经历的一个重要事件，如果不能正确面对和处理，就可能带来一系列的适应问题。案例中的来访者，就出现了焦虑、情绪低落、身体不适等一系列的"退休综合征"的表现。

咨询中，咨询师通过细致的观察，恰到好处的赞扬和共情，迅速和来访者建立了良好的咨访关系。通过倾听的技术，了解来访者的痛苦，澄清来访者的问题。在对话中，利用老年人爱回忆的特点，引导来访者对过去工作的回顾，提高了来访者对退休的正确认识，重新对自我价值进行了定位。面对来访者因为退休产生的焦虑、抑郁等情绪的问题，咨询师采用"焦点解决问题"的技术，引导来访者把注意力聚焦于能引起情绪改善的方法上，这样既可以强化来访者解决情绪问题的能力，又促进了来访者自我角色的分化，引导来访者将注意力从对工作的关注上，转移到对家庭和社区活动的关注。同时，利用来访者的爱好，提出运动等促进情绪改善的办法，并对来访者的身体不适和睡眠问题，给予积极的关注、解释和建议，降低了来访者的焦虑和担心。

习　题

一、名词解释

1. 注意缺陷多动障碍
2. 学习障碍
3. 考试焦虑
4. 体像障碍
5. 生涯转型
6. 生涯危机
7. 生涯事件
8. 阿尔茨海默病

二、单选题

1. 与儿童最初的情绪反应相联系的是

    A. 自尊　　　　　　　　　　　　　B. 羞愧

    C. 生理需要　　　　　　　　　　　D. 社会需要

2. 普鲁特和布朗(Prout & Brown)综合一些研究认为儿童的心理障碍基本上的问题是

    A. 情绪的问题　　　　　　　　　　B. 行为的问题

    C. 认知的问题　　　　　　　　　　D. 发展的问题

3. 韦斯(Weiss, 1984)认为儿童注意缺陷与多动障碍的产生因素是

    A. 生物学因素　　　　　　　　　　B. 心理学因素

    C. 社会学因素　　　　　　　　　　D. 生物 - 心理 - 社会因素

4. 儿童心理咨询中要充分运用的技术是

    A. 倾听　　　　　　　　　　　　　B. 非言语

    C. 提问　　　　　　　　　　　　　D. 鼓励

5. 儿童害怕和恐惧的常用且有效的咨询方法是

    A. 认知咨询　　　　　　　　　　　B. 生物反馈疗法

    C. 系统脱敏　　　　　　　　　　　D. 家庭咨询

6. 青少年期的基本发展任务是

    A. 学习　　　　　　　　　　　　　B. 工作

    C. 性别觉醒　　　　　　　　　　　D. 发现和确立自我同一性

7. 韦纳(Weiner, 1992)指出,对于青少年心理咨询取得成功非常关键的因素是

    A. 沟通　　　　　　　　　　　　　B. 接纳

    C. 尊重　　　　　　　　　　　　　D. 迅速与青少年建立咨询关系

8. 青少年自我同一性形成过程中要解决的一个重要问题是

    A. 叛逆　　　　　　　　　　　　　B. 逃避

    C. 权威认同　　　　　　　　　　　D. 丧失信心

9. 个体一生中的心身负荷最为沉重的时期是

A. 青少年　　　　　　　　　　　　B. 中年

C. 老年　　　　　　　　　　　　　D. 儿童

10. 老年人的心理世界由朝向外部世界向朝向内部世界的转变，和逐渐表现出由

　　A. 主观向客观的转变　　　　　　B. 被动向主动的转变

　　C. 客观向主观的转变　　　　　　D. 主动向被动的转变

三、多选题

1. 儿童的成人羡慕表现有

　　A. 模仿和认同成人角色　　　　　B. 对成人的依赖与服从

　　C. 幼稚的表情和行为　　　　　　D. 自由成人的假设

2. 儿童思维的基本特征

　　A. 以逻辑思维为主　　　　　　　B. 以形象思维为主

　　C. 思维的两极性　　　　　　　　D. 思维的行动性

3. 根据儿童大量临床记录和流行病学调查的数据资料，儿童的心理问题主要表现为

　　A. 认知问题　　　　　　　　　　B. 情绪问题

　　C. 行为问题　　　　　　　　　　D. 语言问题

4. 儿童心理咨询的咨询关系和过程具有不同于成人的特点，主要表现在

　　A. 语言发展水平和能力方面　　　B. 咨询动机与领悟能力方面

　　C. 环境的控制方面　　　　　　　D. 行为控制方面

5. 对于儿童攻击行为的矫治可采用的多种方法有

　　A. 榜样示范和行为矫正　　　　　B. 家庭咨询和问题解决技巧的训练

　　C. 环境支持　　　　　　　　　　D. 培养孩子丰富深厚的思想情感

6. 总体上说，青少年的性别觉醒表现为

　　A. 性别角色意识形成　　　　　　B. 性别角色的自我塑造

　　C. 情窦初开　　　　　　　　　　D. 以上都是

7. 克普兰德（Copeland）认为，青少年对发展压力的反应可能表现出的情绪状态和行为是

　　A. 高敏感性　　　　　　　　　　B. 情绪波动

　　C. 冲动行为　　　　　　　　　　D. 行为抑制

8. 中年压力的来源有

　　A. 婚姻家庭和生涯危机与转型　　B. 个体内在冲突和健康问题的焦虑

　　C. 社会变迁　　　　　　　　　　D. 心理疲劳

9. 综合学者们的看法，中年期发展的任务主要体现在

　　A. 家庭、社会和个人责任的承担　　B. 稳定与发展家庭和事业

　　C. 寻求新的突破　　　　　　　　D. 维护生活的整全

10. 夫妻咨询可应用于两个主要的精神咨询领域

　　A. 亲子关系咨询　　　　　　　　B. 夫妻关系咨询

　　C. 个体心理障碍的咨询　　　　　D. 以上都不是

11. 斯克劳斯伯格（Schlossberg, 1984）提出了转型的类型包括

　　A. 预期型　　　　　　　　　　　B. 非预期型

C. 长期困扰型　　　　　　　　　　D. 非事件型

12. 生涯事件的类型通常有

A. 标准角色转型事件　　　　　　　B. 非标准事件

C. 持续性的职业问题　　　　　　　D. 未知的事件

13. 布拉默和亚伯拉吉（Brammer & Abrego, 1981）发展出一个基本的因应技能模式，以帮助成人处理转型期的生涯危机，包括

A. 认知与回应技能

B. 评估、发展与利用外在支持系统技能

C. 评估、发展与利用内在支持系统技能

D. 减少情绪与生理苦恼技能和规划与执行改变技能

四、简答题

1. 简述童心的特点。

2. 简述儿童注意缺陷多动障碍的矫治。

3. 简述儿童学习障碍的心理矫治。

4. 简述与青少年建立咨询关系的技术要点。

5. 简述考试焦虑常用的心理咨询和干预方法。

6. 简述霍普森和亚当斯提出的成人生涯转型的模式。

7. 简述老年咨询的技术要点。

参 考 答 案

一、名词解释

1. 注意缺陷多动障碍：就是通常所说的儿童多动综合征（hyperkinetic syndrome）。主要表现为与年龄不相称的注意力易分散，注意广度缩小，不分场合的过度活动和情绪冲动，并伴有认知障碍和学习困难，智力正常或接近正常。

2. 学习障碍：在DSM-5中被称为特定学习障碍，是指儿童在学龄早期，同等教育条件下，出现学校技能的获得与发展障碍。包括阅读、计算、书写的问题，远低于年级平均水平。这类障碍不是由于智力障碍、中枢神经系统疾病、视觉、听觉障碍，或是情绪障碍所致；而是多起源于认知功能缺陷，并具有神经发育过程的生物学因素。

3. 考试焦虑：是个体由于面临考试而产生的一种特征性的心理反应，是在应试情境刺激下，受个人认知评价、人格特征和身心因素的影响，产生的以对考试成败的担忧和情绪紧张为主要特征的心理反应状态。

4. 体像障碍：是因自我身体意象带来的心理困扰，往往出于对自己的外貌特征的不满、担忧，进而使整个自我概念受损，影响生活和适应的一种状况。

5. 生涯转型：是指从一个生涯阶段到另一个生涯阶段的变动，转型可以很平稳或很顺利，个人的经验不需要有太突出的变化。

6. 生涯危机：是指于生涯阶段的变动时必须发展出新的方案，以应对突发问题的困境。当一个人面临生涯转型时，因个人情况而异，也可能就是一种生涯危机。

7. 生涯事件：引发生涯转型或生涯危机的事件称作生涯事件。

8. 阿尔茨海默病：是一种病因未明的进行性中枢神经系统退行性疾病，以不断进展的记忆障碍、全面智能减退、个性改变以及精神行为异常为主要临床表现，是老年期痴呆的常见类型。

二、单选题

1. C　　2. D　　3. D　　4. B　　5. C　　6. D　　7. D　　8. C　　9. B　　10. D

三、多选题

1. ABD　　2. BCD　　3. BC　　4. ABC　　5. ABCD　　6. D

7. ABCD　　8. ABCD　　9. ABCD　　10. BC　　11. ABCD　　12. ABC

13. ABCD

四、简答题

1. 简述童心的特点。

答：具体来说，童心大致有以下五个特点：①灵性的感受；②好奇的探究；③沉迷的活动；④非功利的态度；⑤处在当下。

2. 简述儿童注意缺陷多动障碍的矫治。

答：儿童注意缺陷多动障碍是由生物、心理、社会多因素引起，因此，矫治时也常针对这三方面进行综合治疗。咨询师对已经被精神科医生诊断为注意缺陷多动障碍的儿童可以采取适当的咨询措施，以协助他们度过这一困难阶段，防止由此带来的负面影响，从而获得较好的发展。可以从以下几个方面进行矫治：

（1）环境支持：家长和老师在孩子教育中起着各自不同的作用。帮助父母和教师了解多动症的有关知识和照管方法，改变将多动症儿童当"坏孩子"的看法，并改变简单粗暴的教育方法，重视正性强化教育，多支持和鼓励。加强教师和父母之间的联系，了解儿童在学校和家庭表现的情况，使两者教育相结合，效果更好。如开展家长和教师的座谈会等形式增强双方的信任。必要时，可寻求心理咨询师的帮助。

（2）行为矫正：用行为矫正的原理，在生活、教育训练中，当儿童适当行为出现时给予不同方式的强化；当破坏性等不适当行为出现时，给予消极反馈。每日"家 - 校"行为报告卡就是一种有效的课堂行为管理干预办法。这种方法要求教师将儿童在学校中的表现记录在一张卡片上，每天向家长汇报，使家长及时了解孩子在校的表现，并给予一定奖励和惩罚。行为矫正疗法在提高儿童认真完成任务的时间和准确性等方面效果显著。

（3）认知行为干预：利用自我指导训练法，训练儿童的自我控制、自我指导、多加思考和提高解决问题的能力。训练目的在于使儿童养成自我调节的习惯和能力。可以通过以下两种方法帮助儿童进行自我指导训练：一是让儿童边说指导语，边完成某项作业，如"我现在要做作业了，必须集中注意力，认真细心地做，第一题是"，逐渐由出声的自言自语向内心独白过渡，这样有助于儿童集中注意力，较快地完成作业；另一种是视觉意象法，如让 ADHD 儿童想象自己成为一个动作缓慢，正在泥沼里打滚的笨重的大象，通过视觉意向来缓行。

自我调节的一个重要成分是有意识地评价刚刚做出的行为，并在必要的时候改变行为模式。在儿童未形成自我控制之前，必须由成人在旁边进行指导和督促，给予及时的反馈，这样可以促使他们积极改变不良行为。研究表明自我调节可以帮助 ADHD 儿童控制过度活动、改变不良行为、提高学习成绩和增强自信心。

（4）疏泄疗法：一是情绪疏泄，二是精力疏泄。对他们过多的精力要给予宣泄的机会，可指导他们参加跑步、踢球等有系统程式的体育训练，同时要劝止一些攻击性行为。

3. 简述儿童学习障碍的心理矫治。

答：对学习障碍儿童的矫治，可以参考以下方法：

（1）行为矫正：行为矫正是针对学习障碍问题较早形成的，较为完善的一种干预模式，常用的方法有代币法、赞扬、惩罚、反应代价，行为合同、自我控制法等。

（2）认知行为干预：研究表明，学习障碍儿童在思维过程中所使用的认知和元认知策略不同于正常儿童。认知行为干预对学习障碍儿童进行认知策略、自我控制和自我指导训练，帮助学习障碍儿童形成主动的、自我调控型的学习风格，提高学习策略的使用水平。

（3）知觉器官和心像介入策略：儿童扮演在学习技巧上的一些游戏，将学校科目的学习及所记忆的材料透过角色扮演以提高具像和理解。

（4）情感介入策略：以团体和个别的方式鼓励学生表达有关他们自己和学业的成就。

（5）人际关系的介入策略：利用其他儿童的指导帮助学习障碍的儿童，研究发现同伴指导策略和集体学习，有助于提高阅读障碍儿童的阅读流畅性和理解力，促进儿童学业能力的提高。

4. 简述与青少年建立咨询关系的技术要点。

答：青少年有对成人拒绝的一面，咨询中咨询关系的建立成为一个特别问题。

（1）处理非自愿的来访者：青少年非自愿的特点可能导致其不愿与咨询师建立关系甚至认为没有必要做出改变。咨询师对他们的尊重接纳尤其重要，尤其要尊重青少年的话语权，以青少年的话语系统去与他们沟通，才能建立起有效的工作联盟。咨询师要对与青少年社会和情绪发展水平相关的压力保持敏感。争取他们的合作与协助，要避免以成人的文化价值观念去衡量青少年，对他们进行压制性的说教或拼命讲道理，要以青少年内心世界的架构和参照系达到对他们共情的理解。

（2）权威认同：权威认同是青少年自我同一性形成过程中要解决的一个重要问题。无论咨询师自己的观点如何，在咨询过程中咨询师通常会被当作权威的角色来对待。咨询师需要考虑到青少年在权威认同方面的特点和任务，为青少年提供一个良好的与权威互动的常模，有利于他们积极的权威认同模式的形成。

在咨询关系中的责任承担就是要将青少年应承担的责任交还他们，具体来说可从以下几方面着手：①在咨询开始时就要完成关于心理咨询的相关说明，让青少年认识到咨询的宗旨是助人自助，从而将他们引入咨询，明确他们应承担的责任；②对青少年知情权的尊重；③咨询目标和技术的共同确定。

当然，咨询师必须努力保持独立与依赖的平衡，既不将青少年当孩子，也不能将他们当作可以完全自由地做决定的成人看待。

5. 简述考试焦虑常用的心理咨询和干预方法。

答：考试焦虑威胁着青少年的身心健康和发展，应重视对考试焦虑的干预，常用心理咨询和干预方法包括：

（1）心理教育：向青少年介绍学习和考试相关知识，帮助他们完善学习技巧和丰富考试经验，制定合适的学业目标；充分复习准备，提高考试信心；使他们对考试焦虑常见表现有一定的认识，增强自我心理调节能力，有效应对学习压力。

（2）认知行为治疗：帮助来访者分析考试焦虑的成因，使他们正确评价自我，纠正对考试情境和自我的不良认知；引导来访者主动监控自己的情绪、思维和行为等意识活动，逐渐克服考试焦虑。

（3）放松训练：包括呼吸放松训练、肌肉放松训练、意向放松训练、音乐放松训练、正念放松训练等。

（4）系统脱敏：让来访者列出产生考试焦虑的事件，并按照焦虑水平由低到高的顺序制定脱敏等级表；从焦虑水平最低的事件开始，先让来访者在放松状态下想象脱敏，然后在现实生活中接触这一事件，即使有轻度的紧张也不要回避；逐级进行脱敏。

（5）体育锻炼：通过体育锻炼，不但可以提高来访者的身体素质，减少考试焦虑引起的身体不适反应的程度，还可以起到对焦虑的治疗作用。

6. 简述霍普森和亚当斯提出的成人生涯转型的模式。

答：霍普森和亚当斯（1977—1981）又提出的成人生涯转型的模式，被大多数心理学家认可和运用。这一模式描绘了转型的七个阶段：①按兵不动；②减低损害；③自我怀疑；④不再深究；⑤试验；⑥寻找意义；⑦内化。

7. 简述老年咨询的技术要点。

答：（1）建立生活技巧：老年人身心的发展特点决定了他们在飞速变化的社会中适应性的降低。因此，对于老年人的咨询，帮助他们建立生活技巧是非常具体而有效的帮助。这样可以缓解老年人因生活适应问题导致的焦虑、紧张等情绪，提高他们照顾自己的自信心。

（2）建立支持团体：支持团体可以帮助老人面对变化，克服孤独感，重新寻找自己的价值和生活的意义，从而更加充实快乐地生活。参加团体的老人常常有共同的问题，在团体中以一种"经验分享历程"的团体讨论方式，能够起到去独特化的作用，宣泄情绪，分享自己应对老年期到来的思想、态度和经验，彼此都能够感受到支持。

（3）生命回顾：生命回顾可以强化老年人生活的价值感。老人的脑子里充满的是过去的事情，他们喜欢回忆过去的事情，特别是有印象的好事或坏事，靠谈过去的事情来填充目前的精神活动，因此咨询时可利用老人的这一特点。老人通过在生命逝去前的回忆，梳理一生的经历，享受、体验成功，从而使自己体验到充实感。遇到对于自己人生不满意的老年人，可以帮助他们进行意义换框，以另一视角看待自己走过的生命历程。

（4）支持性咨询：从人生发展的过程看，婴幼儿与老人特别需要支持与协助。婴幼儿的自我功能尚未成熟，而老年人的自我功能开始逐渐衰退，对挫折的处理能力已经逐渐减少。因此，对老年人的心理咨询多是支持性的。支持性咨询的实施，关键在于能与老人建立良好的关系，能以高水平的同感来体会他们的处境，并且以"职业性"的立场关怀他们的困难，让他们感到咨询师关心他们，自己可以信任咨询师，并可依靠咨询师来解决困难。当然，咨询师也不能只是支持而失掉调节性的判断。成功的咨询师要能评估他们的自我能力，判断所需的支持程度，适当的供给帮助。要能运用他们的潜在能力，自行痊愈，不能过分的保护，让他们过分依赖咨询师。

（5）沟通技巧：与老年人沟通时，我们要细致地观察和捕捉他们的表情和行为变化。如果老人总是吞吞吐吐、欲言又止，或者总是提别人的故事或者自己以前的经历，那就说明他们可能对目前的状况有些意见但又不愿意提及。此时，我们不妨主动询问，通过问问题、举例子等方法，替老人把心里的话说出来。

（孙正海）

第十一章　团体咨询理论与应用

学 习 要 求

掌握:

1. 团体咨询的概念。
2. 团体咨询的疗效因子。
3. 团体的形成。
4. 团体中的初、高级技巧。

熟悉:

1. 团体的类型。
2. 带领者的领导模式与特质。
3. 带领者的角色与基本任务。
4. 团体的连结与阻断。
5. 团体的发展阶段与特点。
6. 结构、半结构性团体的基本结构与首次聚会。

了解:

1. 团体咨询的特点。
2. 团体咨询的有关理论。
3. 团体习作。
4. 团体咨询过程中的"问题"成员。

重 点 内 容

第一节　团体咨询概述

一、团体咨询的概念

团体咨询(group counseling),又称群体、小组咨询或者辅导。它是在团体情境中提供心理帮助与指导的一种心理咨询的形式,通过团体中的人际交互作用,团体成员探索自己内心,寻找有效的问题解决途径,拟订具体可行的目标,并在团体中尝试改变行为,学习新的行为方式。

二、团体咨询的特点

团体咨询与个体咨询的区别不仅是人数的不同,更是在互动程度、助人氛围、适合处理的问题类型、咨询技术以及工作场所方面有着很大的区别。

1. 团体咨询的优势

(1)高效节能、资源丰富。

(2)团体动力强劲,可推动个体发生深刻改变。

(3)效果容易巩固。

2. 团体咨询的局限

(1)难以照顾个体差异。

(2)团体咨询并不适合所有的个体。

(3)对带领者的要求较高。

三、团体咨询的类型

团体分类的依据主要为团体设立的目标、功能、性质、时间及成员的需求等。

1. 根据团体功能

(1)成长性团体。

(2)训练性团体。

(3)治疗性团体。

2. 根据团体内容

(1)结构性团体。

(2)非结构性团体。

3. 根据团体人数

(1)大团体。

(2)中团体。

(3)小团体。

4. 根据成员参与情况

(1)开放性团体。

(2)封闭性团体。

(3)定期开放性团体。

5. 根据团体时间

(1)密集性团体。

(2)常态性团体。

6. 根据成员背景

(1)同质性团体。

(2)异质性团体。

7. 根据理论背景

(1)心理分析团体。

(2)行为治疗团体。

（3）理性情绪治疗团体。

（4）会心团体。

（5）沟通分析团体。

（6）心理剧团体。

四、团体咨询的疗效因子

团体是一种非常高效的心理咨询手段，疗效的产生是一个非常复杂的过程，这种相互作用被称为"疗效因子"（亚隆，2010），可归纳为如下11种主要的要素：

（一）希望重塑（instillation of hope）

希望的重塑和维持对任何心理咨询来说都是非常重要的，希望不仅能够让来访者坚持参与，而且来访者对咨询的信心本身就具有治疗效果。在咨询开始之初，带领者要增强来访者的积极期望、去掉负性的成见，还要对团体的治疗性质进行清楚有力的说明。在咨询进展中，带领者需要时常提醒团体成员注意所取得的进步。而且，带领者相信自己以及相信团体的效能也是非常重要的。

（二）普遍性（universality）

许多来访者来咨询时忧心忡忡，认为他们是唯一的不幸者，这种感觉来源于他们所承受的严重的生活压力以及较为严重的社会孤立。当来访者感受到自己和别人的相似之处并且与他人分享自己最深层的忧虑时，伴随而来的宣泄以及来自他人的完全接纳会使他们获益良多。

（三）传递信息（imparting information）

包括带领者提供的教导式指导和带领者或者成员给予的忠告、建议、直接指导等。教导式指导具有多种形式：传递信息、改变病理性思维、提供理论框架或者解释疾病过程等等。当来访者对疾病的症状的来源、意义和严重性非常不确定而产生担心和焦虑时，提供理论框架和解释可以帮助他们减轻由不确定带来的焦虑，获得对症状的可控制感。这本身就具有疗效。

团体成员之间的直接忠告往往暗示并传递了成员间相互的兴趣和关心。在以人际互动为焦点的团体，给予忠告和寻求忠告的行为常常作为不良人际关系状况的一个重要线索。而其他更为结构化的团体则能对直接建议和指导进行具体而有效的利用。最有效的忠告是给出比较系统的可操作的指示或者是一系列关于如何达到目标的可供选择的建议。

（四）利他主义（altruism）

维克多·弗兰克尔认为生命的意义不可能靠刻意的追求获得，当我们超越自我，当我们专注而忘我的时候，它便会出现在我们的体验中。团体成员通过付出而有所收获，不仅从接受帮助中获益，给予的行为本身也能有所获益。

（五）原生家庭的矫正性重现（the corrective recapitulation of the primary family group）

对大多数来访者来说，在他们最初也是最重要的团体（即原生家庭）中都有过非常令人不满的经历，而咨询（治疗）性的团体在许多方面都类似于家庭。一旦能克服最初的不安，成员迟早会以"曾经的"互动方式与带领者和其他成员互动。在团体内，早期形成的、抑制个人成长的人际关系模式不断地地被探索和挑战，个体被鼓励不断地探索和尝试新的行为，并运用到团体之外。

（六）提高社交技巧（development of socializing techniques）

社交技巧的学习可以是直接的方式，如通过角色扮演来帮助团体成员学习求职时如何与面试官交流；也可以是比较间接的方式，如在动力式的团体中，成员通过与其他成员的互动发现是自己对别人傲慢的态度使自己处于人际疏离的境地。经过较长时间团体咨询的成员有机会学习到如何有效地回应他人；如何解决冲突；如何较少地评价而更多地体验和表达共情。

（七）行为模仿（imitative learning）

在个体咨询中，来访者的言谈举止会逐渐与他们的咨询师相似，在团体内也存在着类似的效应，来访者会对比较资深的成员或是带领者进行认同模仿。这样的模仿可以使个体一点一滴地学习他人的行为，继而放弃一些不良的行为。

（八）人际学习（interpersonal learning）

人类总是生活在成员关系密切、持久的团体中，对归属感的需要是一种强有力的、根本的、具有普遍性的动机。互动式的团体通过纠正扭曲的人际关系使个体能够产生更为丰富的情感体验，参与人际交往，以获得现实的、相互满足的人际关系。在团体中，成员的在体验（情感层面）中获得理性（认知层面）的修通，最终了解到：别人如何看待他（指该成员，下同）的行为；他的行为带给别人的感受；他的行为如何创造了别人对他的观点；他的行为如何影响他对自己的看法。

（九）团体凝聚力（group cohesiveness）

团体凝聚力类似十个体咨询中的咨访关系，可被归纳为团体对其所有成员的吸引力，较强的团结意识，有"我们"感觉，成员对团体有较高评价，能抵抗来自团体内部和外部的威胁，以保护团体不受侵犯。凝聚力强的团体较为稳定，有较高的出勤率及较少的脱落。

（十）宣泄（catharsis）

宣泄意味着：成员可以讲出心事，对其他成员表达出负面或正面的感情；对团体带领者表达负面或正面的感情；学习如何表达我的情感；能够说出困扰我的事，而不是压抑下来。但宣泄是产生疗效的必要但非充分条件，即情绪宣泄只是治疗的一部分，必须与其他因素互相补充。

（十一）存在意识因子（existential factors）

存在主义注重对死亡、自由、孤独及人生意义的探寻，认为人类最大的冲突是与生俱来的、关于存在的最终意义。团体中的存在意识因子包括：了解到生命有时候是不公平的；了解到生命中有些痛苦和死亡终究是无法逃避的；了解到无论我和别人多亲近，我仍须独自面对人生；面对生死，我更能诚实地生活而不被细枝末节的小事羁绊；认识到无论从别人那里得到多少指导和支持，我终究必须为自己的生活方式负起责任。

第二节　团体的形成

一、团体形成的背景

（一）团体形成前需要思考的问题

团体组成前，带领者必须要考虑清楚，将要带领的是什么性质的团体？团体的目标是什么？什么样的团体设置可以达成目标？团体目标大致可以分为三大类：

第一类以开发心理潜能，促进人格成长，增进心理健康为目标。第二类以敏感性训练为目标。目的是训练如何有效地处理人际关系，训练生活技能，增进社会适应。第三类是治疗目标。目标是缓解消除症状，恢复心理平衡，达到心理健康。

（二）团体咨询的准则

1. 团体导向。
2. 利用资源。
3. 保密。
4. 自愿。

二、团体成员的选择

（一）团体成员甄选的条件

从团体咨询的特点看，参加团体的成员应是自愿报名参加，并怀有改变自我和发展自我的强烈愿望；愿意与他人交流，并具有与他人交流的能力；能坚持参加团体活动全过程，并遵守团体的各项规则三个基本条件。

那些性格极端内向、羞怯、孤僻、自我封闭的人，和有严重心理障碍的人不宜参加团体咨询。

（二）团体成员来源的途径

团体成员的来源途径主要有三种：一是通过宣传手段，成员自愿报名参加；二是带领者根据平时咨询情况，选择有共同问题的人，建议他们报名参加；三是由其他渠道、如其他咨询人员转介而来。

（三）团体成员筛选的方法

1. **面谈**　面谈甄选一般由团体带领者按约定的时间与报名参加团体的人一对一地见面，在面谈过程中带领者要对成员参加团体的原因、动机，过往的团体经验、期望、具体要求等进行了解。

2. **心理测验**　心理测验可以利用测评结果评价申请者是否适合参加团体。

3. **书面报告**　常见的问题有：你为什么想参加这个团体？你对团体有什么期望？你有什么问题希望在团体中得到帮助？你认为自己可以对团体有哪些贡献？请写一篇简单的自传，说明你一生中重要的事件和人物等。

三、团体的创建：地点、时间、规模和准备

（一）地点

团体咨询需要在能够保证成员活动的隐私和自由的地方进行，场地的选择与布置需要考虑到：舒适性、非干扰性、隐密性等。此外，场地的安排、道具的运用也需要配合团体的性质及功能来进行设计，团体地点的布置与带领者的理论流派或个人风格相关。

（二）时间和频率

聚会时间涉及总的聚会次数、每次聚会的具体时间安排、每次聚会的时间长度等。聚会频度指每次聚会的间隔，是一周几次还是一周一次或多周一次。团体咨询每次 90~120 分钟、每周 1~2 次是较常用的安排。团体的总时长与团体的特征和目标有关。对于结构性的团体辅导而言，一般 8~12 次较为常见。

（三）团体的规模

团体的大小可以根据成员的年龄及背景、带领者的经验以及能力、团体的性质与类型、成员问题的类型等因素来确定。如针对癌症患者的减压训练团体可容纳 40~80 个成员，由广泛性焦虑患者组成的心理教育团体的规模以 20~30 人为宜，结构性、主题明确的团体活动成员以 10~20 个为宜，马拉松式的治疗团体可容纳 16 个成员，互动式治疗团体的规模以 7~8 人为最佳。

（四）团体的准备

亚隆（2010）指出，团体带领者在准备阶段必须完成以下目标：

1. 澄清误解、消除不切实际的恐惧与非理性的期望。
2. 预测团体中可能出现的问题并尽量减少和避免这些问题。
3. 向来访者提供一个认知框架，使他们能够有效地参与到团体中。
4. 营造一种对团体现实和积极的预期。

第三节　团体带领者

一、带领者的领导模式与特质

勒温（1944，1951）将带领者的领导模式分为三种：权威式、民主式和放任式。权威式带领模式认为所有的事情由带领者决定；民主式带领者模式认为带领者应该鼓励并协助所有事物的讨论与决定；放任式带领者模式认为带领者应该避免参与决定，完全由成员决定。

徐西森（2003）提出带领者必须要具备的三项基本特质：①自我觉察；②弹性与开放的特质；③人性观和人格成熟度。

二、带领者的角色与基本任务

（一）带领者角色

带领者的角色基本上是促成团体成员之间的相互沟通，帮助向其他成员学习，带领他们建立起自己的个人目标，并鼓励把自己的观点思考转换为在团体之外付诸实施的具体方案。

1. **技术专家**　在团体的开始，成员对一个团体如何运作很茫然，带领者必须利用自己的知识和技巧推动团体成员，通过不同途径来塑造团体文化。对于适当的、对团体发展有利的行为，带领者会用语言和非语言行为来做出正强化。而对破坏性行为，带领者可用不作回应、面无表情等进行负强化。

2. **模范的参与者**　成员的成长有一个很重要的渠道就是向带领者学习，同时带领者的示范作用也是建立团体常模最重要的方式。在团体中，带领者的一言一行对其他成员都会发生较大的影响，尤其是在团体的初创阶段。凡是领导者希望成员做出的行为，自己也要率先做出示范，可以有效地推动团体的前进。

（二）带领者的基本任务

徐西森（2003）认为团体带领者有两项基本任务：促进团体和活化维持团体。

1. **促进团体**　带领者作为团体的创始者，需要根据团体活动设计、成员需求以及此时此地等情况开启团体活动。结构性的团体要进行前的主体设定、计划拟订、成员反馈等环节都需要带领者认真分析和评估。

2. **活化与维持团体** 带领者应随时给予成员激励,对于成员在团体内外表现正向行为给予正性强化。在团体初期带领者需要更积极主动地促进团体凝聚力的形成,当团体进入到工作阶段,成员彼此之间可以很好地工作时带领者可适当转换功能,变成"跟随者",观察团体动力发展。

亚隆(2010)认为团体带领者的任务是设计出工作线路,并促使其启动,使它以最大的效能来运转。他认为带领者的基本任务是:①团体的创立与维系;②团体规范的建立;③激活"此时此地"并予以阐释。当然,所有技术的基础是带领者与成员间必须建立持续、积极的关系,技术在关系之上发挥作用。

第四节 团体领导技巧

为了使团体咨询发挥其应有的效用,作为一个团体带领者,除了必须要有团体动力的知识和团体咨询的理论外,还必须了解和掌握团体咨询的各种技术和方法,才能有效地引导团体发展,达到团体咨询的目标,促进团体成员的成长与改变。在使用这些技术需要注意以下两点:①与团体发展水平相适应;②照顾和调动其他成员参与。

一、团体中的初级、高级技巧

初级技巧旨在促进团体动力的开展,有助于带领者与成员、成员之间关系的建立(表11-1)。

表 11-1 团体咨询中的初级技巧

名称	简要描述	使用的目的和希望的结果
共情 empathizing	通过理解成员的而使成员感到被接纳和认同	培养咨询中的信任;交流理解;鼓励更深层次的自我探索
积极倾听 active listening	非评判性地倾听成员的言语和非言语表达	增加信任感和成员的自我暴露与探索
澄清 clarifying	在包括情感和思维的层面抓住信息的要点;通过集中于信息的核心来简化成的陈述	帮助成员处理情感和思维中的冲突和迷惑;在交流中达到一种有意义的理解
支持 supporting	提供勇气和强化	创造出一种气氛以使成员保持被期望的行为;在成员面临冲突时提供帮助;创造信任感
解释 interpreting	对特定思想、感受、行为提供可能的解释	鼓励更深的自我探索;对思考和理解某种行为提供新的视角
总结 summarizing	将会谈中相互作用的要素整合在一起	避免琐碎的谈话,达到聚焦和指明方向,以便咨询的连续性和目标实现
反映 reflecting	将沟通的要点反馈给当事人,以便当事人能检视自我	让当事人有机会了解未意识化的内容和情感
提问 questioning	提出开放性的问题,帮助成员进行关于什么样(what)的行为和怎样(how)行为的自我探索	引出进一步讨论;获得信息,刺激思考,进一步澄清和聚焦,促进深入的自我探索

名称	简要描述	使用的目的和希望的结果
促进 facilitating	在团体中形成清晰和直接的交流；帮助成员承担团体方向上增加的责任	增进成员中有效率的交流，帮助成员在团体中实现自己的目标
反馈感受 reflecting feelings	交流对感受内容的理解	让成员了解他们在言语层面上如何被带领者倾听和理解
重述 restating	澄清成员所述要表达的意思	判断带领者是否正确理解了成员的陈述；为成员提供支持并协助澄清问题
激发 initiating	促进团体中的参与并介绍新的方向	加快团体咨询过程的步伐
非语言 non-verbal	用眼神、表情、动作、姿势等行为来引导成员参与团体	有助于强化正向的言语行为，消退消极的言语行为

　　高级技巧可以促进成员自我了解，开启团体动力的发展方向，以达成团体的功能和目标（表 11-2）。

表 11-2　团体咨询中的高级技巧

名称	简要描述	使用的目的和希望的结果
重述 restating	澄清成员所需要表达的意思	判断带领者是否正确理解了成员的陈述；为成员提供支持并协助澄清问题
保护 protecting	保护成员远离群体中不必要的心理冒险	劝阻成员在群体参与中的可能冒险；减少风险
设定目标 setting goals	计划团体过程中的特殊目标，帮助成员制订具体和有意义的目标	指出团体活动的方向，帮助成员选择和澄清他们自己的目标
建议 suggesting	对新行为提供建议、信息、方向和观点	帮助成员发展出思维和行动的多重选择
对质 confronting	挑战成员，让他看到其言行或者身体信息和言语信息间的差异；指出其矛盾或冲突的所在	鼓励诚实的自我审视，促进潜力的充分应用；引出对矛盾自我的意识
立即性 here and now	通过此时此刻的反应澄清带领者与成员、成员之间、成员与团体之间的关系	有助于理清情感、关系，催化团体
评论 evaluating	评定团体过程中个体和团体动力的进展	增进更好的自我意识；更多的理解团体运动及其方向
给予反馈 giving feedback	在对成员行为进行观察的基础上表达出具体和诚实的反应	提供他人感受的外部观点；增加成员的自我意识
模仿 modeling	通过行动示范，让成员看到所希望的行为	提供可取行为的范例；激励成员充分发展他们的潜能
开放自我 disclosing	表达对团体中此时此刻事件的反应	促进更深层次的团体相互作用；创造信任；学习将自己展示给他人的方式
整合 integrating	团体结束前、讨论告一段落的时候协助成员整理学习心得	实现团体目标，协助成员内化学习经验，并运用到生活中

二、团体中的连结与阻断

连结包括两个方面的含义：

一是将成员间所表达的观念、行为或情绪的异同之处，给予衔接、产生关联，或把成员未觉察到的一些片断资料予以串联，启发成员从不同的视角重新检视个人的资料，产生领悟和整合；二是从成员的表现中找到团体新的主题，或需要特别处理的内容，提示出来，引起全体成员的注意，促进大家探讨共同关心的问题，使团体聚焦。

团体中会出现一些阻碍团体进程、分散团体焦点、甚至违反团体规则的现象，使用阻断技术时要注意：

1. **共情** 无论成员出现何种需要阻断的情况，不用外在规则去评判，接纳成员的看法和行为，不要批判和评价，更不要贴标签。

2. **团体定向** 在共情的基础上，从团体的角度出发，让大家意识到，从个人来说也许是有道理的，但从团体来说，不能对团体进展和别人有伤害。

3. **灵活** 阻断是通过一些处理让有碍团体发展的现象不再继续，阻断不是惩罚，惩罚带来的效果是成员感到不舒服而停止。

三、团体习作

在多种类型的团体中，为了吸引团体成员的积极投入和融入，引发和促进成员互动与成长，常常需要专门设计或安排一些团体练习，也就是团体习作。一个好的习作常常可能起到促进团体的作用。

（一）团体习作的种类

团体习作有非常多的类型，如纸笔练习、身体运动、接触练习、分享、媒体、游戏、画、音乐、录像等。以下列举一些常用的类型。

1. **纸笔练习** 通过纸和笔用书写的方式表达成员的观念和想法，然后在组内分享，通过分享进一步自我认识和了解他人，有助于话题聚集。

2. **身体运动** 通过肢体活动的方式来表达某些主题或思想。可以用来热身，激活团体气氛，是团体咨询中常用的方式。有轻柔体操、呼吸放松、叩击穴位等。

3. **接触练习** 指团体训练需要通过成员肢体上的接触来强化彼此的感受。常用的有信任跌倒、盲行等。

4. **美术与工艺** 绘画是一种表达内心世界表达自我的好方法，尤其创造性的绘画最能表达人的真实自我，通过作品投射出成员的独特人格特质或想法。自画像、家庭树都属这一类型。

（二）使用团体习作的原则

1. **目标定向的原则** 团体习作应该围绕团体目标选择或设计；在组织一个练习前，应清楚使用目的以及引发的后果。

2. **团体定向原则** 总体上说，习作的使用是为了推动成员的互动和团体的发展，习作需要适合团体发展的水平。

3. **熟练原则** 在使用习作前，带领者应熟悉该项活动。

4. **参与原则** 带领团体习作，带领者应注意到成员的个别差异，注意引导所有成员的参与。

5. **渐进性原则** 习作的安排注意逻辑性、层次性与衔接性。

6. **咨询效果原则** 习作本身不是目的,而是通过习作发挥咨询的作用。首先,习作本身就有咨询作用,其次,练习结束后成员之间坦诚的交流和分享是习作非常重要的一个环节。

第五节 团体咨询的过程

一、团体发展阶段与特点

在团体咨询过程中,通常要经历四个阶段:开始阶段、过渡阶段、工作阶段和结束阶段。

(一)开始阶段

团体的开始阶段,通常是整个团体成败的关键环节之一。在整个团体的发展中,也是最困难和具有挑战性的时期。在这一阶段成员最强烈的心理需求是获得安全感。带领者的任务是协助成员相互间尽快熟悉起来,增进彼此了解,明确团体目标,订立团体规范,建立安全和信任的关系。这是团体咨询进行下去的条件。

(二)过渡阶段

这一阶段的普遍特点是焦虑和抗拒以及矛盾冲突不断地增加。通常这时的团体成员会以对自己或对团体陈述或询问的形式,来表达他们的焦虑。另外,矛盾冲突在团体的过渡阶段中扮演着中心角色,另一个特征是喜欢控制,团体成员努力争取权利并建立一种社会等级秩序,向带领者提出异议、挑战,常常是成员走向自主的一个重要步骤。这一阶段的团体成员最重要的需求是被真正接纳和有归属感。带领者的主要任务是提供鼓励与挑战,使成员能面对并且有效地解决他们的冲突和消极情绪以及因焦虑而产生的阻抗。

(三)工作阶段

这一阶段的特征是探讨重大问题和采取有效行动,以促进理想行为改变。也是团体成员们需要认识到对自己生活负有责任的时候。强大的凝聚力能促进团体中成员活动性的行为,比如自我表露、立即性、相互性、面质和冒险,以及把观念内化为行为。在此阶段成员最主要的需求是利用团体解决自己的问题。这一阶段带领者的主要任务是协助成员解决问题。

(四)结束阶段

在这一阶段团体成员需要面对团体即将结束、成员必须分离的事实,心头充满离情别绪。带领者的主要任务是使成员能够面对即将分离的事实,给予心理支持,并协助成员整理归纳在团体中学到的东西,肯定成长,鼓舞信心,将所学的应用于日常生活中,使改变与成长继续。

二、结构、半结构性团体的基本结构与首次聚会

(一)基本结构

不同目标的结构、半结构性团体,通常包括以下几点:①热身;②连结;③围绕本次聚会主体和目标的活动;④分享与小结;⑤布置作业与结束。

(二)首次聚会及结构

首次聚会可以有一个共同的结构:①热身;②带领者介绍;③成员自我介绍,相互认识;④分享对团体的期望与担忧;⑤制定团体契约;⑥作业与结束。

三、团体咨询过程中的"问题"成员

(一)垄断发言的成员

有些成员在团体内喋喋不休,通过各种方式抢夺发言,他们会不厌其烦地向团体描述团体外的经历,或者连珠炮似的向其他成员提问、建议、发表评论。作为带领者,首先应思考垄断发言者喋喋不休行为背后的动因,他们的发言并没有反映他们个人内心深处的忧虑,而是吸引注意、证明立场、发泄不满等。然后,带领者可以谨慎地带领所有成员探索这一现象背后的意义。

(二)沉默不语的成员

有研究显示,投入团体越多、越主动的成员收获越大;沉默不语的成员从团体获益较少。在团体内保持沉默可能有多种理由。作为带领者,不仅要考虑改变沉默的行为(用更为建设性的行为替代),而且还要帮助他们了解沉默行为的意义。带领者要保持一种态度,一方面允许来访者自行调整参与程度,另一方面定期评论他们的非言语性行为。

(三)拒绝帮助的抱怨者

拒绝帮助的抱怨者经常在团体内玩一种"是的……但是……"的心理游戏。他们往往带着一个个人议题向团体求助,在团体内的成员或是带领者给予回应时,他找各式各样的理由拒绝大家提供的帮助,使得给予帮助的人感到很挫败,而后他会认为:你看,确实没有人可以帮助我。抱怨者的行为模式似乎是试图解决他对依赖性的矛盾冲突:一方面他们感到无助,希望完全依赖于他人(尤其是权威式的人物),另一方面他们对他人不能信任甚至充满敌意。

技 术 要 点

案例一:

H主动告诉团体,上次参加完小组因为受到负面情绪的影响难受了好几天,犹豫是否要退出小组,但想到咨询师曾经说过大家的症状背后都有层次的原因,咨询师也说过当不想来恰是需要来的时候,于是他就来了(疗效因子——希望灌注。H在表达作为组员的挣扎,质疑团体是否会有效,但这种感受表达出来,就会减少脱落的概率)。

J告诉团体,她在单位与主管发生摩擦,她和领导据理力争,展现了自己不是软弱的一面。事后主动找主管谈,问对方自己是否说了什么话让对方不舒服(将团体内学到的人际验证迁移到实际生活中)。J认为自己没有逃避,有能力处理这件事情(J有些进步,可以更为现实地处理生活中的人际关系;似乎也是放弃依靠权威转而依靠自己的力量来解决问题;这是不是同时也在表达因为咨询师无法依靠的不满?)。

J的事情引发C的权威议题,单位要求加班,她请了假来参加小组。C认为自己在与权威的不对等的关系中受到伤害。在这个话题中C有不少情绪,眼圈始终是红红的(疗效因子——普遍性,宣泄。权威议题也是C的主要议题,她对咨询师也有类似的投射,总觉得没有得到咨询师足够的照顾——原生家庭的复现)。

M突然提出要出去透透气,让咨询师有点措手不及,但她还去了。咨询师谈到了两难的感受,不让去似乎印证了不对等的权威(将小组讨论的权威议题与此时发生的事情进行连结),但此时M的离开对M自己和团体都有影响(咨询师并没有对行为进行对或者错的判断,而是描述了行为可能带来的后果)。M回来后咨询师问她是不是心里有些不舒服才离

开（将组员的见诸行动言语化）。她说今天有些紧张，觉得说话太多不好，没有得到认可，会迷失自己。J、H都说需要认可（原生家庭中的与父母之间的权威关系、与兄弟姐妹之间的竞争关系的复现）。

案例二：

小组由W开始，她说自己反思了一下，认为自己的一些表现，如见到生人说话很多，等熟悉后反而有些紧张和不知道说什么，以及对权威的感受，都是与小时候的经历相关。她很小的时候父亲去世，母亲经常出差，她不得不辗转于亲戚家，直到13岁才定居下来。她体会到自己非常需要关注和认可。而后C说起自己一直在奶奶家生活到8岁，回到家后总觉得自己像个外人。M说她从小就觉得父母对弟弟比对自己好。D也告诉大家他有一姐姐哥哥，自己从小被放在老家的叔叔家，叔叔家比较贫穷，还有5个孩子，他从小受欺侮，他认为这段经历对自己有很深的影响（敏感自卑的性格等）。（组员通过对过去经历的讲述拉近彼此的距离。W的反思很有意义，她可以看到自己的行为与过去经历的连接。这段经历的讲述也让咨询师了解到这几位组员在与权威的关系中经常体验到忽略的感受以及兄弟姐妹之间的竞争关系。）

C随后将话题转移到自己与别人眼神对视上。她告诉大家，她有些困惑，有时候她直视别人的时候，别人会把眼睛转移开，她想知道是不是自己出了什么问题。几个组员给予了回馈，D告诉C，如果他转移眼神，是因为他自己怕别人看出自己的眼睛有问题。组员的回馈和指导对C有一定的帮助（话题从彼时彼地的经历转移到此时此地的互动，C是比较早可以在组里进行验证的组员）。

案例三：

B是一名抑郁的年轻女性，她生动地描述了自己的孤立和疏离感，然后求助于A，但A报之以沉默。她们经常发生争吵，因为B指责A忽视和拒绝她。然而，在团体讨论中，当B用温和的语气问A沉默意味着什么时？A回答道，她正在仔细听并思考她俩的相似之处。随后A补充道，B温和的询问使她能够说出自己的想法，而不是为了保护自己而否认B的指责（在这段B与A的接触过程中，这看似很小却很重要的改变创造了修复以往关系模式的机会——发生于此时此地的矫正性情感体验）。

习 题

一、名词解释

1. 团体咨询
2. 成长性团体
3. 普遍性
4. 团体凝聚力

二、单选题

1. 以下说法**不属于**团体咨询优势的是

A. 高效节能,资源丰富

B. 团体动力强劲,可以推动个体发生深刻改变

C. 团体咨询适用于所有个体

D. 效果容易巩固

2. 以下说法**不属于**团体咨询局限性的是

A. 难以照顾个体差异   B. 团体咨询并不适合所有个体

C. 对领导者要求较高   D. 难以深入,效果有限

3. 在民主式领导的团体中,沟通形态是

A. 辐射型沟通   B. 单一型沟通

C. 网状型沟通   D. 混乱型沟通

4. 关于此时此地描述**不正确**的是

A. 此时此地有两个层面构成,一个是体验层面,第二个是历程阐释

B. 此时此地中,体验比历程阐释更为重要

C. 团体中即刻发生的事件比团体之外或过往发生的事件都更为优先

D. 仅有体验是不够的,疗效的产生需要在体验基础上的反思

5. 属于团体咨询初级技巧的是

A. 重述   B. 保护

C. 对质   D. 非语言

6. 属于团体咨询高级技巧的是

A. 解释   B. 总结

C. 反映   D. 评论

7. 关于阻断技术,描述**不正确**的是

A. 使用阻断技术的时候要注意共情、灵活和个体定向

B. 使用阻断技术的时候需要灵活处理,可以不跟进、不给予强化

C. 可以引导其他成员分享感受以引起出现不良表现的成员的反思或警醒

D. 可以温和而坚定地提醒这违反基本的团体规则

8. 以下描述**不符合**首次聚会的是

A. 首次聚会如何运作往往对之后的团体过程产生决定性的作用

B. 热身活动可以帮助团体成员相识并建立团体归属感

C. 为了避免不良暗示,不要在首次聚会中引导成员讨论对团体的担忧

D. 在首次聚会中,应包括带领者和成员的自我介绍

9. 以下描述符合团体过渡阶段的是

A. 这一阶段成员最强烈的需求是获得安全感

B. 领导的主要任务是协助成员增进彼此了解,明确团体目标和规范

C. 在这一阶段团体面临的是焦虑、抗拒以及矛盾冲突

D. 这一阶段的特征是探讨重大问题和采取有效行动

10. 对于"拒绝帮助的抱怨者",**不恰当**的理解或处理方式是

A. 首先需要了解到,抱怨者的行为模式是试图解决对依赖性的矛盾冲突

B. 邀请大家给予帮助只是表面现象,他们期望带着"谁也帮助不了我"的印证离开

C. 带领者应该把受挫的感觉直接反馈给抱怨者

D. 带领者可以运用自己的反移情去理解抱怨者的缺陷或是冲突

三、多选题

1. 根据团体功能分类,团体可分为

   A. 成长性团体   B. 结构性团体

   C. 训练性团体   D. 治疗性团体

2. 根据理论背景分类,团体可分为

   A. 心理分析性团体   B. 行为治疗团体

   C. 理性情绪团体   D. 沟通分析团体

3. 关于希望重塑,正确的是

   A. 希望能够让来访者坚持参与

   B. 来访者对咨询的信心本身就具有治疗效果

   C. 咨询进展中,带领者需要时常提醒团体成员所取得的进步

   D. 带领者相信自己以及相信团体的效能是非常重要的

4. 关于传递信息,正确的是

   A. 包括教导式的指导或者忠告、建议、直接指导等

   B. 成员之间的直接忠告往往暗示并传递了成员间相互的兴趣和关心

   C. 给予忠告和寻求忠告的行为有时是不良人际关系状况的一个重要线索

   D. 当来访者对疾病的来源、意义和严重性非常不确定时,提供理论框架和解释可以帮助他们减轻焦虑,获得对症状的可控制感

5. 存在主义因子包括

   A. 了解到生命有时候是不公平的

   B. 了解到生命中有些痛苦和死亡终究是无法逃避的

   C. 了解到无论和别人多么亲近,仍须独自面对人生

   D. 了解到终究必须为自己的生活方式负责任

6. 团体咨询的准则包括

   A. 团体导向   B. 利用资源

   C. 保密   D. 正向

7. 以下类型的来访者**不适合**参加团体的是

   A. 急性精神疾病   B. 严重自杀意向

   C. 过于退行或者想法紊乱   D. 极度害怕自我暴露

8. 领导者的领导模式包括

   A. 权威式   B. 协商式

   C. 民主式   D. 放任式

9. 团体习作的种类包括

   A. 纸笔练习   B. 身体运动

   C. 接触练习   D. 美术与工艺

10. 如下对拒绝帮助的抱怨者描述正确的是

    A. 经常在团体内玩一种"是的……但是……"的心理游戏

B. 以受害者的形象进入团体,但其实是扮演迫害者的角色

C. 往往带着个人议题向团体求助,在团体内的成员或是带领者给予回应时,他找各式各样的理由拒绝大家提供的帮助

D. 行为模式似乎是试图解决他对依赖性的矛盾冲突:一方面他们希望完全依赖于他人,另一方面他们对他人不能信任甚至充满敌意

四、简答题

1. 简述带领者特质。

2. 简述带领者的基本任务。

3. 简述团体的发展阶段及特点。

4. 如何创建一个团体?

参 考 答 案

一、名词解释

1. 团体咨询:团体咨询(group counseling),又称群体、小组咨询或者辅导。它是在团体情境中提供心理帮助与指导的一种心理咨询的形式,通过团体中的人际交互作用,团体成员探索自己内心,寻找有效的问题解决途径,拟订具体可行的目标,并在团体中尝试改变行为,学习新的行为方式。

2. 成长性团体:此类团体注重成员的身心发展,协助成员自我认识、自我探索进而自我接纳和肯定。成长性团体是较为广泛的团体咨询形式,如:自我成长团体、自我肯定团体、领导才能拓展营等。

3. 普遍性:团体疗效因子之一。许多来访者忧心忡忡,认为他们是唯一的不幸者,这种感觉来源于他们所承受的严重的生活压力以及较为严重的社会孤立。尽管人类的问题非常复杂,但仍然具有某些共同的本质,团体成员很快就能看到彼此的相似之处。当来访者感受到自己和别人的相似之处并且与他人分享自己最深层的忧虑时,伴随而来的宣泄以及来自他人的完全接纳会使他们获益良多。

4. 团体凝聚力:团体凝聚力类似于个体治疗中的咨访关系,但它远比个体的咨访关系要复杂得多。团体凝聚力可被归纳为团体对其所有成员的吸引力,较强的团结意识,有"我们"感觉,成员对团体有较高评价,能抵抗来自团体内部和外部的威胁,以保护团体不受侵犯。凝聚力强的团体较为稳定,有较高的出勤率及较少的脱落。

二、单选题

1. C　　2. D　　3. C　　4. B　　5. D　　6. D　　7. A　　8. C　　9. C　　10. C

三、多选题

1. ACD　　2. ABCD　　3. ABCD　　4. ABCD　　5. ABCD　　6. ABC

7. ABCD　　8. ACD　　9. ABCD　　10. ABCD

四、简答题

1. 简述带领者特质。

答：带领者的行为和对团体的介入反应受个人的价值观、人格特质和心理需求的影响，这些内在因素与外在行为同等重要。

徐西森（2003）提出领导者必须要具备的三项基本特质：①自我觉察。自我觉察的带领者能够容忍不同的个人价值观，并且能了解自己的价值观、行为能对团体产生怎样的影响。②弹性与开放的特质。"开放"有助于成员感受到安全感，可以在团体中表露不同的意见，"弹性"使带领者能充分运用团体动力，激活此时此地，时时以团体的发展阶段和成员的需求作为运作团体的指导。③人性观和人格成熟度。一位有效的领导需要对人有兴趣，热爱工作，对人尊重，可以理解自己及其他人在生命不同阶段的种种经历，并能体会成员在解决问题过程中的一切努力。能够坚强地面对团体中的挑衅、冲击，能够对自己、成员、专业负责，这样才能协助成员学习良好的行为模式，获得人格的正向改变。

2. 简述带领者的基本任务。

答：徐西森（2003）认为团体带领者有两项基本任务：促进团体和活化、维持团体。

（1）促进团体：带领者作为团体的创始者，需要根据团体活动设计、成员需求以及此时此地等情况开启团体活动。团体的动力复杂，带领者需要细心地观察每个细节，在恰当地时候介入。团体成员遇到发展瓶颈或是个人困扰时习惯于求助于带领者，有时带领者需要适当地提供信息和意见。结构性的团体进行前的主体设定、计划拟订、成员反馈等环节都需要带领者认真分析和评估。

（2）活化与维持团体：带领者应随时给予成员激励，对于成员在团体内外表现正向行为给予正性强化。在团体初期带领者需要更积极主动地促进团体凝聚力的形成，当团体进入到工作阶段，成员彼此之间可以很好地工作时带领者可适当转换功能，变成"跟随者"，观察团体动力发展。当团体发展出现困难时，带领者需要促动团体。

亚隆（2010）认为团体带领者的任务是设计出工作线路，并促使其启动，使它以最大的效能来运转。他认为带领者的基本任务是：①团体的创立与维系；②团体规范的建立；③激活"此时此地"并予以阐释。当然，所有技术的基础是带领者与成员间必须建立持续、积极的关系，技术在关系之上发挥作用。

3. 简述团体的发展阶段及特点。

答：在团体咨询过程中，通常要经历四个阶段：开始阶段、过渡阶段、工作阶段和结束阶段。

（1）开始阶段：团体的开始阶段，通常是整个团体成败的关键环节之一。在整个团体的发展中，也是最困难和具有挑战性的时期。在这一阶段成员最强烈的心理需求是获得安全感。带领者的任务是协助成员相互间尽快熟悉起来，增进彼此了解，明确团体目标，订立团体规范，建立安全和信任的关系。这是团体咨询进行下去的条件。

（2）过渡阶段：这一阶段的普遍特点是焦虑和抗拒以及矛盾冲突不断地增加。通常这时的团体成员会以对自己或对团体陈述或询问的形式，来表达他们的焦虑。另外，矛盾冲突在团体的过渡阶段中扮演着中心角色，另一个特征是喜欢控制，团体成员努力争取权利并建立一种社会等级秩序，向带领者提出异议、挑战，常常是成员走向自主的一个重要步骤。这一阶段的团体成员最重要的需求是被真正接纳和有归属感。带领者的主要任务是提供鼓励与挑战,使成员能面对并且有效地解决他们的冲突和消极情绪以及因焦虑而产生的阻抗。

（3）工作阶段:这一阶段的特征是探讨重大问题和采取有效行动,以促进理想行为改变。也是团体成员们需要认识到对自己生活负有责任的时候。强大的凝聚力能促进团体中成员活动性的行为,比如自我表露、立即性、相互性、面质和冒险,以及把观念内化为行为。在此阶段成员最主要的需求是利用团体解决自己的问题。这一阶段带领者的主要任务是协助成员解决问题。

（4）结束阶段:在这一阶段团体成员需要面对团体即将结束、成员必须分离的事实,心头充满离情别绪。带领者的主要任务是使成员能够面对即将分离的事实,给予心理支持,并协助成员整理归纳在团体中学到的东西,肯定成长,鼓舞信心,将所学的应用于日常生活中,使改变与成长继续。

4. 如何创建一个团体?

答:团体组成前,带领者必须要考虑清楚,将要带领的是什么性质的团体? 团体的目标是什么? 什么样的团体设置可以达成目标? 目标导向是团体咨询的一个重要原则。作为团体的设计者,在确定团体咨询目标时,还必须充分考虑以下问题:我为什么要领导这个团体? 团体咨询的主要任务是什么? 此外团体领导者还是要考虑,个人是否具有能力和经验带领团体? 团体组成是基于成员的需要还是辅导工作的需要? 此类团体过去实施的效果如何? 是否有足够的治疗和参考? 等等。总之,在团体形成前带领者需要考虑有关问题。科瑞(Corey,1987)认为团体组成前需要考虑:①架构内容;②实际操作;③过程;④评估,包括成员的筛选、招募与技术的运用。

在具体创建一个团体时带领者需要考虑四个问题:地点、时间和频率、团体规模和团体前的准备。

团体咨询需要在能够保证成员活动的隐私和自由的地方进行,场地的选择与布置需要考虑到:舒适性、非干扰性、隐密性等。场地的安排、道具的运用也需要配合团体的性质及功能来进行设计;当团体具有教学功能时,可能需要在有单向玻璃、录像设备或是观察员在场的情况下进行团体。此前需要向来访者说明情况并签署知情同意书。

聚会时间涉及总的聚会次数、每次聚会的具体时间安排、每次聚会的时间长度等。聚会频度指每次聚会的间隔,是一周几次还是一周一次或多周一次。团体咨询每次 90~120 分钟、每周 1~2 次是较常用的安排。

团体的总时长与团体的特征和目标有关。对于结构性的团体辅导而言,一般 8~12 次较为常见。对于团体咨询和团体治疗而言,短程团体正迅速成为一种重要的形式。

团体的大小可以根据成员的年龄及背景、领导者的经验以及能力、团体的性质与类型、成员问题的类型等因素来确定。如针对癌症患者的减压训练团体可容纳 40~80 个成员,由广泛性焦虑患者组成的心理教育团体的规模以 20~30 人为宜,结构性、主题明确的团体活动成员以 10~20 个为宜,马拉松式的治疗团体可容纳 16 个成员,互动式治疗团体的规模以 7~8 人为最佳。

（李　梅）

第十二章　心理危机干预

学 习 要 求

掌握:
1. 心理危机干预的目标、理论与干预模式。
2. 心理危机的评估方式。
3. 心理危机的干预模型与技术。

熟悉:
1. 心理危机的定义、来源和表现。
2. 自杀的危机干预策略与注意事项。
3. 灾难、性暴力所带来的心理危机的干预内容。

了解:
心理危机干预的历史和发展方向。

重 点 内 容

学习和掌握心理危机的概念、特征与表现,学习心理危机干预的目标、理论与干预模式,学习心理危机的评估方式以及心理危机干预的模型和技术。

第一节　心理危机干预概述

一、心理危机干预的概念

(一)心理危机干预的定义与目标

1. **心理危机**(psychological crisis)　即当人们面临困境时,日常处理问题的手段和方法不足以应对眼前的处境,原有的平衡被打破,出现暂时的心理困扰,这种心理失衡带来的心理困扰就是心理危机。

2. **心理危机干预**(mental crisis intervention)　又称危机干预、危机管理、危机调停或危机介入。心理危机干预是指向危机当事人提供有效的帮助和心理支持,调动他们自身的潜能,恢复他们的适应水平,从而使其获得新的技能,用以防止或减轻心理创伤潜在的负面影响的过程。

（二）心理危机的特点

1. 危险与机遇并存。

2. 危机的系统破坏性。

3. 危机干预的困难性。

4. 危机的普遍性与特殊性。

5. 危机的不可避免性。

二、心理危机的临床表现

（一）心理危机的常见异常表现

1. 感知觉障碍。

2. 情绪情感障碍。

3. 行为障碍。

4. 思维障碍。

5. 注意障碍。

6. 躯体化障碍。

（二）心理危机导致的应激和应激相关障碍

危机事件发生后，根据当事人不同的个性特征，有无干预，时程长短，危机的性质及强度，常见的应激和应激相关障碍有：

1. **急性应激障碍或称急性心因反应**　指在受到急剧、严重的精神刺激后立即（一个小时内）表现出强烈的精神运动性兴奋或抑制，甚至木僵，或者反应性朦胧状态。

2. **急性应激精神病**　指受到强烈的精神刺激后，以妄想、严重的情感障碍为主，症状内容与精神刺激因素明显相关，一般不超过 1 个月。

3. **延迟性心因性反应**　或称为创伤后应激障碍（PTSD），指在经历异乎寻常的灾难性心理创伤的一段潜伏期后，延期出现或长期持续的精神障碍。表现为闯入性的反复出现的创伤性体验、噩梦、持续性的警觉状态、惊跳反应增大、选择性遗忘等。

4. **持久性心因反应**　指由于刺激源长期存在或长时间处于不良的环境中诱发的精神障碍。主要表现为有一定现实色彩的妄想、障碍等。症状至少持续三个月以上，有时可长达几年。

5. **适应性障碍**　指因改变长期存在应激源或因生活环境改变，在个体人格缺陷的基础上，个体表现出焦虑心境、抑郁心境等情感障碍，或躯体性不适，或行为退缩等行为，但一般不表现出精神病性症状。一般不超过 6 个月。

第二节　心理危机干预的理论与模式

一、心理危机干预理论

亚诺希克（Janosik E. H.）将危机理论分为基本危机理论、扩展危机理论和应用危机理论三个不同的层次。除了以上三种危机干预理论之外，还有一种折衷主义的危机干预理论，即从所有危机干预的方法中，有意识、系统地选择和整合各种有效的概念和策略来帮助求助者。

（一）基本危机理论

基本危机理论首先由林德曼（Lindeman E.）提出，用以帮助人们深入理解个体因亲人死亡所导致的悲哀性危机。卡普兰进一步完善和补充了这一理论，将其结构扩大到整个创伤事件。卡普兰认为，危机是一种状态，造成这种状态的原因是生活目标实现受到阻碍，且用常规的行为无法克服；阻碍的来源既可以是发展性的，又可以是境遇性的。所有的人都会在一生中的某个时候遭受心理创伤，但是应激和创伤的紧急状况本身并不构成危机，只有主观上认为创伤性事件威胁到需要的满足、安全和有意义的存在时，个体才会进入应激状态。林德曼和卡普兰在对心理危机干预时都采用了平衡/失衡模式。

（二）扩展危机理论

扩展危机理论是在继承林德曼等人的基本危机理论的同时，吸取了一些其他比较先进的理论成分，如精神分析理论、系统理论、适应理论和人际关系理论等形成的。

1. **精神分析理论** 精神分析理论认为一个事件会成为心理危机，与个体童年早期的创伤与情绪经历有关。该理论有助于理解个体心理危机的深层动力机制。

2. **系统理论** 系统理论认为人与人、人与事件之间是相互关联和相互影响的，他们中的任何一个成分的改变都会导致整个系统的改变，而不应单独强调处于危机中的个体的内部反应。

3. **适应理论** 适应理论认为适应不良行为、消极的思想和损害性防御机制对个体的危机起着维持的作用。当适应不良行为改变为适应性行为时，危机反应就会消退。这意味着帮助个体克服因危机导致的失能，并向积极的功能模式发展，需要打开功能适应不良锁，使不适应行为转化为适应行为，促进积极的思维并构筑防御机制。

4. **人际关系理论** 人际关系理论的最终目的在于将自我评价的权力重新交回自己的手中，这样做会使人心中获得对自己命运的控制感，重新获得采取行动应付危机境遇的能力。

（三）应用危机理论

应用危机理论是指，危机理论的应用需要有一个灵活的态度，每一个人和每一次危机都是不同的。

1. **发展性危机（development crisis）** 也称成长性危机、内源性危机或内部危机，相较于境遇性危机，发展性危机是常规发生的、可以预期的，是个人在正常的成长和发展过程中，因急剧的变化或转变所产生的异常反应。

2. **境遇性危机（situational crisis）** 又称外源性危机、环境性危机或适应性危机。是个人遇到无法控制或预测的突发或超常事件时所产生的异常反应。卡普兰（1974）根据产生危机的原因将境遇性危机分为三种：

（1）丧失一个或多个满足基本需要的资源。

（2）存在丧失满足基本需要资源的可能性。

（3）应付生活变化对个体原有能力提出更高的挑战。

3. **存在性危机（existential crisis）** 是指伴随着重要的人生问题，如关于人生目的、责任、独立性、自由和承诺等出现的心理内部冲突或焦虑。

4. **生态危机（ecosystem crises）** 是指生态环境被严重破坏，使人类的生存与发展受到威胁的现象，是生态失调的恶性发展结果，主要由人类盲目和过度的生产活动所引起。

（四）折衷的危机干预理论

折衷的危机干预理论是指从所有危机干预的方法中，有意识地、系统地选择和整合各种有效的概念和策略来帮助危机个体，而不局限于任何教条式的理论方法。该理论主要由以下三个任务组成：

1. 确定所有系统中的有效成分，将其整合为具有内部一致性的整体，适合需要阐述的行为的资料。

2. 根据对时间和地点的最大程度的了解，考虑所有相关的理论、方法和标准以评价和操作临床资料。

3. 不确定任何特别的理论，保持开放的心态，对得到成功结果的方法和策略不断地实验。

二、心理危机干预模式

（一）三种基本的危机干预模式

贝尔肯（Belkin）等提出了3种基本的危机干预模式，即平衡模式、认知模式和心理社会转变模式。

1. **平衡模式（equilibrium model）** 平衡模式主要用于早期干预，帮助人们重新获得危机前的平衡状态。

2. **认知模式（cognitive model）** 认知模式认为人们对危机事件的歪曲的思维才是心理危机干预的重要对象。认知模式通过校正错误的思维方式，帮助当事人克服非理性的思维与自我否定，提高自我控制能力，帮助求助者恢复心理平衡，克服心理危机。认知模式多用于危机稳定后的干预。

3. **心理社会转变模式（psychological transition model）** 心理社会转变模式认为人是内外因素共同作用的产物。危机干预者需要帮助来访者评估与确定求助者的内部和外部因素的状况，将其内部资源与社会支持和环境资源充分调动整合起来，指导其重新获得应对困难的方法，使求助者提高应对应激事件的控制能力。心理社会转变模式和认知模式一样，适合危机稳定后使用。

（二）对支持资源的整合模式

对社会支持资源的整合模式是指通过从所有危机干预的方法中，有意识地、系统地选择并整合各种有效的方法和策略来帮助当事人的方法。比较有代表性的整合模式是集教育、支持和训练为一体的社会资源工程模式。

（三）评定 - 危机干预 - 创伤治疗干预模式

这是一种专门针对突发性危机和创伤性危机的心理危机干预模式。该模式强调干预者要尽快对当事人进行心理危机评估，根据当事人的心理危机程度，促使当事人接受相应的系统的心理治疗，以帮助当事人彻底摆脱心理困扰。

第三节 心理危机干预实践

一、心理危机干预的对象与评估

（一）心理危机干预的对象

在危机干预工作中，一般常把具有下面五类问题的人作为首选：

1. 目前的心理失衡状态直接与某一特别诱发事件相关的人。

2. 有急性极度的焦虑、紧张、抑郁等情绪反应或有自杀危险的人。

3. 近期具有丧失问题的人。

4. 求助动机明确并有潜在能力改善的人。

5. 尚未从适应不良性应对方式中继发性获益的人。

（二）心理危机干预中的评估

评估的内容主要包括确定个体经历的突发事件的严重程度；确定个体的精神状态和能力水平；确定个体对自我或对他人的危险性；确定个体对危机可能的解决方法、应对方式、支持系统和其他方法。目前，常用的评估模型主要有以下4种：

1. **三维危机评估模型**（the triangle assessment form，TAF）　该模型主要用于评估个体面对危机事件时的情感、认知和行为反应，帮助危机干预者理解当事人的危机反应。

三维评估模型的分类评估量表由3个分量表组成，分别评估当事人的情感、认知和行为三个方面受影响的程度。分类评估量表由描述性项目和数量化评分项目组成，采取10级评分制。①情感评估包括对愤怒/敌意、焦虑/恐惧、沮丧/抑郁三项内容的评估。②认知评估包括对侵犯、威胁和丧失三项内容的评估。③行为评估包括对接近、回避、失去能动性三项内容的评估。

危机干预者可以根据量表得分情况判定来访者各方面的心理危机程度，灵活调整治疗方案。一般来说，低分（3~12分）表明，当事人不用接受治疗或者仅需干预者的倾听便可解决问题；中等得分（13~23分）表明，干预者与当事人需共同努力应对危机；高分（24~30分）表明，当事人很脆弱，需要一定的社会支持，干预者需要主动与当事人合作并采取指导的方法帮助当事人解决危机问题。

2. **阶段性评估模型**　该模型认为个体从应激反应到症状消除或恶化一般需要经历5个时期。①即刻应对期（immediate coping），一部分灾后幸存者出现思维混乱或充满恐惧的症状，还有一部分幸存者则表现出更强的思维能力和承受力；②适应早期（early adaptation），部分危机幸存者开始否认灾难的出现，这是一种危险的应对反应；③适应中期（mid-phase adaptation），危机当事人意识到"与死神擦肩而过"时，开始出现反复回忆或体验危机事件经历的症状；④适应晚期（late phase adaptation），危机事件发生后的1~3个月，当事人常常表现为忍耐力下降、抱怨增多、缺乏幽默感和信任感，并常伴有头痛、恶心、胸痛和疲乏等躯体症状；⑤消退或症状发展期（resolution or symptom development），在这一时期，当事人的心理危机要么慢慢减弱，要么会进一步加重，发展成为焦虑、抑郁、酒精或物质依赖等相关障碍，还可能出现强迫、惊恐发作、梦魇或失眠等。

3. **人与环境互动的评估模型**　威尔逊（Wilson J. P.）在1999年提出了人与环境互动的评估模型。该模型主要用于评估个体遭遇的应激事件及其应激反应。

4. **对求助者的替代应对机制、支持系统和其他资源进行评估的模型**　评估可应用的可替代的解决方法时，必须首先充分考虑求助者本人的观点、能动性以及应用这些方法的能力，包括对求助者自伤和伤人可能性的评估，常用的辅助评定量表有汉密尔顿焦虑量表（HAMD）和汉密尔顿抑郁量表（HAMA）。危机干预者的个人建议则作为附加部分加以考虑。

二、心理危机干预的模型

(一)阶段模型

已有的针对个体的心理危机干预模型大多属于阶段模型(step model),即将心理危机干预视为一个线性发展过程、按照危机事件的时间进程来构建干预措施。目前,应用较多的是由吉列兰德(Gilliland B. E.)和詹姆斯(James R. k.)提出的六阶段模型,主要包括:

1. **确定问题**　从当事人的角度,确定和理解危机当事人本人所认识的问题。

2. **保证安全**　在危机干预中,危机干预工作者要将保证当事人安全作为首要目标,把当事人对自我和他人的生理和心理的危险性降到最低。

3. **给予支持**　强调与当事人的沟通与交流,使当事人了解危机干预工作者是完全可以信任,能够提供帮助和支持的人。

4. **提出并验证可变通的应对方式**　让危机当事人认识到有许多可变通的应对方式可供选择,其中有些选择比别的选择更合适。

5. **制订计划**　指与危机当事人一起制订行动计划以纠正其情绪的失衡状态,这是第四步骤的自然延伸。在计划制定过程中,最核心的问题即是要充分发挥危机当事人的控制力和自主性,帮助他们重拾对生活的控制感并重获信心。

6. **得到承诺**　让危机当事人复述所制订的计划,并从危机当事人那里得到明确按照计划行事的承诺。

(二)任务模型

梅耶(Myer R. A.)等对来自心理学研究、临床咨询、医学及社会工作领域的 10 个代表性模型进行了内容分析,将多样的心理危机干预过程、环节或措施拆解、归纳为 3 个连续任务和 4 个焦点任务,初步构建了一个任务模型(task model)。

1. **连续任务(continuous task)**　连续任务是指心理危机干预过程中需要持续不断或者多次反复进行的任务,主要包括评估、保障安全和提供支持。

(1)评估:大多数心理危机干预模型都认为,在条件允许的情况下应当尽可能地对危机当事人的认知、情感和行为反应进行较为全面的评估。

(2)保障安全:保障安全是贯穿心理危机干预过程始终的一个重要任务。保障安全不仅仅是指尽可能降低危机事件对危机当事人及相关人员的生命威胁,还包括在多种危机事件中不让危机当事人独处。

(3)提供支持:提供支持是心理危机干预过程中的关键任务。在危机干预中,不仅在危机发生时为危机当事人提供支持,还需要帮助他们找到危机结束后能够继续提供支持的资源。在心理危机干预过程中,支持是一个从"非直接支持"到"直接支持"的连续体。此外,提供支持应当还包括阻止危机当事人情绪进一步失控,并为混乱局面重建秩序。危机事件结束后,危机干预工作者还需要建立资源提供长远的支持。

2. **焦点任务(focused task)**　焦点任务是指心理危机干预中需有在某个阶段集中进行的任务,主要包括建立联系、重建控制、问题解决和后续追踪。

(1)建立联系(contact):建立联系几乎是心理危机干预模型中的一个必选任务,但是不同模型的侧重点不同。有些模型认为建立联系仅仅是建立接触,有些模型认为建立联系是指融洽关系的建立,有些模型则强调建立联系就要充满支持和同情地与危机当事人在一起,建立工作联盟。

（2）重建控制（re-establishing control）：重建控制主要是指干预工作者帮助危机当事人调节他们对危机的反应，可以分为两个层次：第一个层次，是通过危机干预帮助当事人重建控制。第二个层次，是通过危机干预提高危机当事人的重建控制的能力。

（3）问题解决（problem-solving）：问题解决的首要成分是定义危机（defining crisis）。帮助危机当事人解决问题，首先要对危机进行很好的定义和解释。问题解决的另一个主要成分是制定计划，即帮助危机当事人制定有助于解决危机的措施。

（4）后续追踪（follow-up）：后续追踪可以帮助危机干预工作者了解危机干预的长期效果，干预措施的有效性和干预工作者的能力，改善心理危机干预服务。

三、心理危机干预的基本技术

危机干预的目标是恢复或重建危机当事人的心理平衡，一般来说，危机干预的技术一般分为支持技术和干预技术两大类。支持技术主要是指通过疏泄、暗示、保证、改变环境等方法，给予危机当事人情感支持，降低其情感张力，建立良好的沟通和合作关系，为以后进一步的干预做准备。危机干预是一种特殊形式的心理咨询与治疗。干预技术的基本策略为：主动倾听并热情关注，给予心理上的支持；提供疏泄机会，鼓励危机当事人把自己的内心情感表达出来；解释危机的发展过程，帮助危机当事人理解自己的处境，理解他人的情感，建立自信；给予求助者希望，使其保持乐观的态度和心情；培养当事人的兴趣，鼓励其积极参与有关的社会活动；注意发挥社会支持系统的作用，使当事人多与亲朋好友接触和联系，减少孤独和隔离。

（一）焦虑放松技术

焦虑放松技术是通过帮助求助者体验生理和心理的各种紧张后的放松，克服救助者焦虑的一种技术。目前最常用的放松技术有肌肉放松训练、呼吸放松训练、冥想放松训练和音乐放松训练。

（二）认知行为治疗

在心理危机干预中，认知行为治疗主要包括了认知重建技术的成分以及暴露疗法的内容。

1. **认知重建法**　又称"认知替代"，指将旧的心理图式和规则转换成新的图式与规则。认知重建法认为，并不是事件本身而是认知，即人们对事件的解释，才是引起情绪和行为问题的原因。

2. **暴露疗法**　通过让危机当事人长时间暴露于导致其症状出现的危机事件的想象中，使危机当事人能够正视危机事件，为危机当事人提供对创伤情景再加工的机会，从而降低危机当事人对创伤情景的反应。

（三）眼动脱敏与再加工技术

眼动脱敏与再加工（EMDR）理论认为，创伤事件破坏了大脑信息加工系统的生化平衡，干扰了信息加工系统原本具有的适应性处理功能，并把个体关于这一事件的感知"锁定"在神经系统中。而通过反复眼动，能活化大脑这一自动信息处理系统，解除"锁定"。另外，EMDR还通过再加工过程，产生认知重建，恢复大脑信息加工系统的平衡。这种方法一般分为以下8个步骤：

1. **诊断性访谈**　借助谈话，获取有效信息，了解应激源、主要症状以及现在需要解决的问题等，进而介绍EMDR的治疗方式和原理。

2. **准备** 确认来访者适应情况,并且演示治疗方法:治疗师和来访者相对而坐,相距约 1m。来访者双目平视,治疗师用并拢的示指和中指在来访者视线内有规律地左右晃动(间距约 60cm,频率约每秒晃动一次),要求来访者始终注视着治疗师的手指眼球左右转动。可对治疗师与来访者间的距离、手指晃动间距及频率做相应调整,以来访者感到合适为准。

3. **认知分析评价** 引导来访者对应激事件及相关体验、情绪进行回忆性描述,协助来访者找出对创伤事件的负性认知,提出积极合理的正性认知。

4. **眼动脱敏** 首先,引导来访者回到创伤事件时的"状态",并保持住,然后在治疗师的带动下做眼球运动,对这一"锁定"信息进行解释。来访者在治疗师的协助下,对自己的认知进行多次评价,而治疗师根据这些评价以及来访者的反应,调整脱敏进程,以降低对创伤性材料的情绪/感受评价值。

5. **植入** 即指以指导语向来访者植入正向自我陈述和光明希望,取代负面、悲观的想法以扩展疗效。

6. **身体扫描** 以植入为基础,让来访者闭目"检查"全身各个部位的感受,如果有存在不适感则针对这一症状再次进行眼动,直至出现正性认知体验。

7. **结束** 告知将结束治疗,解答来访者的疑问,并要求来访者做治疗后记录。如果需要,约好下一次治疗时间。

8. **再评价** 若有遗留的或是新的问题,则再次开始新的眼动治疗。

(四)紧急事件应激报告技术

紧急事件应激报告技术(CISD)的目标是防止和降低创伤性事件造成的症状的激烈度和持久度,帮助危机当事人尽快恢复心理平衡。CISD 可分为正式援助与非正式援助。非正式援助由受过训练的专业人员现场进行应急性干预,整个过程大约需要 1 个小时。正式援助通常在危机发生的 24 或 48 小时内进行,大约共需要 2~3 个小时,多以团体的方式进行,分为 7 个阶段,具体包括:

1. **介绍期(introduction)** 指导者和小组成员做自我介绍,指导者说明 CISD 的规则,强调保密性。

2. **事实期(fact phase)** 要求所有当事人从自己的角度出发,报告危机发生时的所在、所见、所闻、所为、所嗅等。

3. **感受期(thought phase)** 鼓励当事人暴露自己有关危机事件的最初的和最痛苦的想法,从事实转到思想,开始将事件人格化,表露情绪。

4. **反应期(reaction phase)** 这是当事人反应最强烈的阶段,指导者对表露情感反应的当事人要表现出更多的关心和理解。

5. **症状期(symptom phase)** 从心理、生理、认知与行为方面确定当事人的痛苦症状。

6. **教育期(teaching phase)** 帮助当事人认识到其躯体和心理行为反应在危机事件压力下是正常的,可以理解的;与当事人讨论积极的适应和应对方式;提醒可能存在的问题。

7. **再登入(re-entry)** 对前面的讨论进行总结,回答问题并考虑需要补充的事项,提供进一步的信息服务。

CISD 提供了一个安全的环境让当事人用言语来描述痛苦,并有小组和同事的支持,在需要时能得到进一步的支持,对于减轻各类事故引起的心灵创伤、保持内环境稳定有重要意义。

（五）表达性艺术治疗

表达性艺术治疗（Expressive Art Therapy）是指通过各种艺术媒介（绘画、音乐、舞蹈、心理剧等）进行心理咨询与治疗的方法。下面简单介绍几种在危机干预过程中经常使用的表达性艺术治疗的方法：

1. 结合安全岛、保险箱等危机干预技术缓解情绪，营造安全心理空间。
2. 通过艺术的方式帮助危机当事人体验和表达创伤经验。
3. 结合智者危机干预技术，帮助危机当事人重新获得面对危机事件的力量和勇气。

第四节　几种常见情景下的心理危机干预

一、自杀

（一）自杀的干预策略

对有自杀意念或自杀未遂的当事人的评估包括三个方面：危险因素、自杀线索、呼救信号。

1. 儿童、青少年的干预策略　对有自杀危险的儿童，危机干预和治疗的长期目标是帮助他们获得对未来的希望，并愿意活下去；如果有亲人去世，帮助他们顺利度过居丧过程；帮助他们整合自我价值和自我接纳，建立恰当的个人责任感；帮助他们生活在能够得到尊重、照顾和保护的安全的环境中。

对有自杀危险的青少年的危机干预和治疗的目标包括：帮助他们树立对未来的期望并发展出自己规划未来的能力；建立完整的自我概念，而不是错误的认定只有通过成绩、成就才能获得关爱、肯定和实现自我价值；建立和谐的自我概念，可以接受自己暂时失败，并能将失败视为自身成长的经验；建立社会支持网络以平稳过渡到成年期。

2. 成年人干预策略　危机干预工作者要尽快和成年当事人建立起一种能够沟通及可信赖的关系，引导当事人讲出他们的痛苦，减少他们的无助感，重建希望感。在许多自杀危机干预的例子中，签署双方同意的协议是必要的帮助措施，这些协议可以给成年当事人提供一些具体的即时的做法。另外，危机干预者应当引导危机当事人发现自己自杀和求生欲望的心理冲突，并且获得一种关于他们难以决策的矛盾心理的新观点。最后，大多数有自杀企图的危机当事人会认为他们失去了生活的控制能力，危机干预者可以使用前面提到的阶段模型和任务模型帮助他们觉察他们具有控制自己的想法、感觉、行为的能力，并且帮助他们区分内部事件和外部事件，进而帮助当事人重新获得希望，帮助他们认识那些通常对他们有效的可行的选择。

对有自杀危险的老年人进行危机干预治疗的目标包括：帮助他们建立社会支持网络；接受老龄化带来的生活方式变化；接受来自各种渠道的帮助；怀着希望看待自己。

（二）自杀咨询中的注意事项

在自杀咨询和干预中有十个"不要"，可以说适用于所有的自杀咨询和干预：①不要对当事人说教；②不要对当事人的选择、行为提出批评；③不要与当事人讨论自杀的是非对错；④不要被当事人的掩饰性语言所误导；⑤不要否定当事人的自杀意念；⑥不要让当事人一个人留下，或者因为周围的人或事而转移目标；⑦在急性危机阶段，不要诊断、分析当事人的行为或对其进行解释；⑧不要让当事人保留自杀危机的秘密；⑨不要把过去或现在的自杀行为说成是光荣的、浪漫的或神秘的；⑩不要忘记追踪观察。

二、灾难

(一)概述

灾后的心理危机干预从时间上可以分为三段：①紧急期，即灾难发生后的一两天内；②灾后早期，大致是灾难发生的第 3 天到 8~12 周；③康复期，从灾后第 8~12 周开始。危机干预的对象包括灾难幸存者、遇难家属、灾难救援人员及各种有关组织机构的工作人员。

(二)紧急期心理干预的主要内容

1. **保护(protect)** 采取措施保护幸存者免受二次伤害或再次暴露于创伤刺激。

2. **直接给予指导(direct)** 灾难幸存者可能会处于震惊、麻木状态，或者有一定程度的人格解体，这时给予和蔼而坚定的指导是必要的。

3. **重建社会联系(connect)** 幸存者可能会失去他们所熟悉的社会联系，支持性的、非评价性的言语或者非言语沟通可以使幸存者体验到友好和关心；同时，要积极帮助幸存者与亲人重新建立联系，并帮助幸存者与能够提供准确信息和能够提供额外帮助及支持的地方建立联系。

4. **紧急医疗护理(acute care)** 对于极度恐慌的悲伤的幸存者，危机干预工作者需要一直陪伴在旁边或者有其他人陪伴，直到幸存者的情绪平稳下来。如果必要，考虑使用药物。最重要的是保证幸存者的安全，通过言语或非言语方式与幸存者产生共情。

(三)心理急救

心理急救(psychological first aid)是一种用于帮助身处灾难或恐怖行为直接后果中的幸存者的模块式方法，目的是减轻灾难事件带来的悲伤性反应，增强适应性功能和应对技能。心理急救主要由以下策略组成：

1. 以同情的方式建立富有人性的联系，加强幸存者的安全感，恢复幸存者身体和情绪上的平衡状态。

2. 帮助幸存者表达他们的需求和忧虑，提供实用的援助和信息。

3. 提供应对策略，鼓励幸存者及其家庭在康复过程中扮演积极角色。研究表明，应激事件报告技术是一种对灾难幸存者有效的危机干预工具。

三、性暴力

性暴力心理干预内容：

1. 对性暴力受害者干预的目标包括：减少关于暴力的强迫性回忆、想法及噩梦；能够开始新的生活，能够产生新的人生经验；能进行满意的性活动；工作、心理和社会功能水平得到恢复。

2. 对性暴力受害者的干预可以参考危机干预阶段模型中的六步骤法，即确定问题(诊断和评估)、提供安全感、给予支持、提出应对计划(方案)、尝试开始新的生活、定期进行心理健康服务和辅导矫治，让受害者的身心逐步复原，消除焦虑、冲动和罪恶感，重塑健康的人格和行为。

3. 另外，在对受害者进行心理危机干预的同时，要意识到性暴力对受害者的家属亲人也是一种伤害，可能也会引发他们的心理危机，他们可能需要与受害者相同的帮助。帮助受害者的家属亲人与受害者一起面对性暴力事件，共同制定应对计划，对受害者而言无疑有很大的帮助。

习　题

一、名词解释

1. 心理危机干预
2. 延迟性心因反应
3. 持久性心因反应
4. 发展性危机
5. 境遇性危机
6. 存在性危机
7. 三维危机评估模型
8. 阶段模型

二、单选题

1. 心理危机干预的目标是
   A. 克服危机,再建心理平衡,重新面对生活
   B. 克服危机,恢复心理平衡,推迟面对生活
   C. 克服危机,保持心理平衡,避免面对生活
   D. 回避危机,保持心理平衡,重新面对生活

2. 心理危机干预的发展方向是
   A. 合作、系统、预防、积极　　　　　　B. 合作、经济、治疗、分工
   C. 合作、治疗、分工、预防　　　　　　D. 合作、分工、干预、系统

3. 发展性心理危机是指
   A. 个人遇到无法控制或预测的突发或超常事件时所产生的异常反应
   B. 个人在正常的成长和发展过程中,因急剧的变化或转变所产生的异常反应
   C. 是生态失调的恶性发展结果
   D. 应付生活变化对个体原有能力提出更高的挑战

4. **不**是境遇性危机的是
   A. 伴随着重要的人生问题,如关于人生目的、责任、独立性、自由和承诺等出现的
      心理内部冲突或焦虑。
   B. 存在丧失满足基本需要资源的可能性
   C. 应付生活变化对个体原有能力提出更高的挑战
   D. 丧失一个或多个满足基本需要的资源

5. 三维危机检查评估模型维度**不包括**
   A. 行为　　　　　　　　　　　　　　　B. 情感
   C. 生理　　　　　　　　　　　　　　　D. 认知

6. 心理危机干预的任务模型中,连续任务是
   A. 建立联系　　　　　　　　　　　　　B. 重建控制
   C. 问题解决　　　　　　　　　　　　　D. 保障安全

7. 危机事件发生后的 1~3 个月，当事人表现出忍耐力下降、抱怨增多、缺乏幽默感和信任感，并常伴有头痛、恶心、胸痛和疲乏等躯体症状。可以判断，当事人心理危机的阶段处于

    A. 即刻应对期   B. 适应早期

    C. 适应中期   D. 适应晚期

8. 心理危机干预的模式有

    A. 平衡模式   B. 行为模式

    C. 逃跑模式   D. 战斗模式

9. 认知模式的基本原则是帮助当事人获得平衡，通过改变的模式是

    A. 放松方式   B. 行为方式

    C. 思维方式   D. 调整方式

10. 心理危机干预的任务模型中，焦点任务是

    A. 提供支持   B. 保障安全

    C. 建立联系   D. 评估

三、多选题

1. 贝尔肯（Belkin）等提出了 3 种基本的危机干预模式，包括

    A. 平衡模式   B. 认知模式

    C. 对支持资源的整合模式   D. 心理社会转变模式

2. 在心理危机干预的任务模型中，属于连续任务的是

    A. 建立联系   B. 提供支持

    C. 保障安全   D. 重建控制

3. 在心理危机干预的任务模型中，焦点任务有

    A. 建立联系   B. 后续追踪

    C. 评估   D. 问题解决

4. 布拉默将心理危机划分为

    A. 发展性危机   B. 生态危机

    C. 境遇性危机   D. 存在性危机

5. 自杀咨询中**错误**的做法有

    A. 当事人的自杀意念会引发当事人的自杀行为，一定要想办法压制当事人的自杀意念

    B. 根据心理咨询的伦理要求，咨询师一定要替当事人保守其自杀的秘密

    C. 在急性危机阶段，不要诊断、分析当事人的行为或对其进行解释

    D. 不要把过去或现在的自杀行为说成是光荣的、浪漫的或神秘的

四、简答题

1. 心理危机有哪些特点？

2. 如何对心理危机进行评估？

3. 吉列兰德（Gilliland B. E.）和詹姆斯（James R. k.）提出的心理危机干预模型，包括哪些阶段？

4. 心理危机干预的任务模型包括哪些任务？

5. 心理危机干预有哪些技术？请简要介绍其中两种方法。

参 考 答 案

一、名词解释

1. 心理危机干预：心理危机干预是指向危机当事人提供有效的帮助和心理支持，调动他们自身的潜能，恢复他们的适应水平，从而使其获得新的技能，用以防止或减轻心理创伤潜在的负面影响的过程。

2. 延迟性心因反应：或称为创伤后应激障碍（PTSD），指在经历异乎寻常的灾难性心理创伤的一段潜伏期后，延期出现或长期持续的精神障碍。

3. 持久性心因反应：指由于刺激源长期存在或长时间处于不良的环境中诱发的精神障碍。主要表现为有一定现实色彩的妄想、障碍等。症状至少持续三个月以上，有时可长达几年。

4. 发展性危机：也称成长性危机、内源性危机或内部危机，相较于境遇性危机，发展性危机是常规发生的、可以预期的，是个人在正常的成长和发展过程中，因急剧的变化或转变所产生的异常反应。

5. 境遇性危机：又称外源性危机、环境性危机或适应性危机。是个人遇到无法控制或预测的突发或超常事件时所产生的异常反应。

6. 存在性危机：是指伴随着重要的人生问题，如关于人生目的、责任、独立性、自由和承诺等出现的心理内部冲突或焦虑。

7. 三维危机评估模型：三维危机评估模型和分类评估量表由梅耶（R. A. Myer）和威廉姆斯（Williams R.）等人于1992年提出，是最常使用的心理危机评估模型。该模型主要用于评估个体面对危机事件时的情感、认知和行为反应，帮助危机干预者理解当事人的危机反应。

8. 阶段模型：即将心理危机干预视为一个线性发展过程、按照危机事件的时间进程来构建干预措施。

二、单选题

1. A　　2. A　　3. B　　4. A　　5. C　　6. D　　7. C　　8. A　　9. C　　10. C

三、多选题

1. ABD　　　2. BC　　　　3. ABD　　　　4. ACD　　　　5. AB

四、简答题

1. 心理危机有哪些特点？

答：（1）危险与机遇并存：一方面，危机可能导致个体严重的病态或过激行为；另一方面，危机中潜伏着机会，它带来的痛苦或焦虑迫使当事人积极改变，寻求帮助，这就有可能打破个体原有的定势和习惯，增强适应环境的能力，带给个体成长和自我实现的机遇。

（2）危机的系统破坏性：个体所处的环境决定了危机处理的难度，个体的社会支持系统直接影响问题的解决和新的平衡的建立。

（3）危机干预的困难性：当个体处于危机时，其可利用的心理资源降到最低点，有可能使处于危机中的个体拒绝成长。

（4）危机的普遍性与特殊性：危机的普遍性是指，在特定情况下，没有人能够幸免。心理危机的特殊性是指，面对同样的情况，有些人能够成功地战胜危机，另外一些人则不能。

（5）危机的不可避免性：不管是否愿意，危机闯入了我们的生活。面对危机，我们必须做出选择。

2. 如何对心理危机进行评估？

答：评估的内容主要包括确定个体经历的突发事件的严重程度；确定个体的精神状态和能力水平；确定个体对自我或对他人的危险性；确定个体对危机可能的解决方法、应对方式、支持系统和其他方法。目前，常用的评估模型主要有以下4种：

（1）三维危机评估模型三维危机评估模型和分类评估量表：由梅耶（R. A. Myer）和威廉姆斯（Williams R.）等人于1992年提出，是最常使用的心理危机评估模型。该模型主要用于评估个体面对危机事件时的情感、认知和行为反应，帮助危机干预者理解当事人的危机反应。

（2）阶段性评估模型：阶段性评估模型是布兰德对美国1987—1998年发生的特大洪灾进行详细研究之后提出来的。该模型认为个体从应激反应到症状消除或恶化一般需要经历5个时期：即刻应对期、适应早期、适应中期、适应晚期、消退或症状发展期。

（3）人与环境互动的评估模型：威尔逊在1999年提出了人与环境互动的评估模型。该模型主要用于评估个体遭遇的应激事件及其应激反应。

（4）对求助者的替代应对机制、支持系统和其他资源进行评估的模型：在整个危机干预过程中，危机干预者应该收集各种相关的资料，并评价这些资料的意义。

3. 吉列兰德（Gilliland B. E.）和詹姆斯（James R. k.）提出的心理危机干预模型，包括哪些阶段？

答：应用较多的是由吉列兰德和詹姆斯提出的六阶段模型，主要包括：

（1）确定问题：从当事人的角度，确定和理解危机当事人本人所认识的问题

（2）保证安全：在危机干预中，危机干预工作者要将保证当事人安全作为首要目标，把当事人对自我和他人的生理和心理的危险性降到最低。

（3）给予支持：强调与当事人的沟通与交流，使当事人了解危机干预工作者是完全可以信任，能够提供帮助和支持的人。

（4）提出并验证可变通的应对方式：让危机当事人认识到有许多可变通的应对方式可供选择，其中有些选择比别的选择更合适。

（5）制定计划：指与危机当事人一起制定行动计划以纠正其情绪的失衡状态，这是第四步骤的自然延伸。

（6）得到承诺：让危机当事人复述所制定的计划，并从危机当事人那里得到明确按照计划行事的承诺。

4. 心理危机干预的任务模型包括哪些任务？

答：梅耶（Myer R. A.）等对来自心理学研究、临床咨询、医学及社会工作领域的10个代表性模型进行了内容分析，将多样的心理危机干预过程、环节或措施拆解、归纳为3个连续

任务和 4 个焦点任务,初步构建了一个任务模型(task model)。这些任务就是心理危机干预的主要成分。

(1)连续任务(continuous task):连续任务是指心理危机干预过程中需要持续不断或者多次反复进行的任务,主要包括评估、保障安全和提供支持。

(2)焦点任务(focused task):是指心理危机干预中需有在某个阶段集中进行的任务,主要包括建立联系、重建控制、问题解决和后续追踪。需要强调的是,虽然在通常情况下,焦点任务可以或多或少的按照顺序进行,但有些危机事件可能并不允许这些任务按照上述顺序进行而需要做出某些调整。

5. 心理危机干预有哪些技术?请简要介绍其中两种方法。

答:一般来说,危机干预的技术一般分为支持技术和干预技术两大类。支持技术主要是指通过疏泄、暗示、保证、改变环境等方法,给予危机当事人情感支持,降低其情感张力,建立良好的沟通和合作关系,为以后进一步的干预做准备。危机干预是一种特殊形式的心理咨询与治疗,心理咨询中的干预技术都可以使用,如,倾听技术、表达技术、观察技术、提问技术等等。干预技术的基本策略为:主动倾听并热情关注,给予心理上的支持;提供疏泄机会,鼓励危机当事人把自己的内心情感表达出来;解释危机的发展过程,帮助危机当事人理解自己的处境,理解他人的情感,建立自信;给予求助者希望,使其保持乐观的态度和心情;培养当事人的兴趣,鼓励其积极参与有关的社会活动;注意发挥社会支持系统的作用,使当事人多与亲朋好友接触和联系,减少孤独和隔离。

目前,心理危机干预过程中,对焦虑、紧张的处理,一般使用焦虑放松技术(生物反馈、放松催眠、自我训练等)、休息和娱乐(参加社交活动、发展兴趣爱好)及安慰和保证等;灾难心理危机干预和灾后 PTSD 的防治多使用认知行为治疗进行;闯入性画面的处理可以采用眼动脱敏再加工(EMDR);对灾难救援人员以团体形式进行干预可以采用紧急事件应激报告(CISD);对儿童多采用表达性艺术治疗。

方法介绍略。

(庞晓华)

第十三章　心理咨询师的自我成长

学 习 要 求

掌握:

1. 咨询师的自我成长和专业督导的基本概念及其相互关系。
2. 心理督导的模式及过程。
3. 自我体验的重要意义。
4. 咨询师自我保健的方法。

熟悉:

1. 咨询师的个人条件。
2. 咨询师的专业条件。
3. 心理督导的发展概况。

了解:

1. 自我体验的内容。
2. 咨询师的职业耗竭及其预防与干预。

重 点 内 容

第一节　心理咨询师应具备的条件

大量的研究报告和咨询师的实践体会都证明:心理咨询中最关键的一个变量,就是心理咨询师自己。

一、咨询师的重要作用

咨询师身为"一个人",同时身为"专业咨询师",二种功能是相互影响,两者身份无法分开。在咨询过程中,咨询师能带进咨询关系中最有意义的资源,就是他自己。

（一）咨询师是咨询关系中的示范者

咨询是建立于一个稳定的关系上的,咨询师的思想、态度、甚至一言一行都会对来访者有所影响。其次,由于咨询师的身份和地位,在来访者眼中,往往是具有威望与权威的,来访者会很自然地以咨询师作为个人处世的典范。目前研究证明个案的成功很大程度上在于咨询师本身。

咨询关系是治疗能产生效果的基础和背景,在心理咨询中处于核心地位。

咨询师在咨询中的角色是多重的,主要包括示范者、倾听者、支持者、研究者、督促者等五个方面。

(二)咨询师是应用咨询理论与技术的主体

咨询师需要学习心理咨询的理论,需要实践心理咨询的技术,但这些对学习者来说只是一个客体,咨询师在学习和掌握这些理论与技术的过程中,有一个逐渐内化为自己理念、视角、思维和行动方式的过程。

来访者在咨询过程中,是在和一位特定的咨询师互动,是在受一位特定的咨询师的影响,而不是受到某个或几个的咨询理论以及某种技术的影响。

咨询中,咨询师的个人特质,培训经历及咨询经验是双方在治疗交流中最强有力的疗效因子之一。

二、咨询师的素质

咨询师在个人特质方面,需要和这个专业的性质有一定的适配性,并不是所有努力投入地接受专业训练、认真实践的人,都可以成为一名成功的咨询师。

(一)咨询师的个人禀赋

咨询师需要具备一些个人特质,并在一定的禀赋基础上接受专业训练,发展职业能力,成长为优秀的心理咨询师。

1. **对人类精神活动的感受性**　任何咨询模式中都强调共情的重要性,咨询师需要对来访者的内心能感同身受;还需要对这些深层的内容能够发现、鉴别、澄清,这就要求咨询师对自己和他人的内在情绪、感受较为敏感,而且具有良好的鉴别力。

2. **丰富的想象力**　库姆斯(Combs)认为,能够想象、意识到来访者的经历是咨询师应具备的主要能力。在咨询中,从来访者的叙述中,能够想象出来访者的生活状态,而且非常形象和直观,是非常重要的。在某种意义上,咨询师需要有艺术家一样的想象力,在咨询中能够不局限于来访者具体的事件轮廓,产生一定带有意境的想象。一方面可以促进自己对来访者的了解,另一方面可以促进来访者对自己的感悟。

3. **思维的敏捷性与灵活性**　咨询师是需要有反应的,所谓有反应是指对来访者的言行有即时的内在感应和外在回馈。

从禀赋的角度提出来,有两个原因:一是咨询师培养实践证明,的确有些人因个人特质的问题,不适合做咨询师。二是,即使有些人经训练和实践磨炼,可以在上述几方面有不错的提高,但相对要困难很多,而且费时很长。

(二)咨询师需具备的态度和理念

一名成功的咨询师,在成长的过程中,需要在一些基本态度的基础上具备一些基本理念。

1. **基本态度**

(1)真诚的、尊重的、有耐心的。

(2)可信赖的、温暖的。

(3)亲切与关心的。

(4)开朗的、开通的、客观的、接纳的。

（5）平静的、稳定的。

（6）欲提高对方的能力的、鼓励并支持对方的。

（7）负责任的、有反应的。

（8）敏感的、探究的。

2. 基本理念

（1）认为人是可信赖、友善和有价值的。

（2）相信人是有能力的。

（3）愿意退后一步，让来访者自己解决自己的问题。

（4）能够了解别人的感觉，想象、意识到来访者的经历。

（5）有别于一般人的自我概念和品质。

（6）能够较全面地看问题。

三、咨询师的专业训练

伊根（Egan）提出了一个包括了十个方面的内容全面发展的咨询师专业课程的模型，下面介绍其中的主要内容。

（一）基础理论知识

1. 应用性发展心理学。

2. 应用性行为心理学。

3. 应用性认知心理学。

4. 应用性人格理论。

5. 变态心理学。

（二）专业理论及技能

1. 对咨询专业的理解。

2. 系统掌握"一个咨询模式。"

3. "系统中的人"的工作框架。

4. 自我认知。

成功咨询师需要是作为"一个人"和作为一个"咨询师"的良好结合。可以说，一个人只要进入咨询专业，就走进了这样的一条成长之路，伴随着整个的职业生涯，不仅是初学者如此，所有的咨询师都是如此。

第二节 心理咨询师的成长

一、心理督导

心理督导（supervision）是心理咨询师在督导师的指导帮助下，学习咨询技巧、监控咨询服务质量、改进咨询工作、提高自身专业水平的过程。

（一）心理督导的模式

1. **发展性督导模式** 发展的督导模型基于的假设是：第一，在提高能力的过程中，被督导者要经历一系列性质不同的阶段；第二，如果要使被督导者获得最佳的满意度和职业成长,就必须为被督导者经历的每一个阶段提供不同性质的督导环境。此模式主张督导者的督导架构与风格,要能配合受督导者身为咨询师的发展阶段。另外主张"人与环境适配"的体验学习模式,强调被督导者认知学习风格的个别差异,以建立适当的督导环境。

2. 社会角色督导模式　在这些模式中,督导者的地位是建立在一些角色上,这些角色涉及教师、顾问、治疗师、推动者、讲师、评价者、监控者、示范者、管理者等等,督导者一旦履行这些角色,即会形成一些期望、信念与态度。当督导者表现出符合期待的行为时,有助于被督导者感受到督导者的一致性和确定性。当咨询师熟悉这些督导者的角色之后,也会以这些模式当成发展性的工具来进行实务工作。

3. 循环式督导模式　循环模型由三个同心圆组成。每次督导都是一个从外圆到中圆再到内圆的过程。在此过程中,督导师与被督导者于每个人圆内共同协作,从而形成一个循环模型。在运动到内圆之前,被督导者都有机会看到自己对其本人和来访者做了些什么。然后,从这一点开始,督导又走向外圆,在外圆轨道上试着再次评估对来访者的新干预策略,并有可能发现对于自身和来访者的新认知地图。每一步(每一个圆)的意图如下:

第一步:帮助被督导者收集其对来访者的理解;

第二步:理解被督导者所采用的干预手段;

第三步:探索和评估被督导者案例概念化的理论基础,在某些情况下对其进行修正和更改;

第四步:促进对干预计划的深度思考;

第五步:形成新的来访者地图。

对循环模型之特征最为贴切的描述如下:以被督导者为中心、认知取向、泛理论取向、被督导者能持续获得进步、多种治疗取向的综合运用、对不同发展水平和理论背景的被督导者均可使用,目标明确,方向具体。

(二)心理督导的形式

心理督导按照不同的标准可以划分为不同的形式。按被督导者的数量多少,分为个别督导和团体督导;按督导师的级别不同,分为上级督导和同辈督导。

1. 以被督导者的数量划分

(1)个别督导:个别督导是指一名咨询师接受一名督导师的督导。

(2)团体督导:团体督导,也叫小组督导,是指一个团体(10~20人)同时接受某一个督导师的督导。

2. 以督导师的级别不同划分

(1)上级督导:是指由资深的督导师督导资历尚浅的咨询师。

(2)同辈督导:是指由两个或多个资质相似的咨询师相互督导。

(三)心理督导的过程

督导的过程主要分成三个阶段。

1. 第一阶段　督导前的准备。此阶段分两步。

(1)安排设置:包括督导的时间、地点、次数、两次督导的时间间隔。

(2)营造氛围:制定规则、做出承诺、明确工作目标。

2. 第二阶段　团体成员轮流接受督导。此阶段分四步。

(1)报告个案:被督导者自愿报告个案,其具体条件是:其一,被督导者自己咨询进程中遇到困难或脱落的案例；其二，选择正在咨询进程中的案例，以便将督导中心得直接运用到后续咨询过程中。个案报告应按结构化内容要求书面提交，现场报告时最好脱稿，时间不要超过15分钟为宜。个案报告的内容包括：①人口学的基本情况；②症状主诉；③成长史：主要是成长过程中的重大事件；④咨询师的心理学评估；⑤咨询过程中令咨询师费解的情况；⑥咨询师提出需要督导的问题。

（2）团体成员之间进行提问与讨论：其一，成员可以就有关个案的具体信息提问，增强对个案的全面了解。报告者对于疏漏的资料加以补充。其二，成员可以就咨询师对个案的感受提问。例如："个案给你最深的印象是什么？"，"以前是否接过类似的案例？"。

（3）对心理学评估的探讨：首先由成员发表意见，待大家意见趋向一致时，督导师结合理论归纳总结并澄清自己对个案的评估诊断，通过提问引导被督导的咨询师修正对个案的假设。例如："你的诊断依据是什么？""你对个案有什么预期？""你觉得个案今后会怎样变化？""有什么理论和技术可以解释个案的问题？""你对个案的反移情是什么？"。

（4）对心理学技术使用的探讨：首先由成员发表意见，待大家意见趋向一致时，督导师结合理论归纳总结。成员可以进一步提问咨询师使用的方法与技巧。例如："你对来访者的问题是如何回应的？""你用了什么技术？""以前是否用过同样的策略，用于何种评估"。督导师引导咨询师重新评估原来使用的策略和技术以提供更为恰当的处理技巧。团体成员就今后的个案进程及工作方向进行讨论。

3. **第三阶段**　督导后的总结与分享。团体成员可以分享在督导过程中的感受，以及对督导者和团体的期待。

此督导过程是建立在将被督导者置于核心地位的理论假设之上的。它始于描述来访者的问题、情绪状态、以及求助行为的特征，从而引出被督导者对来访者的知觉、反应和态度。通过这些程序可以帮助被督导者检查或评估其对案例的概念化，进而修正或改变其对来访者的假设。对思维的内省有助于被督导者拓宽知识面，也有助于其为下一阶段的咨询或是其他案例中的来访者制定出新的干预策略。

二、自我体验

（一）自我体验的概念

自我体验（self-experience）是伴随自我认识而产生的内心体验，是自我意识在情感上的表现，即主我对客我所持有的一种态度。

（二）自我体验的意义

1. 自我体验是咨询师必然要经历的过程。

2. 自我体验可以提高咨询师的心理成熟度。

3. 自我体验是咨询师实践心理咨询理念的表现。

（三）自我体验的内容

1. **个人的生命哲学观**　咨询师自己对人性、对现实世界、对生命存在、生活的价值、个人生活态度等问题的一些基本假设和看法就是他的生命哲学观。

2. **对重大生活问题的态度**　情与爱、生与死、性别角色与身份认同、权力地位与金钱、功利追求与精神追求、自由与规范等，都是人生中的一些重大问题，任何人都要对这些问题作出回答，任何人也在用自己的一生回答这些问题。人们几乎所有的心理困扰都和对这些问题的回答有关。所以，作为咨询师，我们自己回避不了这些问题，我们的工作也要求我们正视这些问题。

3. 个人生活中的"未完成事件" "未完成事件"（unfinished business）指个人生活中在情感上没有处理好的事情，包括悔恨、愤怒、怨恨、痛苦、焦虑、悲伤、罪恶、遗弃感等。这种事件常常与鲜明的记忆及想象联结在一起，徘徊于潜意识或意识中，会被不自觉地带入现实生活，影响个人对现实生活的知觉。未完成事件常常会一直持续存在，直至个人勇于面对并处理好它。

4. 自我概念与自我觉察 心理咨询师的自我概念与来访者的成长有关。在优秀咨询师的自我概念中，对自己有比一般人更高的自我觉察，对自己更清楚、肯定，知道个人的长处，也不回避自己的短处。咨询师需要对自己有非常明确和肯定的自我概念。一个心理咨询师，如果不了解自己，只掌握了技术，那么他只是一个好的技师。如果他既懂得自己，又掌握了技术，那他才具备了咨询的能力，才能有针对性地处理每一个不同的来访者，才能灵活地运用所学的技术。

（四）自我体验的注意事项

首先，自我体验时选择的咨询师和本人的关系应该只是咨访关系，而不存在其他的像朋友、师生关系。

其次，自我体验时要选择适合自己的咨询师。

再次，自我体验的过程尽量保证相对稳定，如果频繁更换咨询师，或者只是短短地进行几次都是不合适的。

第三节 咨询师的自我保健

一、咨询师的职业枯竭

（一）职业枯竭及其表现

职业枯竭（professional burnout）简称为枯竭，指咨询师出现的一种情感的疏离及怀疑自己的工作价值，在工作中出现心身失衡，感到倦怠，有无力感甚至崩溃感的状态；枯竭还可能是一种不自觉的处于持续性疲劳或挫折状态中的体验。

枯竭被看作咨询师容易产生的一种心身困扰，表现为一组综合征。主要有：发现自己很厌烦，被掏空以及毫无热诚；感觉到被许多已失去意义的方案计划拖着走；感到自己必须提供给别人的，别人不是不想要、就是不接受；感到不被感激、不受重视、未受到认同，工作变成机械化的例行公事；努力却获得不了收获；常常感到压抑，无法发挥自己的创造性。

（二）枯竭的原因

枯竭不是单一的原因造成的，而是各种因素的组合，包括了个人、人际及组织等三方面的因素。

1. 个人方面 完美主义、占有欲强等个人特质是产生枯竭的重要原因之一。

2. 人际方面 总是处理难以应付或无力应付的个案或问题；工作团队中的冲突和紧张，同事间没有支持；督导者和咨询师之间缺乏互信，导致无法获得能量补充，会导致枯竭。

3. 组织方面 一些原因使咨询师承受着持续而强大的压力，必须不停地工作、执行有时间期限的要求，而且会受到挫折；工作中的角色冲突。

二、职业枯竭的预防与干预

(一)枯竭的发生

了解枯竭是怎样发生的,对预防枯竭是有一定意义的。爱德维希(Edelwich)等将枯竭的典型症状分为4个阶段:

第一阶段:热情。工作者怀有过高的和不太现实的希望投身到新工作中,他们似乎有无穷的潜力。

第二阶段:停滞。当咨询师觉得自己个性的、经济的、职业的需要没有得到满足时,停滞就出现了。

第三阶段:失望。失望的产生表明咨询师已身陷困境。

第四阶段:淡漠。淡漠是真正意义上的危机,这时个体处于一种失衡的状态,是一种对环境的冷漠和对自己做出的努力无反应的阶段。

(二)枯竭的干预策略

1. 加强自我觉察。

2. 投入真实生活。

3. 通过专门的组织形式干预。

4. 对枯竭者的心理咨询。

三、咨询师心理保健的方式

心理咨询师在实践中做好以下心理保健:

1. 要把即将教给来访者的知识用于自己的实践。

2. 学会调剂生活,注重心理和身体保健,合理规划工作时间。咨询师要好好生活,在工作之余,建立更多的人际关系,培养自己的兴趣爱好。

3. 寻找良好的支持系统。咨询师要积极参与同行交流,接受高一级咨询师督导。

4. 区分工作和生活。善于分清事业和情感。

5. 接待个案。恰当地拒绝和及时转介。

6. 在合适的关系下进行工作。

7. 适度工作。收费是心理咨询的重要环节,不超量工作。

习　题

一、名词解释

1. 心理督导

2. 自我体验

3. "未完成事件"

4. 职业枯竭

二、单选题

1. 咨询师需具备的基本条件包括

A. 真诚
B. 倾听
C. 共情
D. 面质

2. 心理督导的形式以被督导者的数量划分,包括

A. 上级督导
B. 同辈督导
C. 团体督导
D. 长程督导

3. 心理咨询师的自我概念与来访者有关的因素是

A. 家庭
B. 父母
C. 职业
D. 成长

4. 以下**不是**职业枯竭的典型症状的是

A. 停滞
B. 失眠
C. 失望
D. 淡漠

5. 下面**不是**造成职业枯竭的因素的是

A. 个人方面
B. 人际方面
C. 家庭方面
D. 组织方面

6. 我国目前的督导形式中,最为普遍的形式是

A. 个别督导
B. 团体督导
C. 同辈督导
D. 上级督导

7. 个案报告应按结构化内容要求书面提交,现场报告要脱稿,时间最好不要超过

A. 10 分钟
B. 15 分钟
C. 20 分钟
D. 30 分钟

8. 心理发展停滞的常见原因是

A. 在某一年龄阶段,遇到特殊创伤性事件或体验
B. 溺爱
C. 打击
D. 失恋

9. 国际临床心理咨询界要求,一般心理咨询师的自我体验是

A. 300 小时
B. 400 小时
C. 500 小时
D. 1000 小时

10. 国际上临床心理咨询界关于精神分析师需要自我体验的时间要求是

A. 100 小时
B. 300 小时
C. 500 小时
D. 600 小时

三、简答题

1. 简述在心理咨询中心理咨询师的重要作用。
2. 心理咨询师需要哪些个人禀赋?
3. 简述心理咨询需要具备的基本态度。
4. 简述心理咨询师需要具备的基本理念。
5. 心理督导的过程有哪几个阶段?并详细说明。
6. 简述心理咨询师自我体验的意义。
7. 简述心理咨询师心理保健的方式。

参 考 答 案

一、名词解释

1. 心理督导：心理督导（supervision）是心理咨询师在督导师的指导帮助下，学习咨询技巧、监控咨询服务质量、改进咨询工作、提高自身专业水平的过程。

2. 自我体验：是指咨询师自己作为来访者，向另一个咨询师就个人问题寻求心理咨询的过程。它是咨询师自己的心理成熟度、心理健康水平不断提高，形成更加清晰的自我认识和更加敏感的自我察觉的过程。

3. "未完成事件"："未完成事件"（unfinished business）指个人生活中在情感上没有处理好的事情，包括悔恨、愤怒、怨恨、痛苦、焦虑、悲伤、罪恶、遗弃感等。

4. 职业枯竭：职业枯竭（professional burnout）简称为枯竭，指咨询师出现的一种情感的疏离及怀疑自己的工作价值，在工作中出现身心失衡，感到倦怠、有无力感甚至崩溃感的状态；枯竭还可能是一种不自觉的处于持续性疲劳或挫折状态中的生活方式。

二、单选题

　1. A　2. C　3. D　4. B　5. C　6. B　7. B　8. A　9. C　10. D

三、简答题

1. 简述在心理咨询中心理咨询师的重要作用。

答：在心理咨询中心理咨询师的重要作用：①咨询师是咨询关系中的示范者；②咨询师是应用咨询理论与技术的主体。

2. 心理咨询师需要哪些个人禀赋？

答：心理咨询师需要哪些个人禀赋：①对人类精神活动的感受性；②丰富的想象力；③思维的敏捷性与灵活性。

3. 简述心理咨询需要具备的基本态度。

答：心理咨询需要具备的基本态度：①真诚的、尊重的、有耐心的；②可信赖的、温暖的；③亲切与关心的；④开朗的、开通的，客观的、接纳的；⑤平静的、不激动的；⑥欲提高对方的能力的、鼓励并支持对方的；⑦负责任的、有反应的；⑧敏感的、探究的。

4. 简述心理咨询师需要具备的基本理念。

答：心理咨询师需要具备的基本理念：①认为人是可信赖、友善和有价值的；②相信人是有能力的；③愿意退后一步，让来访者自己解决自己的问题；④能够了解别人的感觉，想象、意识到来访者的经历；⑤有别于一般人的自我概念和品质；⑥能够较全面地看问题。

5. 心理督导的过程有哪几个阶段？并详细说明。

答：督导的过程主要分成三个阶段。

第一阶段：督导前的准备。此阶段分两步。

（1）安排设置：包括督导的时间、地点、次数、两次督导的时间间隔。

（2）营造氛围：制定规则、做出承诺、明确工作目标。

第二阶段：团体成员轮流接受督导。此阶段分五步。

（1）报告个案：被督导者自愿报告个案，其具体条件是：其一被督导者自己咨询进程中遇到困难或脱落的案例；其二选择正在咨询进程中的案例，以便将督导中心得直接运用到后续咨询过程中。个案报告应按结构化内容要求书面提交，现场报告时最好脱稿，时间不要超过15分钟为宜。个案报告的内容包括：①人口学的基本情况；②症状主诉；③成长史：主要是成长过程中的重大事件；④咨询师的心理学评估；⑤咨询过程中令咨询师费解的情况；⑥咨询师提出需要督导的问题。

（2）团体成员之间进行提问与讨论：其一，成员可以就有关个案的具体信息提问，增强对个案的全面了解。报告者对于疏漏的资料加以补充。其二，成员可以就咨询师对个案的感受提问。例如："个案给你最深的印象是什么？""以前是否接过类似的案例？"。

（3）对心理学评估的探讨：首先由成员发表意见，待大家意见趋向一致时，督导师结合理论归纳总结并澄清自己对个案的评估诊断，通过提问引导被督导的咨询师修正对个案的假设。例如："你的诊断依据是什么？""你对个案有什么预期？""你觉得个案今后会怎样变化？""有什么理论和技术可以解释个案的问题？""你对个案的反移情是什么？"。

（4）对心理学技术使用的探讨：首先由成员发表意见，待大家意见趋向一致时，督导师结合理论归纳总结。成员可以进一步提问咨询师使用的方法与技巧。例如："你对来访者的问题是如何回应的？""你用了什么技术？""以前是否用过同样的策略，用于何种评估"。督导师引导咨询师重新评估原来使用的策略和技术以提供更为恰当的处理技巧。团体成员就今后的个案进程及工作方向进行讨论。

第三阶段：督导后的总结与分享。团体成员可以分享在督导过程中的感受，以及对督导者和团体的期待。

此督导过程是建立在将被督导者置于核心地位的理论假设之上的。它始于描述来访者的问题、情绪状态、以及求助行为的特征，从而引出被督导者对来访者的知觉、反应和态度。通过这些程序可以帮助被督导者检查或评估其对案例的概念化，进而修正或改变其对来访者的假设。对思维的内省有助于被督导者拓宽知识面，也有助于其为下一阶段的咨询或是其他案例中的来访者制定出新的干预策略。

6. 简述心理咨询师自我体验的意义。

答：心理咨询师自我体验的内容：①个人的生命哲学观；②对重大生活问题的态度；③个人生活中的"未完成事件"；④自我概念与自我觉察。

心理咨询师自我体验的意义：①自我体验是咨询师必然要经历的过程；②自我体验可以提高咨询师的心理成熟度；③自我体验是咨询师实践心理咨询理念的表现。

7. 简述心理咨询师心理保健的方式。

答：心理咨询师心理保健的方式：

心理咨询师在实践中做好心理保健，这里强调以下几点重要提示：①首先要把即将教给来访者的知识用于自己的实践；②照顾好自己，注意休息，限制自己的工作量；③寻找良好的支持系统。咨询师要积极参与同行交流、接受督导；④恰当区分工作和生活，善于分清事业和情感；⑤不要随意接下个案。对超出能力范围的个案应该恰当地拒绝和转介；⑥不要在双重关系下进行治疗；⑦不要欠债工作。收费是心理咨询的重要环节，但是预收咨询费也是不恰当的。

（夏艳梅）